아파트
제대로 고르는 법

아파트에 속지 않는 33가지 방법

아파트
제대로 고르는 법

심형석 지음 · 김건중 사진

한국경제신문

모델하우스마다 사람들이 넘친다. 분양시장의 호황을 여실히 보여주는 듯하다. 2014년부터 아파트 분양의 열기가 되살아났으나 이를 예측한 전문가는 거의 없었다. 지방 광역시에서는 세 자릿수의 청약 경쟁률이 기록됐는데, 창피하게도 필자 또한 이런 예측을 하지 못했다. 현장에 있을 때는 하고 싶은 말을 스스럼없이 했지만 대학에 몸 담고부터는 자꾸 부끄럽기만 하다. 틀려서 부끄럽고, 비슷하게 들어맞는다 해도 부끄럽기는 마찬가지다. 어쩌면 미래를 정확히 예측하는 것은 우리 몫이 아닌 것 같다.

부동산학을 전문적으로 공부하는 필자 입장에서 현재의 아파트 분양시장은 영 불편하다. 왜 지금 아파트 분양이 늘어나고, 지금의 분양가에는 어떤 의미가 담겨 있는지 등 여러모로 모호한 점이 많아서다. 부동산만큼 정보의 비대칭성이 큰 시장을 찾기란 쉽지 않다. 부동산의 특성상 지역이 한정되어 있으니 공급자나 그 지역 거주자가 많은 정보를 가지는 것은 당연하다. 하지만 지역적 특색을 제외하더라도 아파트시장은 공급자가 많은 정보를 가질 수밖에 없는 구조적 모순을 안고 있다.

모델하우스를 방문해 내부구조를 둘러보며 감탄하는 분양 예정자들을 바라보면서, 이제는 불편한 이야기를 해야만 할 때가 아닌가 하는 생각이 들었다. 투자하면 얼마를 번다는 이야기보다는 투자에 실패하지 않는 법을 함께 공부하는 것이 더 적절하지 않은가 하는 얘기다. 어쩌면 아파트사업의 구조와 그 이면을 이야기하는 것만으로도 투자자들이 스스로 알아서 판단할 수 있지 않겠나 싶다.

이 책은 필자가 그동안 현장에서 다져온 경험과 지식들을 뜬구름 잡기 식이 아니라 조금 더 체계적인 틀로 묶어보려는 시도에서 기획됐다. 그래서 아파트사업의 구조와 그 이면에 초점을 맞추었다. 상품은 아파트로 한정했다. 아파트는 어찌 보면 부동산시장에서 가장 단순한 상품인데도, 쓰고 나니 할 말이 어쩜 그리 많았던가 싶다. 무려 33개 장이나 된다. 일반인도 어려움 없이 아파트시장의 겉과 속을 함께 들여다볼 수 있도록 최대한 쉽게 쓰려고 노력했다. 그냥 '이렇게 하라, 저렇게 하라' 하는 식이라면 시중에 나와 있는 여러 재테크 서적과 다를 바가 없겠기에 대학에 있는 필자의 장점을 살려 체계화와 이론화를 시도했다.

책 제목에서도 알 수 있듯이 아파트에 투자하는 법보다는 제대로 고르는 법, 즉 아파트에 속지 않는 법에 대한 내용을 주로 담았다. 투자를 이야기할 때는 때론 즐겁고 내가 돈을 버는 것인 양 설레기도 하지만, 사실은 부질없다. 오히려 투자에 실패하지 않도록 노력할 때, 단기간에 큰돈을 버는 건 아니지만 자산을 꾸준히 늘려갈 수 있다. 이제는 재테크보다는 자산관리가 더 중요하다. 오십 줄을 넘고 보니 수익보다는 위험을 관리하는 것이 진정한 재테크임을 깨닫게 된다.

2017년이냐 2018년이냐에는 차이가 있지만, 많은 전문가가 2~3년 후 아파트시장이 어려워질 것이라고 예측한다. 입주물량이 많았던 시기의 후폭풍을 이야기하는 것으로, 예전의 경험칙을 이번에도 적용하는 듯싶다. 2014년과 2015년에 분양이 많았으니 당연한 듯도 하다. 필자는 조금 다른 생각을 가지고 있긴 하지만, 그래도 불안하기는 마찬가지다. 부동산도 자산이기에 한없이 오르기만 하지는 않을 것이고, 물론 계속 떨어지지도 않을 것이다. 등락이 있는 시장에서 살아남기 위해서는 기본에 충실해야 하며, 기본은 수익보다 위험을 관리하는 것이다. 아파트시장의 위험을 관리하려면 먼저 아파트 상품의 구조를 알아야 한다. 아파트사업 참여자들의 구성과 그들의 역할 그리고 이해관계를 잘 알면 공급자의 이야기를 취사선택해서 받아들일 수 있다. 프로슈머(prosumer)까지는 아니라 하더라도 현명한 매수자가 될 수 있다.

이 책의 성격을 핵심적으로 표현하자면 '아파트의 정석'이 아닐까 싶다. 필자도 대학입시를 준비하면서 '수학의 정석'을 끼고 산 시절이 있는데, 아파트 투자를 위해 꼭 알아야 하는 법칙들을 기술하고 싶었다. 내용은 크게 일곱 파트로 나누어 분양, 통계, 상품, 투자, 개발, 관리, 심리라는 제목을 붙였다. 사실상 이는 편의상의 분류일 뿐 큰 의미는 없다. 내용들의 연계성이 크기 때문이다. 분류도, 소제목도 없이 줄줄 쓰인 글이 있다면 얼마나 읽기 싫겠는가. 그래서 나눴다는 의미가 더 크다. 그러니 투자에 관심이 있다고 투자 파트만 읽는다면 내용에 만족하지 못할 수도 있다. 파트별로 오가면서 여러 내용을 흡수하기를 바란다. 각 파트 안에서 소제목을 순서 없이 읽는 것은 무방하니 편하게 선택하시라. 내용이 어려워질까 하여 통계는 최대한 포함시키지 않으려 노력했다. 그렇지만 어떤 사실을 이야기할 때 통계보다 더 정확한 사례는 없다고 생각한다. 꼭 필요한 부분만 넣었으니 함께 읽어두면 아파트시장을 이해하는 데 도움이 될 것이다. 조금 더 이론적이고 복잡한 내용은 해당 장이 끝나는 곳에 '전문가도 모르는 부동산시장'이라는 코너를 두어 그곳에서 다뤘다. 현장의 얘기를 더 듣고 싶거나 깊이 있게 이해하고 싶은 분은 참고하시기 바란다.

얼마나 많은 분이 읽을지는 알 수 없지만 또 하나의 부담을 세상에 던진 것은 아닌가 걱정된다. 그렇지만 투자를 위해서든 내가 살 집을 찾기 위해서든 아파트를 바라보는 제대로 된 관점을 원하는 독자라면 분명히 얻을 게 있으리라는 확신은 있다. 부디 필자의 염려와 노하우가 충분히 전해지기를 기원한다.

책에 머리말을 쓸 때면 도움을 받은 분들이 생각나곤 하는데, 이 책을 탈고하니 특히 너무나 많은 분들이 떠오른다. 이 책은 그분들이 나에게 준 도움 덕에 세상에 나왔다고 생각한다. 따라서 오늘의 나를 있게 해준 분들 모두가 이 책의 저자라고 말씀드리고 싶다. 항상 감사드린다. 특히 산문의 지루함을 힘 있는 사진으로 보완해준 김건중 작가께 큰 감사를 드린다. 이 사진들은 부동산학을 전공한 작가가 필자와 함께 기획하고 현장을 누비며, 아파트의 표정을 가장 가까이에서 포착한 작품들이다. 사진만 보더라도 소제목이 떠올라 놀랐던 순간이 한두 번이 아니다. 귀한 작품으로 함께 참여해준 김건중 작가께 다시 한 번 감사드린다.

한국경제신문과는 참 오랫동안 인연을 이어왔다. 이 책을 출판하기 20년 전부터 건설부동산부에 속해 있던 기자분들과 꾸준한 만남을 가져왔다. 한경아카데미 또한 최근의 인연으로 부동산과 관련된 강의와 기획을 함께했는데 보람되고 즐거웠다. 일반 독자와 처음으로 만나는 필자를 격려해주시고 용기를 북돋아 주신 한경BP 고광철 사장님과 전준석 주간께도 감사의 말씀을 드린다.

현명한 아내와 든든한 형, 학문의 동반자인 동생 그리고 사랑하는 어머니. 가족이라는 단어만큼 나에게 무한한 에너지를 발생시키는 말을 찾지 못한다. 삶의 가장 큰 보람과 행복인 가족에게 한없는 애정을 보낸다. 보고 싶은 아버님이 하늘에서라도 이 책의 공헌과 혜택을 함께 나누시길 기대해본다.

2016년 2월
멀티해비테이션을 즐기며, 심형석

아파트
제대로 고르는 법

분양, 제대로 알자

통계의 역설

VI 놓치기 쉬운 아파트 관리

VII 부동산은 심리 싸움이다

당신이 아파트에 속지 않으려면

세 자릿수의 청약경쟁률을 바라보는 아파트시장의 관계자들 모두 마냥 들뜬 마음은 아닐 것이다. 필자와 같은 부동산시장의 분석가들 뿐만 아니라 투자자, 사업자 그리고 정책 담당자들도 마찬가지일 것이다. 부동산시장의 단기간 흐름을 알 수 있는 정책지표(통계)들도 불안하고, 장기적인 미래를 예측해볼 수 있는 인구 통계 같은 변수들도 그렇다. 잃어버린 20년의 주역인 일본의 과거를 우리가 되풀이하는 건 아닌지 우려도 된다. 현재 아파트시장은 혼돈의 중심에 있다. 지표상으로도 어떤 상황인지 파악하기 어렵고, 현장에 가봐도 예전과 같은 흐름을 찾기가 쉽지 않다.

부동산시장을 예측하는 대표적인 지표로 거래량, 재건축 상황, 전세가율 등을 들 수 있는데 이들 지표도 신뢰하기 힘들어졌다. 먼저 거래량 측면을 보면, 언론에서는 정부가 발표하는 주택 거래량이 최고치를 경신하고 있다고 매일같이 보도하지만 아파트가격은 미세하게 움직일 따름이다. 오히려 거래량 증가폭이 그리 크지 않은 지방의 아파트가격이 훨씬 더 높은 상승률을 보이고 있다. 거래량이 오르면 가격이 오른다는 오래된 신화는 깨어진 것인가.

재건축 상황, 특히 강남의 재건축 아파트는 과거 아파트시장을 예측하는 척도였다. 강남 재건축 아파트의 가격이 오르면 강남 지역의 일반 아파트가격이 올랐고, 강남 지역이 상승하면 강북·수도권·지방으로 그 영향이 동심원처럼 퍼져 나갔다. 2000년 초부터 시작된 익숙한 흐름이다. 하지만 이제는 강남 지역의 재건축 아파트가 우리나라 전체 아파트시장을 선도한다고 이야기하기에는 너무도 초라한 성적표를 받고 있다. 강남보다는 오히려 강북의 재건축·재개발 아파트들이 선전하면서 강남과 강북 간 가격 차이가 많이 줄어들었다. 이는 서울 내에서만 벌어지는 현상도 아니다. 전국적으로 마찬가지다. 2015년 청약경쟁률 상위 지역 1~3위는 부산, 대구, 울산이다. 청약경쟁률 순위로 보면 서울은 겨우 7위에 머물고 있다.

또 하나의 지표인 전세가율은 매매가격 대비 전세가격의 비율을 말한다. 그동안은 전세가율이 상승하면 매매가격이 올라가는 것이 통상적인 모습이었다. 하지만 이 오래된 신화 또한 들어맞지 않는다. 2006년 서울의 전세가율은 20%대였는데, 당시 서울의 아파트 매매 가격 상승률은 32.3%였다. 이에 비해 2015년 서울의 전세가율은 역대 최고치인 70%를 넘어섰지만, 매매가격 상승률은 5.6%에 그쳤다. 전세가율이 역대 최고치인데 매매가격 상승률은 10년 전의 6분의 1

수준에 머문 것이다.

　도대체 부동산시장은 어디로 흘러가고 있는 걸까. 누구도 이에 대해 답하지 않는다. 10년 전부터 아파트가격이 폭락한다고 이야기해온 전문가, 아무 의미도 없는 내년 부동산시장만을 예측하는 전문가, 특정 부동산 상품을 팔려고 혈안이 된 전문가…, 그 많던 전문가들은 다 어디로 갔을까. 중국에서는 전문가를 좐자(專家)라고 한다. 최근에는 발음이 같은 '벽돌'을 앞에 붙여 학식도 없으면서 여기저기서 아는 체를 하는 가짜 전문가를 비꼬는 단어가 됐단다. 이러한 트렌드가 어찌 중국만의 이야기겠는가. 좐자가 되지 못한 수많은 벽돌을 우리는 오늘도 언론과 방송에서 보고 있다.

　뉴노멀(New Normal)은 2008년 글로벌 경제위기 이후에 부상한 새로운 경제 질서를 일컫는 단어다. 그런데 이 단어가 지금 부동산시장에도 그대로 적용된다. 미국에는 주택시장의 동향을 알아볼 수 있는 대표적인 지표로 케이스-실러지수(Case-Shiller Housing Price Index)[1]가 있는데, 우리나라에는 그런 지표조차 없다. 그러니 우리는 뉴노멀의 시대에 각자도생(各自圖生)의 자세로 주택시장을 제대로 바라볼 수 있는 창과 방패를 갖춰야만 한다. 이를 위해서는 다양한 지표와 심리, 현장을 살펴야겠지만 핵심은 두 가지다. 하나는 주택시장의 정수를 뽑아내는 것이고, 또 하나는 재테크(자산관리)의 기본을 다시금 주택시장에 적용하는 것이다.

　주택시장의 정수를 추출하기 위해서는 현상과 본질의 차이를 알아야 한다. 단적인 예로, 화려한 모델하우스는 아파트의 본질이 아니다. 심지어 모델하우스가 아파트가 들어설 현장이 아닌 곳에 지어지는 경우도 있다. 이는 주택 수요자가 찾아오기 좋은 곳에 모델하우스를 지어 꿈과 환상을 심어주고 싶다는 주택사업자들의 희망이 반영된 것이다. 안타깝게도 모델하우스가 아닌 썰렁하고 텅 빈, 정말 아무것도 없는 사업 대상지인 현장이 아파트의 정수다. 허허벌판을 보고 새로 지어질 아파트를 정확하게 그려내야 한다. 힘든 일이다. 그래서 사물의 정수를 파악한다는 게 어려운 것이다. '뼛속에 있는 골수'를 뜻하는 정수는 사물의 중심이 되는 골자 또는 요점이라는 의미로 쓰인다. 골자와 요점을 파악하기 위해서는 남들이 갖지 못한 눈을 가져야 하고 남들이 보지 못하는 현상 이면의 본질을 꿰뚫어야 한다.

앞서도 강조했듯이 자산관리의 기본은 지키는 것이다. 학자들이 쓰는 단어로는 위험관리(risk management)라고 하는데, 최악의 경우라도 원금은 잃지 않는 것이 자산관리의 기본이다. 재테크란 성공하는 법에 앞서 실패하지 않는 법을 배우는 것이다. 집을 몇백 채 사라는 벽돌의 이야기를 듣는 것이 아니라, 한 채를 사더라도 검토하고 또 검토해서 폭락장에서도 살아남는 경기 방어주 같은 아파트를 사라는 말이다. 제대로 된 펀드매니저들이 몇 개 안 되는 종목을 파고들듯이 아파트 한 채를 사더라도 토끼를 사냥하는 호랑이의 자세로 임해야 한다. 수십 채의 집을 자랑하는 갭(gap) 투자자들은 재테크 광풍이 낳은 시대의 슬픈 자화상일 따름이다. 대부분이 초보 투자자인 그들이 역전세난을 어떻게 겪어낼지 안타까울 따름이다.

필자는 부동산시장에 대한 외부 강의를 가끔 한다. 대학에 재직 중인 학자가 재테크 강의를 한다는 게 낯부끄러운 면이 없진 않지만, 학교 홍보도 하고 자산관리에 대한 잘못된 지식을 바로잡는다는 측면에서 대부분 응하는 편이다. 열심히 강의를 하고 나면 쉬는 시간에 살짝 찾아와서 한 군데만 딱 찍어달라는 사람들이 많다. 지표와 심리, 현장을 모두 경험하고도 부동산 상품 하나를 고르는 데는 엄청난 노력이 필요하다. 그러하기에 제대로 된 자산관리를 하면 최고의 노후 대비가 된다. 하지만 공부하지 않고 노력하지 않는 사람은 설사 누가 찍어줘도 그걸 평가할 능력이 없다. 재테크는 혼자 공부해서 하는 것이라는 말이 아니다. 책도 읽고 세미나도 참가하고 주변의 전문가 이야기도 들어야 하지만, 궁극적으로는 본인의 판단과 책임으로 하는 것이 투자라는 뜻이다. 이 책에서 이야기하는 다양한 분야와 부문에 대한 지식을 쌓아야 한다. 얼마를 투자해서 얼마를 번다는 지식이 아닌, 실수하지 않고 실패하지 않는 지식과 경험을 배우는 것이다. 부끄럽지만 '재테크의 지혜'라고도 표현할 수 있을 것이다. 재테크의 지혜가 계속 살아 있게 하느냐 못 하느냐는 오롯이 자신의 노력에 달려 있다.

아파트 투자를 하시는 분들을 만나보면 의외로 전문가들이 많다. 필자가 가진 지식보다 더 많은 정보와 노하우를 가지고 전국을 투자 지역으로 삼는 분들이다. 하지만 개인 투자자들의 가장 큰 단점은 아파트사업의 구조를 잘 이해하지 못한다는 것이다. 아파트 상품을 평가할 수는 있지만 그 사업의 구조를 모른다면 실패하지 않는 투자를 할 수가 없다. 적을 알고 나를 알아야 지지 않는 법이다. 아파트의 사업구조를 알기 위해서는 아파트사업에 참여하는 주체들을 알아야 하고, 그들 각각이 가진 이해관계를 파악해야 한다. 한 예로 애프터리빙(after living)이라는 계약을 들 수 있다. 애프터리빙은 분양가격의 일부만 내고 입주하여 몇 년간 살아본 뒤 분양받을지 말지를 결정하는 계약이다. 실제 마포구 서교동의 한 주상복합 아파트는 220가구가 애프터리빙으로 계약했다. 그런데 3년이 지나자 그중 90가구가 집을 비웠다. 애프터리빙 전체 계약자의 40%에 달한다. 이 90가구의 물량을 건설사는 다시 분양해야 한다. 시행사와 건설사는 이런 부담을 지면서도 왜 애프터리빙 계약을 하는지, 그들의 입장과 이해관계를 파악해야만 한다. 왜냐하면 이러한 계약은 입주자들의 자산가치 하락을 유발할 수 있기 때문이다. 생각해보라. 고심 끝에 선택한 아파트인데 애프터리빙 계약 해지분 때문에 집값이 내려간다면 어떤 심정이겠는가.

필자도 부동산 투자를 꽤 하는 편이다. 서울과 부산을 오가는 생활이 만만치 않기에 전문 투자자들처럼 하기는 힘들고 현장 감각을 잃지 않는 수준에서 위험 부담이 없는 상품을 선택한다. 투자를 하면서도 '왜 하는가'를 스스로에게 끊임없이 질문한다. 노후 대비, 현장 감각 유지, 비자금(?) 조성 등 여러 가지를 열거할 수 있겠지만 이는 수단에 불과하다. 목표는 단 하나, '행복' 해지는 것이다. 수많은 행복 연구자들의 연구에 따르면 행복은 결과가 아니라고 한다. '결과가 좋으면 모든 것이 좋다'는 옛말이 있지만, 힐링 시대를 살아가는 현대인에게는 적합한 구호가 아니다. 행복은 어떤 일을 해나가는 과정에 더 많이 발생한다. 투자 행위도 마찬가지일 것이다. 얼마를 벌었느냐가 중요한 것이 아니라 공부하고 투자하면서 투자의 본질에 가까이 가는 여정 자체가 행복이리라. 이 책이 당신의 투자 행위에 작지만 큰 행복을 더해주기를 바라면서, 이제 본격적으로 아파트 투자의 여정을 시작하고자 한다.

I
분양, 제대로 알자

사람들은 뭔가를 '팔아서' 살아간다.
– 로버트 루이스 스티븐슨(Robert Louis Stevenson)

회사 보유분의
진실

"회사 보유분 선착순 특별 공급!"

"회사 보유분 분양도 마감 임박!"

"회사 보유분 마지막 한정 특별 할인 분양!"

언론과 전단에서 흔히 볼 수 있는 문구다. 매혹적이긴 하지만, 회사 보유분이라고 해서 사실 특별한 것은 없다. 실질적으로 회사가 보유하던 것이든 청약 당첨자 등이 계약을 포기한 것이든 일반 미분양과 다를 것이 없는 물량이다. 심지어는 일반 미분양을 회사 보유분이라고 해서 홍보하는 경우도 있다. 그냥 미분양이라고 하면 창피하지만 회사 보유분이라고 하면 좀 더 그럴듯하게 보이기 때문이다.

"중도금 대출금이 7월쯤 1차가 들어오면서 부적격자 해지분이 나왔어요. 그것을 회사에서 재분양하는 겁니다."

할인 분양을 내세운 현수막이 도로변에 걸려 있다.

"일부 물건을 회사가 가져가서 임대사업을 하려고 했다가 회사 사정상 분양을 하게 됐어요. 회사에서 가지고 있던 거니 향이나 층도 다 괜찮은 물건들입니다"

이처럼 아파트뿐만 아니라 오피스텔, 상가 할 것 없이 미분양 사업장에서는 '회사 보유분'이라는 점을 강조하곤 한다. 회사 보유분은 과거 부동산시장이 활황이던 시절, 일부 로열층을 임직원용으로 보유하거나 시공사가 공사대금 대신 현물로 받은 것으로 우량 물건으로 통했다. 하지만 부동산시장이 어려워지고 분양 공급물량이 늘어나면서 회사 보유분은 일반 미분양과 다를 바가 없게 됐다. 우량 물건이 아닐뿐더러 오히려 악성 물건일 가능성이 크다.

회사 보유분이란 말은 주택사업자나 분양대행사에서 사용하는 마케팅 용어 중 하나가 됐다. "분양을 했는데 인기가 없어 미분양이 됐습니다. 다시 분양하겠습니다"라고 하면 누가 분양을 받겠는가. 회사 보유분이라고 이야기하면 분양하는 회사 입장에서도 면이 서고, 분양받는 사람도 큰 하자가 없는 물건이라고 여기게 된다. 하지만 거짓말도 한두 번이지 계속해서 회사 보유분이 쏟아져 나오는 건 어찌된 일일까? 회사가 보유한 물량이 그렇게 많았단 말인가, 아니면 계약 해지분이 계속 나온다는 말인가?

대형마트처럼 사람들이 많이 모이는 곳에 가면 아파트를 홍보하는 분양대행사 직원들을 쉽게 마주칠 수 있다. 이들은 하나같이 회사 보유분이라는 얘길 한다. 상담을 해보면 심지어 몇 달 동안 회사가 보유한 물량도 똑같다. 이는 몇 달 동안 아파트가 전혀 팔리지 않았을 수도 있겠지만, 분양대행사의 사업 방식으로 본다면 그 팀으로 물량이 계속해서 할당되었을 가능성도 있다.

허술하기 짝이 없는 주택 통계

주택사업자나 분양대행사에서 회사 보유분이란 명목으로 계속 홍보할 수 있는 이유는 국내 아파트 통계에 맹점이 있기 때문이다. 미분양 관련 아파트 통계는 국토교통부가 관리하는데, 그 조사 과정의 허술함 때문에 신뢰하기 힘든 대표적인 자료가 되고 말았다. 미분양 주택 통계는 주택사업자가 자진 신고한 내용을 기준으로 하기에 객관성을 검증할 수단이 없다. 또한 2~3년간 한시적으로 거주한 후 계약

연장을 결정하는 애프터리빙 물량도 분양된 것으로 친다. 이 때문에 전문가들은 주인을 찾지 못한 실제 미분양 주택이 정부 발표보다 많을 것으로 보고 있다.

정부는 미분양 주택 통계를 토대로 주택시장의 수급 상황을 판단하고 분양시장의 현황을 가늠한다. 그러하기에 주택정책에 지대한 영향을 미치는 통계임에도, 집계 과정부터가 객관적이지 못하다.

우선, 자료수집 과정에서 객관성을 담보하기 어렵다. 미분양 수치는 각 주택사업자가 자진 신고한 숫자를 집계한다. 미분양은 쉽게 말해 팔리지 않은 재고를 말하며, 이는 향후 계약률이 어떻게 될 것인가와 직결되는 영업비밀이다. 이 때문에 진실을 말하는 주택사업자를 찾기는 쉽지 않다. 어디까지를 미분양으로 봐야 하는지 그 기준도 모호하다. 국토부는 분양 과정에서 3순위 청약 이후 계약이 성립하지 않으면 미분양으로 신고하라는 지침을 내렸다. 하지만 청약이 끝난 후 곧바로 계약이 이뤄지는 경우도 있어 주택사업자가 애초에 일부 누락해 보고하기도 한다.

또한 애프터리빙 계약도 미분양 주택 통계의 왜곡에 한몫한다. 애프터리빙은 전세가격 수준의 입주금이나 심지어는 계약금만 치르고 2~3년 동안 거주하다가, 분양을 받기 싫으면 보증금을 돌려받고 나갈 수 있는 전세형 분양제를 말한다. 주택사업자들이 자금난에 시달리다 보니 분양 계약을 근거로 금융회사로부터 중도금 대출을 일으켜 유동성을 확보하려는 고육지책이다. 조건이야 어찌 됐든 애프터리빙 역시 분양 계약을 하기 때문에 소유권이 계약자에게로 넘어온다. 겉보기에는 미분양 주택이 감소한 것처럼 보이는 것이다. 하지만 계약이 만료되는 2~3년 후가 문제다. 애프터리빙으로 계약된 상당 수 물량이 계약이 해지되면서 미분양 주택 통계에 다시 잡힐 가능성 이 크다. 결국 애프터리빙이 미분양 주택 통계를 왜곡하는 셈이다. 그럼에도 정부는 애프터리빙으로 계약된 물량이 어느 정도인지 파 악도 하지 못한다.

이러한 아파트 통계의 부실 탓에 회사 보유분이 시장으로 끊임없 이 나오는 것이다. 회사 창고에 재고가 엄청나게 쌓여 있으니 이를 계 속 팔아야 하지 않겠는가. 그런데 미분양물량이라고 하면 뭔가 하자 가 있어 보이고, 정부에 신고한 내용도 있고 하니 회사 보유분이라고 이름 붙이는 것이다. 언론 또한 이에 동조해 오히려 좋은 분양물량이 라는 느낌이 들도록 기사를 내보낸다. 《대한민국은 부동산공화국이 다?》란 책에서 '개발 5적'을 언급했는데 개발업자와 함께 정치인, 전 문 연구자, 언론, 개발관료가 포함된다. 회사 보유분이라는 표현은 이 중 개발업자와 개발관료, 언론이 담합함을 보여주는 좋은 예다.[2]

🏢 희소성 마케팅일까, 눈 가리고 아웅일까

회사 보유분은 항상 일부 세대이며 선착순 분양을 한다. 많다고 하면 안 되니 항상 모호하게 일부 세대만을 시장에 내놓는다. 선착순이라는 것은 주택 소비자에게 좋은 동과 층, 향을 위해서는 빨리 움직이라는 무언의 압력이다. "고객님이 원하는 평형은 딱 하나만 남았어요"라는 말을 모델하우스에서 자주 들을 수 있는데, 이 역시 선착순 분양과 같은 마케팅 기법이라고 보면 된다.

헝거 마케팅(hunger marketing), 희소성 마케팅(scarcity marketing)은 제품의 수량이 부족하다는 인식을 심어 고객들의 의사결정을 유도, 촉진하는 마케팅 기법이다. 회사 보유분이라는 분양시장에서의 마케팅 방법도 이와 크게 다르지 않다. 누구나 갖고 싶어 하는 물건이 있는데 수량이 얼마 없다고 하면 더더욱 갖고 싶어지기 마련이다. 타인이 갖지 못하는 것을 얻었을 때 만족감이 크기 때문이다. 이런 소비자 심리를 이용하여 실제로는 수량이 많이 있음에도 얼마 남지 않았다고 인식시킴으로써 관심을 유도하는 것이다.

필자는 희소성 마케팅이 소비자를 가장 강력하게 유혹하는 방법이라고 생각한다. 이렇게 풍요로운 공급과잉의 시대에 희소성을 내세우는 것은 일견 위험해 보일 수 있다. 하지만 우리 뇌는 그렇게 합리적이지 못하다. '결핍'이라는 요소는 오래전부터 우리와 익숙한 개념이었으며, 우리 뇌의 대부분을 차지하는 파충류적인 부분에서는 여전히 상당한 영향력을 행사한다. 인간의 역사에서 풍요로운 시기는 아주 짧았다. 대부분의 시간이 결핍과 이를 충족하는 역사였다. 따라서 무의식에 잠재한 결핍이라는 본능적인 감각을 건드리면 상당한 효과를 볼 수 있다. 특히 이러한 무의식은 전혀 합리적이지 않기 때문에 공급자 입장에서는 더욱 강력히 소비자를 유혹하는 방법이 된다.

　그러니 회사 보유분이라는 말에 혹해 무턱대고 분양받지 말고, 어떤 이유에서 그 물량이 나왔는지 꼼꼼히 따져볼 필요가 있다. 우리가 알고 있는 것과는 달리 분양되는 아파트의 상당 부분은 회사의 협력업체로 판매(더 정확하게는 강매)된다. 협력업체는 이를 현금화하려 할 것이기 때문에 입주가 시작되면 기존 수분양자의 물량과 함께 협력업체들 보유분까지 매물로 나올 수 있다. 이처럼 쏟아져 나오는 매물은 아파트 단지의 가격 형성에 부정적 영향을 줄 수 있다.

　이렇게 회사 보유분의 진실을 알고 판단해야 한다. 부동산 상품은 어떤 시각에서 바라보느냐에 따라 다양한 가치 판단을 할 수 있다. 분양 당시 미분양이 많아 고생했던 단지들도 이후 주택경기가 회복되거나 주변의 개발 이슈가 실현됨으로써 상당한 시세차익을 남기는 경우도 적지 않다. 따라서 주택사업자들이 회사 보유분이라고 강조하든 말든 이를 단순히 미분양물량으로 생각하고, 본인이 필요하면 분양을 받으면 될 것이다. 2~3년 후의 집값을 누가 정확히 알겠는가. 투자는 어차피 본인의 책임이다.

02

분양가는
호가일 뿐이다

아파트 같은 부동산은 가격이 하나가 아니다. 현재 아파트의 가격은 시장에서 기준시가,[3] 감정평가액,[4] 실거래가,[5] 호가(呼價)로 분류되어 형성되거나 책정된다. 분양가는 이 중에서 호가에 가깝다. 호가란 매매를 원하는 사람이 매매계약이 체결되기를 바라는 가격을 말한다. 팔고자 하는 사람은 거래가격보다 높게, 사고자 하는 사람은 거래가격보다 낮게 부르는 것이 일반적이다. 부동산114 같은 부동산정보회사에서 수집, 분석, 축적하는 아파트 시세는 호가를 기준으로 한다.

'착한 분양가'라는 말도 있는데, 이는 주변 시세에 비해 저렴한 분양가를 의미한다. 분양가 상한제가 실질적으로 폐지된 이후 착한 분양가를 기치로 내건 분양이 증가하고 있다. 최근에는 분양시장뿐만 아니라 기존 아파트시장에서도 '가격'이 구매결정의 가장 중요한 변수로 작용하고 있다. 아파트 매매가격 상승률이 높은 단지들을 분석해보면 낡고 세대수가 많지 않은 단지들의 약진이 두드러진다. 과거와 같이 가격의 상승을 기대하지 않다 보니 오히려 저렴한 매매가, 분양가가 주목받는다. 그래서 저렴한 분양가를 강조하는 아파트 분양 단지들이 증가하고 있다. 오죽하면 '가격이 프리미엄이다' 라는 슬로건까지 등장했겠는가.

필자가 분양가 심사위원장을 맡고 있는 울산 북구의 한 현장은 조금만 기다리면 심사를 받을 필요가 없음에도 분양가 상한제가 폐지되기 직전에 심사를 받았다. 심사를 받으면 아무래도 본인들이 생각하는 분양가보다는 다소 낮게 결정되는 경우가 많기 때문에 불리하다. 하지만 나중에 그 아파트 현장을 지나면서 왜 군이 심사를 받았는지 이해할 수 있었다. '울산 마지막 분양가 심사 현장. 거품을 확 뺐습니다!' 라는 현수막이 걸려 있었던 것이다.

가격을 앞세운 분양 경쟁, 할인율 40%도 드물지 않게 볼 수 있다.

분양가,
어떻게 구성되나

"경기도 광주시 태전동 ○○필지에 짓는 '태전○○'이 지난 12일 모델하우스를 열고 분양을 시작했다. 분양가는 3.3㎡당 950만 원대다. H태전(평균 1,100만 원), 태전I(평균 1,090만 원), E태전 2차(980만 원)보다 저렴한 편이다."

분양과 관련한 신문기사를 발췌, 재구성한 것이다. 이처럼 분양가의 높고 낮음은 일반적으로 주변에서 분양하는 아파트의 분양가와 비교함으로써 결정된다. '비교법'이다. 하지만 주변 분양 아파트들이 모두 고가라면 비교 대상의 문제 때문에 분양가의 높고 낮음을 판단하기가 쉽지 않다. 또한 주변에 분양 중인 아파트가 전혀 없다면 비교 대상이 없기에 이 역시 판단에 어려움이 있다.

사실 분양가의 이면을 들여다보면 복잡하기 그지없다. 분양가 상한제 심사위원으로서 분양가를 심사하다 보면 공학적인 용어가 너무 많아 평소에 아파트를 연구하는 필자로서도 이해되지 않는 경우도 있었다.

〈표 1〉은 울산시 북구 한 아파트사업지의 분양가 구성 항목이다. 엄청나게 단순화한 것이다. 하지만 일반인은 이렇게 단순화한 분양가 심사 항목마저 각각의 내용을 제대로 알고 평가하기는 쉽지 않을 것이다.

하지만 어떻게든 결정을 해야 한다. 분양가가 높은지 낮은지를 판

표 1 __ ○○아파트 분양가 항목

항목			신청 기준
택지비	택지비		감정평가 2개 기관 감정평가액 산술평균
택지비 가산비	감정평가수수료		감정평가 2개 기관 감정평가 수수료 합계
	소계		
소 계(택지비 + 택지비 가산비)			
기본형 건축비	지상층 건축비		주택 공급면적 × 지상층 건축비
	지하층 건축비		지하층 면적 × 지하층 건축비
	소계		
건축비 가산비	법정 초과 복리시설		법정 초과 복리면적 × 기본형 건축비
	인텔리전트 설비	홈네트워크	공인기관 산정 (기획재정부 원가계산기관)
		에어컨 냉매 배관	공인기관 산정 (기획재정부 원가계산기관)
	보증수수료	분양보증수수료	분양보증요율에 의한 예정납부금
		하자보증수수료	하자보증요율에 의한 예정납부금
	소계		
소계(기본형 건축비 + 건축비 가산비)			

단해야 청약을 할 것인지, 그리고 당첨된 후에도 계약을 할 것인지 말 것인지를 결정할 수 있기 때문이다.

분양가가 호가라는 건 앞에서 이야기했다. 호가라는 건 아직 정확한 가격이 정해져 있지 않다는 이야기다. 즉 주택사업자가 받고 싶어 하는 금액이라는 뜻이다. 분양시장이 호황일 때는 주택사업자가 받고 싶어 하는 금액을 모두 받을 수 있다. 그렇지만 시장이 불황이면 그 금액을 모두 받기가 어려워진다. 분양가가 호가라는 점은 시장이 불황일 때 극명하게 드러난다.

중요한 것은 분양가가 결정된 가격이 아니라는 점이다. 모델하우스를 방문하면 분양대행사 직원들이 분양가를 할인해서 제시하는 모습도 볼 수 있다. 잘만 이야기하면 앉은 자리에서 얼마 정도는 덤으로 더 할인해주기도 한다. 분양가는 주택사업자가 받고 싶어 하는 가격일 따름이므로, 사정이나 환경이 여의치 않으면 할인도 불사하는 것이다.

진짜 가격은 입주 때 알 수 있다

그럼 분양가는 언제 정확한 가격이 될까? 분양가는 분양권에 매겨져 있는 가격이다. 분양권이란 신규 분양한 아파트 청약에 당첨되어 해당 아파트가 준공된 이후 입주할 수 있는 권리를 말한다. 따라서 입주할 때가 되어야 분양권은 주택이 되며, 분양가는 아파트 매매가격이 된다. 재건축 조합원에게 부여되는 입주권 또한 입주 예정 주택에 대한 권리다. 입주권은 주택 보유 수에 포함되므로 분양권과는 조금 다른 법적 권리를 가진다는 차이만 있지 유사하다.

아파트에 입주할 때가 되면 매매가격이 형성되고 이 가격이 분양가보다 높은 경우가 대부분인데, 이를 프리미엄이라 한다. 아파트시장이 불황일 때는 분양가보다 입주 시 가격이 낮아지는 경우도 생기는데 이를 마이너스 프리미엄이라 한다. 마이너스 프리미엄이 발생한 입주 단지는 주택사업자와 입주민 간에 분쟁이 야기되는 경우도 많다. 사실 이러한 분쟁은 대부분의 아파트에서 발생할 수 있지만 유독 마이너스 프리미엄이 발생한 단지에 많이 발생한다. 그 이유는 마이너스 프리미엄에 대한 입주민들의 보상심리 때문이다. 보통이라면 그냥 넘어갈 수도 있는 사항까지 문제 삼는 것이다.

아파트 분양가를 주변에 분양 중인 유사 아파트와 비교하는 경우가 많으나 사실은 주변의 기존 아파트와 비교하는 것이 가장 바람직하다. 분양가는 결국 2~3년 후의 매매가이므로 3년간의 수익률과 위험 프리미엄을 더해 결정된다. 따라서 분양가는 기존 아파트 매매가격보다 10% 내외에서 비싼 것이 가장 적절하다. 이보다 더 높다면 고분양가를 의심해볼 수 있다.

2015년 10월 말 현재 전국 평균 아파트 매매가격은 3.3㎡당 974만 원, 분양가는 984만 원이다. 매매가 대비 분양가는 1.01배 수준이다. 그동안의 분양가 상한제 여파로 분양가를 함부로 올리지 못하다 보니 매매가보다 약간 높은 수준에 그치고 있다.

표 2 _ 전국 아파트 매매가격 대비 분양가 배수 　　　　　　　　　　(단위: 만 원)

구분	전국	서울	부산	대구	인천	광주	대전	울산
매매가(A)	974	1,741	815	886	827	574	693	800
분양가(B)	984	1,872	1,413	902	1,068	803	827	904
배수(B/A)	1.01	1.08	1.73	1.02	1.29	1.40	1.19	1.13

* 부동산114(2015년 10월 말 현재)

분양가 할인의 진짜 의미

부동산 상품은 일반 상품과 달리 대량생산을 통해 원가를 낮출 수가 없다. 특히 상품가격에서 원가가 차지하는 비중이 높아 가격 전략의 폭도 좁다. 국토연구원의 자료에 의하면[6] 원가가 분양가에서 차지하는 비중이 60.8%에서 많게는 분양가보다 높은 경우(103.8%)도 있었다.

아파트 상품의 경우 과거에는 분양가 규제 탓에 가격 전략을 채택하는 것 자체가 불가능했다. 하지만 최근 분양가가 자율화되면서 무이자 융자 등 금융 조건을 좋게 하면서 다양한 가격 전략이 시행되고 있다.

일반 상품에서 가장 쉽게 쓸 수 있는 가격 전략은 '할인'이다. 그러나 부동산 상품은 구매단위 가격이 큰 고관여 상품이므로 가격 할인을 적극적으로 추진하기가 어렵다. 기존에 구입한 사람과 할인된 가격에 구입한 사람과의 형평성 문제도 사업 추진 단계마다 걸림돌로 작용할 가능성이 크다. 그럼에도 주택 수요자와 공급자 모두에게 가장 효과적인 미분양 해소 방안으로 '가격 할인'이 제시된다.[7] 현실적으로는 기존 계약자들의 반발 외에도 사업 손실 과다, 회사 이미지 손상 등의 이유로 어려움이 있다. 따라서 이를 공개적으로 적용하기보다는 회사가 무이자 융자와 같은 금융 혜택이나 납부 조건 완화, 각종 무상 품목 제공, 이사보조금 지급 등의 방법을 통해 소비자에게 가격 인하의 간접적인 효과를 보고 있다는 인식을 심어준다.

분양가 할인의 사례는 심심치 않게 볼 수 있는데 극단적인 경우로 대전의 E아파트를 들 수 있다.[8] 2008년 10월 신규 분양을 시작으로 4차에 걸쳐 가격 할인을 통해 미분양 해소를 시도한 사례다. 신규 분양에서는 3.3㎡당 1,000만 원이었는데 회사는 1차 미분양에서 25% 할인, 2차 미분양에서 15% 할인, 3차 미분양에서 30% 할인, 4차 미분양에서 40% 할인 등 총 4회에 걸쳐 분양가를 조정했다. 1차에 비해 할인율이 줄어든 2차 미분양을 제외하면 매번 가격을 낮춰가며 분양했다(표 3).

회사는 가격 할인 방법만을 선택하여 미분양을 해소했고, 이는 여러 부작용을 낳으면서 분양시장을 교란시켰다. 대외적으로 아파트 단지의 이미지가 추락했을 뿐만 아니라 은행권 담보 인정 비율도 감소하는 악영향을 초래했고, 투기적 수요자들이 반복적으로 분양권 사고팔기를 하게

표 3 __ 대전 E아파트 분양 시기별 할인 분양가 (단위: 만 원/3.3㎡)

구분	92㎡	117㎡	141㎡	160㎡	192㎡	비고
신규	830~850	1,000	1,000	1,000	1,000	–
1차	630	760	765	780	750	25% 할인
2차	830~850	876	880	890	860	15% 할인
3차	분양완료	분양완료	733	706	711	30% 할인
4차	분양완료	분양완료	661	653	596	40% 할인

* 대전 E아파트 분양가 내부자료 재구성(2013)
** 2차 때는 1차 때보다 더 낮은 할인율을 적용함.

끔 실마리를 제공했다. 게다가 평형별, 시점별로 할인율이 다르기 때문에 E아파트의 가격을 파악하는 데 혼란을 불러일으켰다. 당시 시세는 기관들조차 파악하기 어렵다고 할 정도였다.

더 큰 문제가 하나 더 있다. 1차 미분양 해소 때 일반 주택 구매자들이 매수한 수량은 많지 않고 대부분 물량이 협력업체와 임직원들에게 강매되었다는 점이다. 25%의 할인을 했음에도 말이다. 당시 122개 협력업체와 '하도급 거래'를 조건으로 미분양 아파트를 원가로 떠넘기는 불공정 거래를 했음이 드러났다. 이로 인해 건설사가 최종 부도가 나 법정관리 상황이 되었으며, 자금 여력이 없는 협력업체 역시 연쇄 부도를 맞았다. 연쇄 부도의 도미노는 결국 입주민들에게까지 이어졌다. 아파트 하자보수에 차질이 생겨 입주자들의 주거안정이 위협받은 것이다.

문제는 협력업체와 임직원에게 떠맡겨진 물량 때문에 대외적으로는 분양이 성공한 것처럼 인식됐다는 점이다. 소비자들은 왜곡된 수치상의 분양률을 신뢰했으며, 이에 2차 미분양 해소 때는 경쟁적으로 분양권을 구매하는 현상이 벌어졌다. 실제로 2011년까지 대전시에 보고된 E아파트의 미분양물량은 333세대에 불과했으며, 분양률 85.6%의 비교적 성공적인 분양 실적을 보였다고 알려졌다.

좀 극단적이긴 하지만 한 아파트의 사례를 비교적 상세하게 설명한 이유는 분양가 할인과 왜곡된 분양 방식을 이해하는 것이 시장에서 속지 않고 제대로 된 상품을 선택하는 데 중요하기 때문이다.

사례로 언급한 대전 E아파트는 2015년 7월에 실거래된 전용면적 103.28㎡(구 42.89평)의 가격이 2억 6,000만 원이었다. 이를 평단가로 환산하면 606만 원이 되는데 실거래된 아파트가 로열층(50층)임에도 불구하고 최종(4차) 할인된 분양가 661만 원보다 오히려 하락한 것임을 알 수 있다. 대전 E아파트 사례는 분양가 할인과 분양 과정을 잘 이해하는 것이 아파트에 속지 않는 중요한 포인트임을 증명해준다.

03

모델하우스의 유혹

어떤 사람이 죽어서 천국으로 가느냐 지옥으로 가느냐를 선택해야 하는 상황에 놓이게 됐다. 그는 먼저 천국 구경을 마치고 지옥이 어떨까 궁금해서 구경삼아 둘러보기로 했다. 그런데 지옥은 방금 보고 온 천국보다 훨씬 더 아름답고 화려했다. 그 사람은 고민하다 결국 지옥을 선택했다. 하지만 막상 지옥의 문턱에 들어서니 너무 더럽고 추악해서 한시도 있기가 싫어졌다. 이게 어떻게 된 일이냐고 심판관에게 따졌더니 그가 말했다. "얼마 전에 당신이 본 것은 모델하우스였다네." 모델하우스의 본질을 꼬집는 우스갯소리다.

분양시장의 호황과 청약제도의 변경으로 모델하우스를 찾는 발길이 눈에 띄게 늘었다. 전국적으로 매달 수십 곳의 모델하우스가 새로 문을 열고, 관심이 집중되는 곳에는 주말이 되면 1만 명 이상의 방문

객이 몰린다. 물론 방문객 수는 주택사업자의 추산이다.[9]

하지만 모델하우스는 말 그대로 모델하우스일 따름이다. 북적이는 인파와 화려한 인테리어에 반해 모델하우스를 실제 집으로 착각하면 잘못된 판단을 하기가 쉽다.

▦ 모델하우스는 말 그대로 샘플

모델하우스는 아파트 등을 건축할 때 원매자에게 보여주기 위해 미리 지어놓은 견본용 집이다. 《아파트의 문화사》[10]에 의하면 모델하우스는 가짜 집을 구경하면서 진짜 들어가 살 집으로 착각하게 하는 잘못된 주택관(住宅觀)을 만들어내는 데 결정적인 동기를 제공했다고도 한다.

가짜 집인 모델하우스는 견본주택, 본보기집 등으로 불리는데 정식 명칭은 '견본주택'이다. 2004년 1월 '주택공급에 관한 규칙'에 이 용어를 신설하기 전까지는 모델하우스로 불렸으나, 이제는 주택법에도 정식 명칭이 '견본주택'이라 되어 있다. 견본주택은 말 그대로 견본, 즉 샘플이다. 진짜는 아니지만, 진짜가 없거나 진짜를 경험하기 어려울 때 활용한다. 견본을 통한 마케팅이 필요한 경우는 상품을 구입하는 데 장벽이 존재할 때다. 장벽은 보통 체험이나 경험 측면인 경우가 많다. 견본을 활용해 마케팅하는 대표적인 상품이 화장품이다. 직접 체험하기는 곤란하고 잘못 구입했을 경우 피부 트러블 등 문제가 발생할 수 있으니 견본으로 미리 사용해보는 것이다.

또한 모델하우스는 체험 마케팅의 각축장이다. 모델하우스에는 첨단 마케팅 기법이 집약되어 있다. 좋은 향기와 음악 그리고 질 좋은 가구의 촉감 등 일반 광고로 소비자를 유혹할 때와는 차원이 다른 오감 마케팅, 즉 체험 마케팅을 할 수 있다. 오감 마케팅이 일반 마케팅과 다른 점은 한두 가지 감각에 호소하는 것이 아니라 모든 감각에 총체적으로 호소한다는 것이다. 물건을 팔아야 하는 사람 입장에서는 조금 무리하게 마케팅을 할 수밖에 없고, 그러다 보니 모델하우스에는 소비자를 유혹하기 위해 다양한 방법이 구현된다. 좋게 이야기하면 유혹이고 심하게 이야기하면 속이기다.

따라서 가짜 집, 체험 마케팅의 각축장에서 살아남기 위한 노하우를 익혀야 한다. 모델하우스에서는 어떤 점에 집중해야 하는지 관람 순서대로 살펴보자.

잘 빠진 인테리어보다 중요한 건 현장

모델하우스 입구에서는 주변 지도와 함께 조형물로 꾸며놓은 단지 배치도를 살펴야 한다. 보통은 모델하우스에 도착하자마자 각 평형의 내부평면을 보러 가기 바쁘지만 지도와 조형물을 먼저 살피는 것이 중요하다. 여기서는 나무보다 숲을 봐야 한다. 단지 배치도에서도 인근 지역 환경을 유심히 살펴봐라. 지하철, 도로 등 교통망이 중요하고 학교와 대형마트 등 편의시설이 어디에 어느 정도 분포하고 있는지도 포인트다. 그럴 리는 없겠지만 혐오시설이 있지는 않은지도 봐야 한다. 하지만 혐오시설을 표시하는 사업주체는 없을 것이다. 따라서 모델하우스와 실제 사업 현장이 다른 경우는 실제 현장을 방문하고 난 후 모델하우스를 찾는 것이 좋다. 인터넷에서 검색하여 미리 확인한 후 모델하우스에서 제공하는 것과 비교해볼 필요도 있다.

'아는 만큼 보인다.' 이 말이 가장 잘 적용되는 곳이 부동산시장이다. 사업 대상 지역을 잘 알고 실제 현장을 가보면 많은 것이 보인다. 하지만 사업 현장을 잘 모른 채 모델하우스를 방문하면 사업주체가 일방적으로 전달하는 정보만을 얻게 된다. 사업 대상지를 꼼꼼하게 파악해서 모델하우스 근무자에게 오히려 날카로운 질문을 해야 한다.

다음은 단지 배치도에서 향과 단지 내 구성을 확인한다. 동 사이 간격, 형태, 경사도, 출입구의 위치, 주차장, 놀이터, 단지 내 상가의 위치 등을 꼼꼼히 살펴라. 특히 향과 단지 배치를 유심히 살펴야 한다. 예전에는 저층이나 고층이 아니면 분양가에 차이가 없었으나 요즘엔 향과 층별로 분양가를 다르게 책정하는 추세다. 한 아파트 단지 내에 동일한 분양가가 책정된 경우를 찾기가 쉽지 않다. 단지의 구조가 길쭉한 경우 어느 동이냐에 따라 지하철역을 도보로 이동할 수 있느냐 없느냐가 결정된다. 경사도 또한 고령화 시대에는 꼼꼼히 살펴야 하는 중요한 변수다.

모델하우스에서는 이 정도만 확인하고 나가도 된다. 인테리어나 마감재를 보도록 해놓은 내부평면은 아파트가격에 큰 영향을 미치지 않기 때문이다. 도리어 부담스러운 인테리어나 마감재는 이후 매매를 하고자 할 때 철거비용만을 추가시킨다. 내 집을 매입하려는 사람이 나와 똑같은 인테리어 취미를 가졌다고 가정하는 것은 너무 무리이지 않겠는가. 실제로 기존 주택의 경우 아무리 인테리어에 돈을 많이 들였다고 하더라도 아파트를 팔 때 전혀 반영되지 않는다. 오히려 철거비용을 달라고 하지 않는 것에 고마워해야 한다. 고생하고 돈 들이고도 소득이 전혀 없다.

착시현상을 위해 모든 기술이 동원되는 곳

내부평면을 볼 때도 나무보다 숲을 먼저 보는 것이 중요하다. 먼저 모델하우스 앞에서 평면을 보고 구조를 파악한 후에 내부로 들어가자. 안에 들어가서도 내부평면의 구조를 먼저 보지 않고 상품을 둘러보면 머리에 구조가 잘 떠오르지 않는다.

실내에 설치된 각종 편의시설도 기본적으로 제공되는 것인지 옵션인지를 따지고, 발코니 확장 여부를 꼭 확인하자. 분양가 상한제가 폐지되면서 기본 사양으로 제공되던 항목이 옵션 사항으로 바뀌고, 옵션비용이 턱없이 높은 경우가 있어 각별한 주의가 요구된다. 대부

모델하우스에는 온갖 첨단 마케팅 기법이 동원된다.

분의 모델하우스는 실내가 넓어 보이도록 거실과 방, 주방을 모두 확장한 상태로 보여준다. 발코니 확장이 분양가에 포함된 것인지, 아니라면 확장비용이 어느 정도 드는지를 물어보자. 붙박이 가구와 가전제품 역시 분양가에 포함되는지 아닌지를 확인해야 한다.

입주를 앞두고 사전점검을 가보면 예전에 봤던 모델하우스보다 좁아 보이는 경우가 많다. 이는 모델하우스를 더 넓어 보이게 하기 위해 특수 제작한 소형가구가 주는 '착시현상' 때문이다. 모델하우스를 방문했을 때 안방의 침대에 누워보라. 보통 키의 남자들도 다리가 침대 밖으로 나온다. 그리고 안방에 장롱이 없어 훨씬 크게 느껴진다. 마감재나 면적을 다르게 하면 사기 분양으로 법적 문제가 되지만, 가구나 전시용품들은 실제 시공과는 무관한 것이므로 뭐라 할 수도 없다. 그저 마케팅의 기법으로 이해해야 하고, 이를 미리 알고 속지 않으면 된다.

모델하우스 비용은 내 주머니에서 나간다

과거 부산에서 분양한 한 아파트 단지는 모델하우스 관련 비용으로 400억 원을 지출했다고 한다. 규모와 공사기간, 투입 인원 면에서 국내 최대 기록이다. 하지만 모델하우스가 화려하면 화려할수록 분양가가 올라간다는 점을 기억하자. 당시 모델하우스를 가장 고급스럽게 지었던 그 아파트 단지도 가구당 평균 250만 원 정도의 분양가가 추가됐다고 한다.

참고로 가장 싼 모델하우스는 김포 신도시 장기지구의 'G아파트(250가구)'였다고 한다. 인근 사우지구 근린상가 1층에 전용면적 30평짜리 주택 홍보관을 지었다. 인테리어, 1년 치 상가 임대료, 외부 간판 등을 모두 합해도 5억 원이 넘지 않았다고 한다.

하지만 주택사업자 입장에서는 이렇게 너무 저렴하게 모델하우스를 운영하는 것도 문제가 있다. 과거에는 화장품을 큰 그릇에 담아놓고 팔던 시절이 있었다. 그때 화장품은 원가에 가장 충실하게 공급됐을 것이다. 하지만 점차 소비자들의 항의를 받았다고 한다. 아무리 그래도 얼굴에 바르는 건데 큰 그릇에서 국자로 퍼주는 것은 문제가 있다는 얘기였다. 화장품 용기의 진화는 이러한 항의의 산물일 것이다. 현재는 안타깝게도 대부분 화장품의 가격에서 내용물보다는 용기의 비중이 더 높다고 한다. 너무 저렴한 모델하우스를 운영하는 것은 원가 측면에서는 좋지만 화장품을 국자로 퍼서 파는 것과 유사할 수 있다. 그래도 내가 들어가 살 집인데, 너무 초라하면 분양받을 마음이 선뜻 들지 않을 것이다. 인간의 의사결정이 꼭 합리적이지만은 않으니 말이다.

모델하우스의 마케팅 전략

모델하우스는 건축할 때 원매자들에게 보이기 위해 미리 지어놓는 견본용 집을 말하며, 부동산 상품의 대표적인 유통경로다. 모델하우스는 주거용 부동산의 분양에 사용되며, 수익형 부동산은 분양사무소를 설치하는 정도에 그친다. 모델하우스와 분양사무소는 약간의 차이가 있다. 모델하우스는 부동산 상품을 모델화하여 보여주지만, 분양사무소는 단순히 상담 등의 기능에 주력한다. 그리고 모델하우스는 사업 대상지에서 가까운 곳에 설치하는 것이 일반적이나, 투자자를 모집해야 하는 경우에는 도심 등 투자자들이 접근하기 쉬운 곳에 설치하기도 한다. 상가나 펜션 같은 수익형 부동산은 모델하우스가 없이 분양사무소만을 설치하는 경우가 일반적인데, 최근에는 모델하우스를 통해 분양을 시도하는 프로젝트들이 늘어나고 있다.

이와 함께 모델하우스의 운영시간을 늘리거나 이동식 모델하우스를 활용하기도 한다. '래핑카(rapping car)'가 이러한 이동식 모델하우스로 주목받고 있다. '래핑카'는 대형버스 등을 개조해 외부는 광고 페인팅으로 둘러싸고, 내부는 제품을 설치하여 소비자들이 체험할 수 있도록 한 차를 말한다.[11] 부동산업계에서는 아직 내부에서 브랜드를 체험할 수 있는 장소로까지 만들지는 못하고 있다. 그렇지만 장기적으로는 래핑카에서 계약까지 일어나는 등 모델하우스의 역할을 보조할 수 있을 것으로 보인다.

하지만 래핑카는 차량을 이용한 광고이기 때문에 '옥외광고물 등 관리법'을 지켜야 한다. 사업용 차량일 경우 허가를 받아야 하고, 개인용 차량일 경우 신고를 해야 한다. 래핑카로 광고를 해도 좋다는 허가를 받지 않았거나 신고를 하지 않은 경우는 모두 불법이다. 그리고 창문을 제외하고 각 면 면적의 50% 이내에서만 광고물을 표시할 수 있다. 이를 위반하면 1년 이하의 징역이나 1,000만 원 이하의 벌금에 처해질 수 있다.

모델하우스는 일종의 샘플 마케팅이며 본제품을 사기 전에 미리 써보게 하는 마케팅의 한 방법이라고도 볼 수 있다. 이러한 샘플 마케팅은 마케팅에서 자주 활용되는 방법인데 대표적인 상품으로 화장품을 들 수 있다. 실제 제품의 샘플을 소비자들에게 미리 나눠줘서 써보게 한다. 소비자 입장에서는 무료로 해당 제품을 체험할 좋은 기회를 얻게 되고, 기업 입장에서는 자사 제품의 장점을 고객에게 쉽게 전달할 수 있다는 장점이 있다.

샘플 마케팅은 미리 써보게 한다는 데 의의가 있다. 고객에게는 물건의 구매를 주저하는 심리적 장애가 있는데, 그중 하나가 바로 경험의 장애다. 구매에 대한 장애를 느끼고 있을 때 샘플을 통해 얻은 사용 경험은 구매를 촉진하는 촉매제가 된다. 화장품과 함께 아파트도 경험의 장애가 적용되는 대표적 상품이다. 살아보지 않았는데 어떻게 알겠는가. 최대한 비슷하게라도 경험하게 만들어야 한다.

샘플 마케팅은 신제품이 출시됐을 때, 그리고 소비심리가 위축되어 있을 때 널리 사용된다. 하지만 요즘과 같이 정보가 공개된 완전시장에서는 제품에 자신이 없는 경우 오히려 역효과가 날 수 있다. 아파트의 품질이 좋으면 모델하우스 방문자가 많아질수록 홍보효과가 커질 수 있으나, 품질이 떨어지거나 분양가격으로만 승부하려고 한다면 샘플 마케팅이 오히려 부정적인 효과를 가져올 수 있다.

요즘에는 특이하게 아파트 안에 샘플백화점을 차리기도 한다. 말 그대로 아파트를 빌려서 백화점에서 판매하는 물건을 용도에 맞게 진열해 놓고 판매 또는 홍보하는 방식이다. 백화점에서 판매하는 제품들의 샘플을 실제로 집에 적용하여 보여주는 것이다. 가구와 침구, 전자제품, 주방용품 등 집에 필요한 모든 생활용품을 전시하고 직접 상담하면서 물건을 홍보하고 판매한다. 해당 아파트 입주민에게는 할인쿠폰이나 상품권을 증정하는 행사를 통해 고객을 끌어모은다. 샘플백화점에 가보고 만족한 소비자들은 이웃 또는 친구에게 입소문을 내게 되고, 이는 자연히 제품 매출로 이어진다.

실제로 아파트에 입주철이 다가오면 인테리어 관련 제품은 '샘플하우스(구경하는 집)'를 차려놓고 홍보를 많이 하는데 여타 생활용품은 그렇게 하는 경우가 드물었다. 그런데 앞으로는 경험의 장애가 있는 전자제품이나 주방용품, 가구 등도 이러한 샘플하우스를 운영하는 예가 많아질 것으로 보인다.

아파트 브랜드에
목숨 거는 이유

"삼척 첫 메이저 브랜드"

"보령 지역 첫 메이저 브랜드 아파트 분양"

"영도 최초의 브랜드 아파트 자부심"

아파트 분양시장이 활황이다 보니 지방의 중소도시에도 대형 건설
업체들의 브랜드를 단 아파트들이 분양에 나서고 있다. 예전에는 중
소 건설업체들의 각축장이던 지방 중소도시에도 대형 건설업체들의
아파트 분양이 속속 이어지고 있다.

　1990년대 중반까지 국내 아파트시장은 차별화된 상품 중심의 시
장이라기보다는 '누가 지었는가', 즉 건설회사가 어디인가가 중시되
는 시장이었다. 브랜드보다는 메이커로서 건설회사들이 인식되던
시기였다. 그러나 IMF 이후 수요자 위주의 시장으로 급격히 변화하

면서 브랜드의 중요성이 높아지기 시작했다.

아파트 구매결정에 영향을 미치는 요인이 무엇인지에 대해 다양한 조사기관에서 조사를 하고 있는데, 최근에는 '브랜드'라는 응답이 1위를 차지하는 모습을 심심치 않게 볼 수 있다. 브랜드가 그렇게 중요할까?

아파트 브랜드도
하나의 자산이다

브랜드는 고대 이집트 피라미드에 상형문자의 형태로 이미 등장했고, 중세 상공업자의 동업자 조직인 길드에서도 가입자를 통제하는 수단으로서 브랜드가 사용된 기록이 있다. 그런데 실제로 브랜드라는 단어의 어원은 노르웨이어인 'Brandr(굽다)'에서 나온 것으로, 가축 등에 소유권을 표시하기 위해 찍던 낙인에서 비롯됐다고 한다. 미국 마케팅학회에서는 브랜드를 '판매자가 자신의 상품이나 서비스를 다른 경쟁자와 구별해서 표시하기 위해 사용하는 명칭, 용어, 상징, 디자인 혹은 그의 결합체'라고 정의하고 있다. 그리고 우리나라의 상표법에서는 상표를 '기업이 판매 또는 제공하는 상품에 관하여 다른 경쟁기업의 상품과 구별하기 위해서 사용하는 문자기호, 도형 또는 이들의 조합'이라고 규정하고 있다.

그렇다면 아파트 상품에서도 브랜드가 중요할까? 브랜드가 중요하다면, 분양가격이나 매매가격에서 브랜드에 따라 차이가 발생할까?

몇 년 전 필자가 모 경영학회 연구 논문 발표를 앞두고 이를 조사해보았는데, 실제로 가격 차이가 발생하는 것으로 나타났다. 동일한 지역에서 브랜드가 약한 아파트와 대형 건설사들의 브랜드 아파트 간 가격을 비교해보았는데, 대략 3.3m²당 100만 원의 차이가 발생했다. 정교한 분석이 아니라 데이터의 빈도분석만을 진행한 자료였기에 정확도를 확신할 순 없으나 가격에서 차이가 나는 것만은 사실이었다.[12]

여기서 더욱 주목해야 할 것은 수도권, 특히 서울에서는 브랜드의 자산가치가 지방에 비해 낮았다는 것이다. 서울은 브랜드 아파트가 지방보다 많아 희소성이나 가치가 높지 않은 것으로 판단되며, 대치동이나 압구정동 같은 특정 지역이 가지는 자산으로서의 가치가 아파트 브랜드보다 훨씬 크기 때문이기도 하다.

브랜드를 이기는 지역명

최근 〈한국경제신문〉과 신한은행의 설문조사에 의하면 향후 10년 이내에 최고 부촌이 될 가능성이 가장 큰 곳으로 서울 강남구 압구정동(36.5%)이 꼽혔다고 한다. 압구정동에는 현대산업개발에서 지은 압구정현대아파트가 있다. 현대 1, 2차는 1976년 6월에 입주했으니 이제 40년이나 지난 아파트다.

업계에는 이 압구정현대아파트와 관련된 일화가 있다. 아파트 브랜드의 중요성이 커지고 있을 때 현대산업개발의 아이파크 브랜드가 힘을 못 쓰자 브랜드 인지도를 높이기 위해 다른 건설회사와는 다른 마케팅 방법을 고민했다고 한다. 즉 서울의 랜드마크인 압구정현대아파트를 아이파크란 이름이 들어가는 아파트로 바꾸면 브랜드 인지도가 높아질 것으로 판단한 것이다. 물론 브랜드 교체비용은 모두 현대산업개발에서 지원하기로 했다.

큰 문제 없이 통과될 것으로 예상했던 브랜드 교체 건은 주민총회에서 부결됐다. 지역명이 포함된 '압구정현대아파트'가 이미 또 하나의 브랜드가 됐기에 이를 무리하게 교체하는 것은 오히려 아파트의 가치를 훼손할 수 있다는 의견이 다수였다는 후문이다. '압구정아이파크(가칭)'라고 하면 압구정동의 어디 자투리땅에 한 동으로 지어진 아파트로 착각할 수도 있지 않겠느냐는 우려였다.

아파트를 비롯한 부동산 상품은 지역이 가장 큰 브랜드다. 부동산에서는 지역과 위치, 공간이 가장 중요하며 어떤 가치도 이를 넘어설 수가 없다. 동일 지역에 다양한 브랜드의 아파트가 있다면 본인이 선호하는 아파트 브랜드를 선택할 수도 있을 것이다. 하지만 그렇지 않은 경우라면 당연히 지역을 선택할 수밖에 없다.

여러 가지 사정으로 동작구 사당동에 살아야 하는 주택 수요자가 있다고 하자. 그런데 그 지역에 현대건설의 힐스테이트라는 브랜드가 없다 해서 사당동을 선택하지 않고 강서구로 이사할까? 생각하기

아파트에서는 지역명이 브랜드명을 이기기도 한다.

어려운 일이다. 일반적으로는 지역을 가장 우선시하고, 그다음에 브
랜드를 따진다. 따라서 아파트 상품의 선택 기준에서 브랜드란 많은
한계를 내포하는 하나의 구성요소일 따름이다.

　그렇다고 아파트 브랜드가 중요하지 않은 것은 아니다. 아파트를
구입할 때 어느 정도는 중요한 요소로 고려해야 한다. 특히 대형 건
설사가 시공한 아파트냐 아니냐는 아파트가격에 분명히 영향을 미
친다. 중소 건설사에 비해 다소 가격이 높지만 대형 건설사를 선호하
는 주택 수요자가 많은 것도 그 때문이다.

　대형 건설사들은 특히 사업 대상지를 선정할 때 상당히 까다롭다.
내부에 수주심의위원회가 있어서 여러 부서에서 참여해 다양한 변

수를 걸러내고 사업 대상지를 결정한다. 따라서 대형 건설사가 선택한 사업 대상지는 좋은 지역이며 좋은 위치다. 유명한 커피 프랜차이즈 브랜드가 몇 군데나 있느냐로 그 지역의 상권을 판단하는 것과 같이 대형 건설사가 시공을 맡았다는 것만으로도 그 지역과 위치는 나쁘지 않다는 증거인 셈이다.

하지만 그 정도다. 건설회사가 시공하는 기준과 주택 수요자가 살 집을 마련하는 기준은 엄연히 차이가 날 수밖에 없다. 브랜드가치를 구매 기준에 어느 정도로 포함할 것인가는 주택 수요자의 주관적인 선택에 달려 있다는 말이다.

아파트 브랜드 뒷이야기

2004년 4월 LG경제연구원의 자료에 의하면 '브랜드'가 아파트 구매가치 결정요소에서 1위를 차지했다. 그동안 다양한 기관에서 아파트 구매가치 결정요소의 순위를 파악하는 조사를 했으나, 1999년 10월 주택산업연구원의 조사에서 4위를 한 것이 가장 높은 순위를 기록한 예였다. 그런데 최근 아파트 소비자들이 브랜드에 많은 관심을 가지면서 1위를 차지한 것이다. 부동산 분야에서도 이제는 브랜드가 자산으로서의 가치를 본격적으로 인정받게 될 것이며, 브랜드를 자산으로서 관리해야 할 필요성이 증가했다.

표 4 __ 아파트 구매가치 결정요소 조사 현황

실시 기관 (일시)	한국주택사업협회 (1991. 3)	중앙경제신문 (1994. 2)	주택문화사 (1995. 1)	주택저널 (1995. 12)	금호건설 (1996. 6)	주택산업연구원 (1999. 10)	LG 경제연구원 (2004. 4)
1순위	배치	환경	환경	환경	환경	교통 · 교육	브랜드
2순위	마감자재	교통	가격	교육	교육 · 상권	단지외부	교통
3순위	교통	편의시설	교통	생활편의	교통	내부공간	투자가치
4순위	학군	학교	주택 규모	교통	분양가	브랜드	분양가
5순위	평면구성	투자가치	주택구조	첨단기능	시공사	투자가치	발전가능성

국내 건설시장에서 아파트의 독자적 브랜드가 적용되기 시작한 것은 1998년 동아건설의 '솔레시티'부터라 할 수 있다. 당시 동아건설에서는 기존 아파트 건축에서는 일반화되지 않은 철골조 아파트를 제공하면서, IMF로 얼어붙은 건설시장에서 성공적인 분양을 이끌었다. 이것이 아파트 브랜드화의 시발점이 됐다고 보고 있다.[13]

그러나 아파트 브랜드의 역사를 살펴보면 현재와 같이 전문화, 차별화, 고급화된 이미지의 브랜드를 사용한 것은 극히 최근의 일이다. 주거문화의 대표 상품인 아파트가 생활 자체를 의미하는 등 사회적 흐름을 주도하면서 생긴 현상이라고 할 수 있다.

1958년 국내 최초로 건설된 '종암아파트', 1962년 최초의 단지형 아파트인 '마포아파트'에서 알 수 있듯이 아파트 명칭의 초기 스타일은 지역명을 붙이는 것이었다. 아파트가 몇 개 되지 않아 생소했던 그 시기에는 '어디에 있다'라는 점이 아파트를 판단하는 가장 중요한 고려사항이었던 것이다.

그러다가 건설회사가 증가하고 아파트 공급이 늘어나면서 현대, 삼성, 대우, LG 등 기업명을 붙인 아파트가 등장했다. 'LG수지아파트'나 '마포태영아파트' 등 회사명과 지역명을 합친 형태가 나타나기 시작했다. 이러한 '지역명'과 '기업명'은 아파트를 판단하는 가장 중요한 최소 정보로서 현재까지도 사용되고 있다.

이후 주택경기 침체와 아파트의 공급과잉으로 경쟁이 심화되면서 회사 이름에 의존하던 기존 아파트에서 소비자의 눈길을 끌 수 있는 '컨셉아파트'를 시도하게 됐다. 특히 IMF로 인한 주택경기의 침체는 이러한

표 5 __ 아파트 브랜드의 시대별 변천 과정

1950~70년대 초	종암아파트('58), 마포아파트('62)	• 지역명 브랜드('어디에 있는가') • 정부주도형 사업
1970년대 중반 ~ 90년대 중반	현대아파트('75), 럭키아파트('80), 쌍용아파트('81), 대우아파트('88), 삼성아파트('89)	• 기업명 브랜드 • 건설사 증가와 아파트 단지화로 복수 건설회사 참여(대기업 참여)
	LG수지아파트('89), 보라매삼성아파트('90)	• 지역명 + 기업명 • 아파트 가치 향상에 기여함(현재도 사용)
1990년대 후반	쉐르빌('99), 타워팰리스('99), 하이페리온('99), 가든스위트('99), 래미안('99), 아크로빌('00), 롯데캐슬('00), I-파크('00), 홈타운('00), 트럼프월드('00), e-편한세상('00)	• 정보통신, 환경친화형 • 아파트의 고급화 시대 개막
향후 방향	고객 수요와 함께하는 아파트 건설	• 고객 위주의 시기 • 다양한 고객 취향에 알맞은 브랜드 개발

* 대한주택공사(2000), "아파트 브랜드의 시대적 변천 과정"

컨셉 아파트를 선보이는 데 촉발제 역할을 했다. 일반 아파트와 차별화하기 위해 독자적인 브랜드 네임이 필요해졌으며 경쟁 심화에 따라 주택사업이 수도권에서 전국으로 확산되면서 아파트 브랜드화는 자연스럽게 급물살을 타게 됐다.

브랜드는 만드는 것도 중요하지만 관리하는 것이 더 중요하다. 브랜드를 관리하는 방법 몇 가지를 살펴보자. 먼저 브랜딩(branding)이란 브랜드를 최초로 만들어 시장에 내놓는(launching) 일이다. 신규 브랜드 출시 전략이라고 볼 수 있다. 건설회사의 브랜드들은 대부분 1990년대 후반에 론칭됐다. 그 이유는 IMF 이후 부동산시장의 규제가 대거 완화되면서 상품개발에 대한 욕구가 증가했으며, 사회 트렌드상으로도 감성적 소비패턴이 자리를 잡았기 때문이다. 최근에는 새 브랜드의 출시가 거의 없긴 하지만 현대건설이 2015년에 '디에이치(THE H)'라는 고급아파트 브랜드를 론칭한 것이 좋은 예다.

브랜드 확장(brand extension)이란 브랜드 자산을 활용한 대표적인 마케팅 전략의 하나로 기존 브랜드에 대한 소비자의 인지도, 선호도, 연상, 이미지 등의 자산을 활용하여 신제품의 성공 확률을 높이는 것이 목적이다. 브랜드 확장의 유형에는 동일 제품군에서 확장이 이루어지는 '라인 확장'과 다른 제품군으로 확장이 이루어지는 '카테고리 확장'이 있다. 건설회사의 브랜드는 라인 확장이 많은데 대표적인 사례가 롯데건설의 '캐슬' 브랜드다. 롯데건설은 지역에 맞게 롯데캐슬클래식, 롯데캐슬자이언트, 롯데캐슬골드 등을 활용하고 있다. 2009년 이후에는 '롯데캐슬미니'라는 이름으로 소형 아파트에 대한 브랜드로도 확장했다. 카테고리 확장의 사례로는 현대산업개발이 주거 브랜드인 '아이파크'를 상업용 부동산인 쇼핑몰에 적용한 아이파크몰이 있다.

브랜드 확장은 시장에서 기존 브랜드가 오래되어 식상해지는 문제점을 극복하고, 신제품 출시에 따른 비용을 절감해준다는 장점이 있다. 그뿐 아니라 확장된 제품이 소비자로부터 긍정적인 평가를 얻으면 기존 브랜드 또한 이미지가 강화될 수 있다. 이런 이점을 얻기 위해 많은 기업이 브랜드 확장 전략을 활용하고 있다.

하지만 브랜드 확장 전략은 실패할 경우 기존 브랜드의 이미지까지 부정적으로 만들며, 무리한 확장 전략은 브랜드의 정체성을 약화시켜 경쟁력 저하를 불러오기도 한다. 성공적인 브랜드 확장을 위해서는 기업의 핵심역량에 기반을 둔 브랜드 운용 전략이 이루어져야 하며, 확장 제품에 대해서도 지속적인 관리와 프로모션 전략이 뒷받침되어야 한다.

브랜드 라이선싱(brand licensing)은 자체 브랜드의 판매를 위해 일정 수수료를 지불하고 다른 브랜드의 이름, 로고, 캐릭터, 기타 요소들을 사용하는 계약협정을 뜻한다. 본질적으로는 회사가 자신들의 제품자산에 기여하기 위해 또 다른 브랜드를 '빌리는' 것이다. 단기간에 브랜드 자산을 구축하는 데 도움이 되기에 많은 인기를 얻고 있다.

반대되는 전략을 택하는 경우도 있는데, 대우자동차판매의 예를 들 수 있다. 대우자동차판매의 아파트 브랜드는 '대우이안'이었다. 그런데 대우그룹이 분리된 후 대우건설이 '대우'라는 명칭을 사용하기 위해서는 로열티를 지불해야 한다고 통보하자 '이안엑소디움'으로 브랜드를 변경한 사례가 있다. 브랜드 명칭에서 '대우'를 뺌으로써 브랜드 라이선싱을 하지 않은 예다.

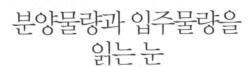

분양물량과 입주물량을
읽는 눈

아파트시장의 공급 상황을 알아볼 수 있는 대표적인 지표로 분양물량과 입주물량을 들 수 있다. 기존 주택의 공급 또한 중요하지만, 신규 아파트에 대한 선호가 큰 현재 상황에서는 분양물량과 입주물량을 살펴보는 것이 큰 의미가 있다. 분양물량이 늘어난다는 것은 현재의 아파트시장이 긍정적이라는 의미다. 다만, 평균 분양물량보다 과도하게 분양이 지속된다면 곧 공급과잉을 걱정해야 하는 시점이라 판단할 수 있다.

2015년 여름 현재, 여름철은 부동산시장의 전형적인 비수기인 데다 메르스(MERS)라는 복병까지 만났지만 분양시장은 호황을 이루고 있다. 메르스도 무섭지 않은지 밀폐된 실내임에도 모델하우스는 여전히 사람들로 붐빈다. 수도권과 지방을 가리지 않는다. 재건축이냐 신규 분양이냐, 아파트냐 오피스텔이냐는 물론 지역과 상품을 모두 뛰어넘는 분양 열풍이다.

2015년 상반기 1순위 청약경쟁률은 10대1로 9년 만에 최고치를 기록했다. 로또라고 일컬어지던 판교 신도시 이후 최고로 높은 수치다. 물론 여기에는 제도가 개편된 영향이 컸고, 대규모 공공택지 지정을 일시 중단한 효과도 있었다. 하지만 그렇다고 하더라도 내 집 마련이라든지 시세차익에 대한 기대감 없이 어떻게 몇천, 몇억 원의 돈을 묻어둘 수 있겠는가. 가장 큰 이유는 돈일 것이다.

아파트시장의 잣대, 분양물량과 입주물량

분양물량은 아파트시장의 현재 상황을 말해준다. 이를 수치로 명확하게 표현한 것이 분양가격이다. 분양물량이 많고 분양가격이 올라가면 부동산시장, 특히 아파트 분양시장이 호황이며 제값을 받고 있다는 증거다. 그러니 분양물량과 분양가격을 함께 봐야 한다. 분양물량이 많음에도 분양가격이 적절한 수준에서 유지된다면, 시장에 주는 충격은 크지 않다. 분양되는 물량이 많고 가격도 높을 때 부동산시장에 엄청난 고통을 주게 된다. 공급물량과 함께 공급가격을 충분히 살펴야 하는 이유다.

분양가격은 호가다. 팔고자 하는 가격이다. 그 가격에 팔리면 좋고 정 팔리지 않으면 가격을 조금 더 낮추면 된다. 어차피 지금의 가격에 실망한 사람은 다시 오지 않을 터이니 가격을 떨어뜨린다고 해서 창피할 이유가 없다. 분양가격을 확정된 가격으로 생각하는 분양 희망자들이 있으나, 사실 부동산경기가 안 좋으면 할인 분양이 넘쳐난다. 모델하우스를 방문했을 때 말만 잘하면 조금 더 저렴하게 살 수도 있다.

분양물량이 많고 분양가격 또한 높았을 경우 3년이 흘러 입주가 다가오면 시장에서는 곡소리가 난다. 2002년 4만 세대와 1만 세대 이상의 분양물량을 기록했던 부산과 울산은 2006년 아파트 매매가격 상승률이 거의 마이너스 수준으로 곤두박질했다. 당시 부동산시장을 이해하기 위해서는 분양물량만이 아니라 터무니없이 오르기만 했던 분양가격도 함께 살펴야 한다. 2002년 당시 부산과 울산의 분양가격은 경기도의 분양가격에 비해 월등히 높았다.

부산과 울산에서 분양가가 가장 높았던 시기는 지금 현재가 아니다. 부산은 2008년(1,400만 원)이었고 울산은 2006년(1,000만 원)이었다. 당시 두 지역의 아파트 매매가격은 거의 마이너스 상승률이었으나 분양가는 끝을 모르고 올라갔었다. 지금은 오히려 저렴하다. 분양가 상한제가 가져온 혜택이라 할 수 있겠다.

2015년에는 아파트들이 입주를 속속 앞당겼다. 2011년 이후 최대의 입주물량이다. 하지만 아파트시장이 침체했다는 징후를 발견하기는 쉽지 않다. 아파트시장이 침체로 접어든다는 징후로 치려면 아파트 매매가격이 떨어진다든지 미분양 아파트가 늘어난다든지 해야 하지만, 아파트 매매가격은 계속 올라가고 미분양 아파트는 역대 최저 수준에 머물러 있다. 아파트시장이 호황이니 기존 아파트 단지건 신규로 입주하는 아파트 단지건 매매를 원하는 물건 또한 많지 않다. 매도물량이 많고 매수자가 적어야 가격이 떨어지는데, 지금 상황은 매도물량은 거의 없이 대기하는 매수자만 줄을 선 꼴이다. 물론 지역에 따른 차이가 있어 단정적으로 이야기하기는 곤란하지만.

하지만 역대 최대의 분양물량을 기록한 2014년의 여파는 3년 후인 2017년부터 시작될 것이다. 2014년에 분양한 아파트들은 2017년부터 차례대로 입주를 시작하고, 그때 비로소 분양권이 주택으로 바뀐다. 분양한 이후 입주 때까지는 주택이 아니다. 3년 이후 아파트라 불러주기 전까지는 단지 분양권일 따름이다.

분양물량과 함께 입주물량을 살펴야 시장을 정확히 볼 수 있다.

분양물량과 분양가격을 함께 살피자

분양을 시작할 때는 호가이던 분양가격도 입주가 시작되면 진정한 실제 거래가격이 된다. 따라서 분양물량보다는 입주물량이 중요하고, 더 중요한 것은 분양가격보다 실거래가격이다. 입주 때 평가되는 실거래가격이 분양가격보다 높을 때 프리미엄이 붙었다고 한다. 물론 실거래가격이 분양가격보다 낮은 경우도 있다. 이때는 마이너스 프리미엄이라 부른다. '마이너스 프리미엄'이라니 앞뒤가 안 맞는 조합이라 생각되는데, '프리미엄'이라는 듣기 좋은 용어를 버리기 싫어서인지 현장에서는 널리 쓰인다.

최근에 입주하는 아파트들은 프리미엄이 붙어 거래된다. 이건 아마 분양물량은 많았지만 분양가격이 저렴하여 큰 저항 없이 자리를 잡았기 때문일 것이다. 이처럼 분양물량과 분양가격은 향후 입주물량과 입주가격(실거래가)을 결정한다.

요약하자면 분양물량도 중요하지만 분양가격 또한 중요하고, 더욱 중요한 것은 입주물량과 입주가격이라는 점이다. 분양물량은 분양권에 불과하지만 입주물량은 주택이기 때문이다. 따라서 입주물량과 입주 시 실거래가격에 더욱 주목할 필요가 있다.

II

통계의 역설

통계로 거짓말하기는 쉬워도, 통계 없이 진실을 말하기는 어렵다.

– 안드레예스 둥켈스(Andrejs Dunkels)

06

미분양 통계의
허와 실

2015년 4월 현재 전국의 미분양 주택은 2만 8,000세대로 역대 최저 수준이었다. 12월 현재 6만 1,512세대로 다소 늘어났지만, 지난 10년간을 볼 때 미분양 주택이 가장 적은 시점이 지금이다. 2009년 3월 금융위기를 겪고 있을 때 전국의 미분양 아파트가 16만 6,000세대였으니 당시에 비하면 3분의 1 수준이다.

　미분양 주택이란 팔리지 않아 주인을 찾지 못하고 있는 주택을 의미한다. 정확하게는 분양을 개시하여 입주자를 모집했을 때 매매계약이 체결되지 않은 아파트 일체를 뜻한다. 미분양 아파트는 쉽게 이야기하면 재고다. 일반 기업에서는 생산한 제품을 미래에 사용할 목적으로 보관하기도 하지만, 정상가인데도 1년이 지나도록 팔리지 않으면 재고라고 본다. 의류 같은 상품은 자체 상설 할인매장 등을 통해 소진하거나 정기세일 또는 균일가 행사 등으로 계획적 처리를 하는 게 일반적이다. 그 외에 재고처리 전문점을 이용하거나 소각처리를 하기도 한다. '소각처리라니!' 하고 놀라는 분도 있겠지만 상당수 회사가 재고를 소각처리한다. 명품을 생산하는 업체에서부터 농산물 생산업체까지, 세금 문제도 있고 가격에 악영향을 주지 않도록 재고를 버리거나 소각하는 것이다.

▥ 미분양 아파트는
재고 상품이다

하지만 아파트는 일반 제품과 달리 재고가 남으면 처리하기가 곤란하다. 소각(철거)처리하기는 정말 곤란하고, 아무리 적은 수일지라도 이미 분양받은 사람들이 있다면, 잔여분을 할인해 분양하기도 어렵다. 할인 분양이 시작되면 기존에 분양받은 사람들도 할인 대열에 동참하려 할 터이고, 그게 안 되면 계약을 해지하려 할 것이다. 일반 제품에서는 흔히 보이는 가격 할인 정책이 부동산시장에서는 채택되기 어려운 이유다. TV를 사려고 대형마트나 가전 전문점을 방문했을 때 어느 시점에 방문하느냐에 따라 가격이 심하게는 몇십 퍼센트씩 차이가 나기도 한다. 이런 걸 계속 생각하면 전자제품 자체를 사기 어려울 정도다. 유통업체 또한 가격 할인을 염두에 두고 최초의 가격을 책정한다. 언젠가는 가격 할인을 하겠다는 의지의 반영이다.

한 모델하우스에서 '100% 분양완료'를 알리고 있다.

백화점에서의 할인행사는 이제 익숙한 관례가 되다시피 했다. 지난 주에 구입한 제품이 할인행사를 해서 가격이 많이 낮아졌더라도 기분이 좀 나쁠 뿐이지 그걸 가지고 항의하거나 반환을 요구하는 고객은 거의 없다.

아파트 상품을 할인해 분양하지 않는 가장 큰 이유는 이미지 때문이다. 할인 분양을 고려하는 사업지라면 문제가 많은 곳이라는 인식이 분양(예정)자들의 뇌리에 선명히 박힌다. 아직 분양해야 할 것이 많은데 할인 분양을 고려하면 안 좋은 상품이라는 이미지 때문에 앞으로 더 큰 문제가 생길 수 있다. 모델하우스를 방문해보면 항상 다 팔렸다고 주장하면서 뒤로는 회사 보유분 등 다양한 이유를 들어 미분양을 판매하는 전략을 사용하는데, 그 이유도 대놓고 미분양을 알릴 수 없기 때문이리라. 그래서 미분양 아파트는 잘 드러나지도 않지만, 그 숫자가 잘못 알려져 주택시장을 왜곡시키기도 한다. 미분양 아파트 통계를 집계하는 과정에서 발생하는 문제가 크기 때문이다.

숨기거나 줄이고 싶어 하는 미분양 주택 수

미분양 아파트 통계는 주택사업자가 신고한 수치를 자치단체에서 집계하여 발표한다. 주택사업자는 자사의 대외 이미지를 위해 미분양 주택 수를 과소 신고하거나 아예 신고 자체를 꺼릴 가능성이 있다. 아무리 통계를 철저하게 집계하고 분석한다고 해도 주택사업자가 미분양 주택 수를 제대로 신고하지 않으면 자료수집의 정확성이 떨어질 수밖에 없다. 그러면 주택시장의 상황을 정확히 판단하기 어려워진다.

이렇게 되는 근본적인 이유는 주택사업자가 미분양 주택 수를 정확하게 신고할 동인이 없을 뿐만 아니라, 오히려 축소 신고할 동인이 크기 때문이다. 과거에는 미분양 주택 수에 비례하여 학교시설 부담금을 면제받았기 때문에 정확하게 신고할 동인이라도 있었다. 하지만 지금은 그마저도 없으니 대부분 축소 신고한다고 보는 것이 맞다. 주택사업자들을 면담해보면 자신들은 정확하게 신고하지만 다른 회사에서는 그렇게 하지 않을 것이라는 모순된 응답을 한다. 즉, 미분양 주택 수가 기업의 대외 이미지에 크나큰 영향을 미친다는 것을 본인들도 알고 있다는 말이다.

미분양 통계는 주택시장의 경기 상황을 보여주는 중요한 통계다. 그러나 이 통계가 현황을 정확하게 보여주지 못하기에 주택시장의 투자자나 정책 담당자들이 시장 상황을 제대로 판단하지 못하고 있다.

2014년 10월 국토부가 미분양 주택 통계를 발표했을 때의 일이다. 당시 국토부는 9월 말 기준 전국 미분양 주택 수가 4만 2,428가구로 전달보다 5.3% 줄었다고 밝혔다. 하지만 강원도의 미분양 주택 수가 전달보다 무려 181.2%나 늘어나는 이상한 일이 벌어졌다. 원주시가 계약이 시작되지도 않은 어느 단지의 전체 가구 수를 미분양으로 집계하는 바람에 발생한 해프닝이었다. 국토부가 곧바로 정정하기는 했지만, 매달 발표하는 미분양 주택 통계에 큰 오점을 남겼다. 이는 주택사업자가 지방정부에 잘못된 보고를 하면 통계의 객관성과 정확성이 떨어질 수밖에 없다는 점을 스스로 인정한 것이라 할 수 있다. 다시 말해 미분양 주택 통계의 왜곡 가능성을 드러낸 것이다. 안타깝게도 2015년 10월에도 유사한 해프닝이 발생했는데, 이번에는 경기도 일부 지자체가 수기로 집계하는 과정에서 누락과 집계오류가 있었던 모양이다.

준공 후
미분양을 살펴라

이렇게 미분양 주택 통계가 신뢰를 받지 못한다면 대안은 없을까? 필자는 그 대안으로 '준공 후 미분양 주택' 통계를 살펴보길 권한다. 준공 후 미분양 주택이란 '악성 미분양'으로 언급되는 통계로, 준공이 됐음에도 분양되지 않은 잔여 세대를 말한다. 이러한 준공 후 미분양 주택도 미분양 주택과 유사한 방식으로 월 단위로 집계, 발표된다. 이 수치는 분양 당시의 미분양 수치보다 지역 부동산시장의 현황을 제대로 반영할 가능성이 크다. 준공 후 미분양 주택도 미분양 주택과 마찬가지로 주택사업자가 제공한 자료를 자치단체와 국토부가 집계한다. 하지만 준공 후 미분양 주택은 그 세대수도 많지 않으며 분양 초기에 발행하는 미분양과는 다르게 주택사업자들이 예민하게 반응하지는 않는 것으로 보인다. 따라서 왜곡의 가능성이 상대적으로 낮다고 할 수 있다.

준공 후 미분양 주택의 연도별 변화 추이를 살펴보면, 미분양 주택은 부동산경기에 즉각적으로 반응하지 않으나 준공 후 미분양 주택의 추이는 부동산경기와 상당한 관련성을 가지면서 움직이는 것을 알 수 있다. 미분양 주택보다는 준공 후 미분양 주택이 부동산경기를 더 잘 반영하는 것으로 보인다는 의미다. 따라서 미분양 주택 통계를 제대로 활용하기 위해서는 준공 후 미분양 주택 통계를 보완적으로 함께 사용하는 것이 바람직하다.

흡수율을 보면
미분양의 원인이 보인다

미분양 주택 통계에서 유의해야 할 또 한 가지 사실이 있다. 특정 지역에 미분양 주택이 갑자기 늘었다면 보통 어떻게 생각할까? 아마도 대개는 그 지역의 부동산시장이 안 좋아진 증거라고 판단할 것이다. 하지만 일시적으로 늘어난 분양물량 때문이라면 이야기가 달라진다. 분양물량이 갑자기 대폭 늘면 미분양 주택이 일시적으로 증가할 수 있다. 아무리 부동산경기가 좋은 지역이라도 분양물량이 많으면 어느 정도의 미분양은 나온다고 볼 수 있기 때문이다.

즉, 미분양 주택 수는 분양물량과 비교한 상대적인 수치로 판단해야 한다. 분양물량이 1만 세대인 지역의 1,000세대 미분양과 분양물량이 1,000세대인 지역의 1,000세대 미분양은 하늘과 땅만큼의 차이가 있지 않겠는가. 미분양 주택 수만 중요한 것이 아니라 분양물량까지를 고려하는 것이 중요하다는 말이다.

이러한 통계는 정부가 아직 집계하지 않고 있으나, 미분양 주택 통계와 그 지역의 분양물량을 안다면 대략적인 계산은 가능하다. 이렇게 계산된 수치를 흡수율(absorption rate)이라 한다. 공실률(vacancy rate)과 상반되는 개념이라 이해하면 된다.

흡수율을 이해하기 위해서는 먼저 공실률을 살펴봐야 한다. 공실률은 건물 하나에서부터 지리적으로 크고 작은 시장 전체까지 계산할 수 있다. 특정 건물의 공실률은 임대되지 않고 비어 있는 면적을 임대가 가능한 총 건물면적으로 나눈 수치다. 이와 반대로 흡수율은 대체로 특정 기간을 기준으로 비어 있는 공간이 얼마나 매매(임대)되는가를 보여주는 수치다. 구체적으로 말하면 특정 기간 매매(임대)된 총면적을 비어 있던 총면적으로 나눈 수치다. 월 단위로 계산할 수도 있고 연 단위로 계산할 수도 있다.

그동안 주택경기 예측을 위해 사용해온 지표는 가격 상승률, 미분양 주택 수, 분양물량 등이었는데 수요나 공급의 한 단면만을 해석할 수 있는 단편적인 지표들이었다. 하지만 주택이라는 상품이 가진 복합성을 고려할 때, 주택시장의 정확한 해석을 위해서는 기존의 통계를 활용하여 복합화된 지표를 개발하는 것이 필요하다. 이런 측면에서 흡수율이라는 통계는 의미가 있으며 주택경기를 더욱 정확히 예측하는 지표가 될 수 있다.

예컨대 특정 지역에서 미분양 주택이 증가한 것은 지속적인 과다 분양이 원인일 수도 있다. 지난 2000년대 후반 지방 광역시가 처했던 상황이다. 상당 기간 공급이 부족했으나 최근 끝을 모르고 오르기만 하는 지방 광역시를 보면서, 당시 지역 부동산시장이 침체한 주요 원인이 과다한 분양물량이었음을 확실히 알게 됐다. 미분양 주택과 함께 새로운 지표를 계속하여 개발해야 하는 이유일 것이다.

흡수율을 알면 보이는 것들

부동산 상품이나 지역의 공실률과 흡수율을 정확히 예측할수록 관련 시장의 현황을 판단하고 미래를 예측하는 능력이 커진다. 시장의 수요와 공급 상황에 따르는 결과를 미리 파악할 수 있기 때문이다. 또한 공실률과 흡수율에 대한 정확한 관측은 시장의 주기적인 변화, 즉 사이클과 가격 및 임대료 등에 대한 중요한 안목을 제공한다.

흡수율을 이해하려면 먼저 공실률을 살펴봐야 하는데, 지리적으로 한정된 특정 지역의 시장 공실률을 구할 때는 두 가지 방법이 있다. 하나는 그 지역 시장의 비어 있는 총면적을 전체 공급면적으로 나누는 것이고, 다른 하나는 지정된 시장 안에 있는 개개 건물의 공실률을 구한 후 평균을 내는 방법이다.

흡수율은 앞서 봤듯이 특정 기간에 매매(임대)된 총면적을 비어 있던 총면적으로 나눈 수치다. 그러므로 흡수율은 일정 기간의 공실률 변동을 반영하게 된다. 흡수율은 특히 개발사업자에게 중요한 수치인데, 흡수율을 기준으로 하면 어느 정도 규모의 사업을 어떤 속도로 수행할지 결정할 수 있다.

해외에서도 흡수율지표는 공식적인 통계로 사용되지는 않는 것으로 보이며, 국가 차원에서 관리하는 통계에는 흡수율이 없다. 다만, 미국의 부동산중개협회에서 공동주택이나 상업용 건물에 대해서만 흡수율지표를 활용한다. 이 또한 비교 기준이 없이 전국적으로 1년 동안 주인을 찾은 공동주택이나 상업용 건물을 연면적 기준으로 발표하고 있다. 이때도 'absorption rate(흡수율지표)'라는 용어보다는 'absorption(흡수)'이라는 표현을 사용하는 것으로 보인다. 예를 들어 미국의 부동산중개업협회에서 발간되는 〈리얼터(Realtor)〉라는 잡지의 한 칼럼은 2008년 시장 전망에서 공동주택과 상업용 건물의 흡수가 증가할 것으로 예측한다며 '흡수'라는 표현을 사용했다.

한편, 신문기사에서 흡수율지표가 사용되었는데 〈크레인스 뉴욕 비즈니스(Crain's New York Business)〉라는 일간지에서는 맨해튼 아파트의 흡수율지표를 2001년부터 분기별로 설명하면서 2007년 1분기의 흡수율지표가 가장 낮다고 강조했다.[14]

미국 부동산 중개업 관련 인터넷 사이트를 보면 중개업자들이 흡수율지표를 실무적으로 활용하고 있는 것으로 보인다.[15] 실무적으로 사용하는 흡수율이란 주택에서 사용되는 특정 지역 부동산시장의 역량을 뜻하며, 일정 기간(한 달) 현재 부동산시장에 나와 있는 주택이 모두 팔리는 기간 단위를 이야기한다. 예를 들어 매달 100채의 주택이 판매되고 현재 팔려고 나와 있는(listing) 주택이 2,400채라면 흡수율은 24가 된다.

이러한 흡수율지표가 가지는 의미는 두 가지로 볼 수 있다. 첫째, 현재의 주택시장이 경기순환 주기상 어디에 있는가를 파악할 수 있는 현장

표 6 __ 미국의 순흡수량(Net Absorption)   (단위: 세대)

구분	2006년	2007년	2008년
공동주택(세대)	229,428	209,153	234,398
업무용(평방피트)	78.0백만	53.8백만	65.1백만
산업용(평방피트)	202.8백만	125.0백만	165.6백만
매장용(평방피트)	10.7백만	12.1백만	19백만

* Robert Freedman(2008), A Normal Market: Outlook Shows Steadying Picture, Realtor.
** 2008년은 전망치임.

의 자료가 된다는 점이다. 즉, 흡수율이 계속해서 낮아진다면 주택경기가 불황으로 접어드는 추세를 보여줌을 의미한다. 둘째, 흡수율지표가 주택가격과 밀접하게 연관되어 있다는 점이다. 그래서 시장 상황을 판단하여 원하는 기간에 주택을 처분하기 위해서는 주택가격을 어떻게 적절히 조정해야 하는가에 대한 근거자료를 제공해준다.

07

월세의 착각

우리나라 전세제도의 기원에 대해서는 정확한 기록이 존재하지 않지만, 고려 시대에 이미 그 전신인 전당(典當)이 행하여졌다고 한다. 당시에는 채권자들이 채무불이행에 대비하기 위해 토지를 담보로 활용했다고 한다. 1876년 강화도조약 체결 이후 서울의 인구가 급증하고 주택 수요가 증가하면서 가옥에도 이러한 전당, 즉 전세관계가 생겨났다. 이를 현대 전세의 기원으로 보고 있다.

이러한 전세는 외국에서는 거의 찾아볼 수 없는 우리만이 가진 오랜 임대차 관행이다.[16] 그런데 아파트 매매가격 상승의 가능성이 작아지고, 저금리가 고착화되면서 우리나라에서는 전세에서 월세로의 전환이 늘고 있다. 집주인 입장에서는 굳이 돈이 되지 않는 전세계약을 할 이유가 없기 때문이다. 2015년 임대차계약에서 월세 거래가

표 7 __ 시기별 월세가격지수

구분	2012년 6월	2013년 6월	2014년 6월	2015년 6월
월세가격지수	100	99.8	98.0	97.1

* 한국감정원
** 2015년 7월 이후 발표한 '월세통합지수'는 과거 시계열이 존재하지 않음.

차지하는 비중이 아파트는 38.7%, 그 외에는 48.8%로 늘어났다. 전년 동기 대비 각각 3.2%p, 1.7%p 증가한 수치다.

이처럼 월세로의 전환이 늘어나면서 월세가격 상승률이 주춤해지며 안정세를 보이고 있다. 한국감정원에서 발표하는 월세가격지수에 의하면 2012년 6월을 기준(100)으로 했을 때 2015년 6월의 가격지수는 97.1에 그쳤다. 3년 전에 비해 월세가격이 떨어졌다는 말이다. 안정세라기보다는 침체라는 말이 더 어울린다.

전세는 오르는데
월세는 내린다?

하지만 실제 월세 임차인들의 말을 들어보면 월세가격이 계속 오른다고 아우성이다. 전·월세 전환율이 낮아지거나 반전세의 월세가 줄어드는 경우는 있어도 체감 월세, 현실 월세는 여전히 오르고 있다. 사실, 전세가 오르는데 월세가 낮아진다는 것은 이상하지 않은가? 어차피 현재 관행화된 전세의 일정 부분이 월세로 바뀌는 것이므로, 전세는 오르고 월세는 안정된다는 것은 말이 안 된다. 정부에서 발표하는 월세가격지수를 신뢰하지 못하는 이유다. 최근 연립·다세대주택과 오피스텔의 공급이 증가했기에 이에 다소 영향을 받을 수는 있겠지만, 월세가격이 안정적이라는 것은 현실과 동떨어진 해석이라고밖에 할 수 없다.

이러한 의문을 해결하는 데 실마리를 제공하는 것이 통계청에서 발표하는 '집세지수' 다. 한국감정원의 통계를 인용하면 서울, 수도권의 월세시장은 하락세가 뚜렷하다. 하지만 통계청의 집세지수를 보면 정반대다. 집세지수는 매달 통계청에서 발표하는 소비자물가동향에 포함된 항목 중 하나이며, 2015년 말 118.3이다. 전년도 같은 달과 비교하면 전세는 4.1%, 월세는 0.3% 올랐다. 월세가격지수와는 정반대로 오히려 오름세다. 어떤 통계를 인용하느냐에 따라 시장의 상황을 다르게 판단할 수 있음을 확연히 보여준다.

한국감정원과 통계청에서 발표하는 월세시세가 이렇게 다른 이유는 지수를 만드는 방식에 차이가 있기 때문이다. 한국감정원은 전국 8개 시·도에서 월세로 살고 있는 3,000가구를 표본으로 삼아 지수를 매긴다. 실제로 거래가 되지 않더라도 표본주택과 비슷한 유형의 거래 사례를 참고해서 통계에 반영한다. 반면 통계청은 1만 가구를 표본으로 지수를 산출하는데 이 중 5,000가구가 월세 통계에 활용된다. 또한 실제 재계약된 거래만을 가지고 지수를 산정한다. 통계청은 감정원보다 표본 수가 많고, 거래된 건수만을 기준으로 하기 때문에 시장 상황을 조금 더 현실적으로 반영할 수 있다.

물론, 저가 및 소형 아파트의 월세수익률이 고가 및 대형 아파트의 월세수익률보다 높게 나타나고 소형 주택을 중심으로 월세시장이 활성화되어 있다. 아파트 월세수익률은 아파트 매매가격이 낮을수록 높고, 매매가격이 높을수록 낮은 분포를 나타낸다. 서울을 예로 들면 강남구의 월세수익률이 가장 낮고 경기도의 월세수익률이 오히려 높은 수준을 보여준다.

주택가격의 등락폭이 컸던 미국과 일본 역시 주택가격이 하락했음에도 월세가격은 장기적으로 상승세를 지속했다. 일본의 평균 월세가격은 1968년 5,352엔에서 2008년 5만 3,565엔으로 연평균 6% 상승했다. 주택가격이 하락하기 시작한 이후인 1993년부터 2008년까지의 임대료를 보면, 상승률은 연평균 1.3%로 둔화됐으나 상승 추세는 지속됐다. 주택가격이 장기적으로는 하락했음에도 월세가격은 하락하지 않고 소폭이나마 상승세를 지속함으로써 집값과 임대료 추이가 다른 모습을 보였다.

미국도 마찬가지다. 조사 대상 기간인 1960년 1분기에서 2012년 3분기까지 가구당 평균 임대료(월세)는 일시적인 소폭 하락을 제외하고 상승세를 지속했다. 미국과 일본 모두 주택가격은 시기에 따라 부침을 반복하지만 임차료(월세)는 안정적으로 상승세를 지속하는 특징이 있는 것으로 나타났다.[17]

월세수익률은
실거주자 입장에서 따져라

'월세' 하면 떠오르는 이미지는 여전히 투자, 수익률이다. '원룸의 월세가 얼마이니 수익률이 몇 퍼센트가 되고, 이 수익률은 현재 은행 금리보다 몇 배 높아 투자가치가 있다'는 스토리다. 이런 식의 계산을 위해서는 월세를 얼마나 받느냐가 중요해진다. 하지만 매월 얼마만큼의 월세를 지급하느냐의 문제는 수익률보다는 주거비용이라는 개념, 즉 투자자가 아닌 실거주자의 입장에서 생각해야 하는 주거 문제 중의 하나다.

현재 전세가격이 치솟고 월세가격 또한 부담스러워지는 현상은 주택시장이 균형을 찾아가는 과정으로 이해할 수 있다. 인구구조, 주택 공급, 세계 경기 추세 등을 고려했을 때 우리나라에는 집값이 너무 높고 전세가는 너무 낮은 불균형이 존재했다. 따라서 지금의 상황은 전세가와 매매가의 불균형이 해소되는 과정으로, 전세가가 비싸다고 느껴지는 단계다. 이러한 월세 전환의 시대에는 전세나 월세를 수익률이 아닌 주거비로 인식하는 자세가 필요하다. 전세가가 치솟고 월세마저 올라가면서 가계에 주거비의 부담이 가중되고 있는데, 이는 정상화로 가는 과정으로 이해해야 한다. 다시 말해, 오히려 그동안 정상 수준의 주거비를 지출하지 않았다고 봐야 한다. 2013년 OECD 행복지수에 의하면 한국의 가처분소득 대비 주거(임대) 지출 비용은 OECD 34개국 가운데 러시아 다음으로 낮았다. 이렇게 낮은 주거비 지출이 정상화되면서 서민가계를 중심으로 주거비 부담이 늘어난 것이다.

전세에서 월세로의 전환은 자연스러운 현상이다. 전 세계 유일한 임대차제도인 전세는 주택가격의 안정과 저금리 그리고 글로벌화에 따라 언젠가는 소멸될 것이다. 하지만 우리나라에서 전세는 오래된 주택 임대차 관행이므로 쉽게 없어지진 않을 것이다. 나만이 문제가 아니고 나와 거래를 하는 상대편, 내 상대와 거래를 하는 제3자 등 모두가 전세를 매개로 순환 고리처럼 연결되어 있기 때문이다. 관행이 무서운 이유가 여기에 있다.

이제는 월세를 투자수익률로 바라보지 말고 주거비용으로 이해해야 한다. 따라서 월세형 수익상품에 투자할 때는 주거비용의 수준에서 월세가 적절한지를 판단하고 전체 투자금액을 계산해야 한다. 한 연구에 의하면 매달 지급해야 하는 주거비용이 중간소득 가구의 경우 월 80만 원대를 넘어서면 부담이 된다고 한다. 물론 지역에 따라 차이가 있다. 따라서 수익률을 5%로 잡는다면 연 960만 원(월 80만 원 ×12개월)의 수익을 올릴 수 있는 매매가격은 1억 9,200만 원(960만 원 ÷0.05)이 된다. 여타 비용을 고려하지 않는다면 이를 넘어서는 월세형 수익상품은 주거비용 측면에서 보면 높은 금액이다. 이러한 주거비용 측면을 고려하면 서울 강남 지역의 월세수익률이 가장 낮은 이유를 어려움 없이 이해할 수 있다.

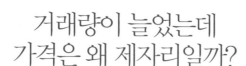

거래량이 늘었는데
가격은 왜 제자리일까?

2015년 초 개봉한 영화 〈강남 1970〉을 보면 1970년대 서울 강남에서 땅 투기가 어떻게 조직적으로 이루어졌는지를 생생하게 알 수 있다. 쉽게 설명하면 땅 투기 조직이 땅을 사서 서로 웃돈을 붙여 사고팔기를 계속하며 땅값을 끌어올린다. 그러면서 이곳에 개발 호재가 있다는 소문도 함께 퍼뜨린다. 이렇게 가격이 올라갈 대로 올라간, 소위 '작업이 된 땅'은 마지막으로 '호구 쩐주'에게 팔린다. 이 땅을 산 사람은 소위 상투를 잡게 되는 것이다. 가장 높은 가격에 더는 매수자를 찾을 수 없는 마지막 매수자다.

이런 일이 가능한 이유는 거래가 거의 이루어지지 않는 토지는 정보의 비대칭성이 너무 크기 때문이다. 그 땅값이 얼마가 적정한지를 알수가 없기 때문에 공급자가 제공하는 정보를 의심 없이 받아들인다.

▦ 아파트는 정보의
비대칭성이 큰 상품

부동산 상품 중에서는 정도가 덜한 편이지만, 아파트 역시 정보의 비대칭성이 꽤 큰 상품이다. 정보의 비대칭성이란 경제적 이해관계를 가진 당사자 간에 정보가 한쪽에 많이 존재하고 다른 쪽에는 부족한 상황을 말한다. 주로 매도자(공급자)가 정보를 많이 가진 쪽이며, 매수자(수요자)는 정보가 부족한 쪽이다.

휴대전화 같은 일반 상품의 경우 생산자가 꼭 정보를 많이 가지고 있는 것은 아니다. 어떤 형태로든 생산에 참여하는 소비자, 즉 '프로슈머'라는 단어도 있듯이 소비자가 수동적인 입장에서 벗어나 소비뿐만 아니라 제품의 생산, 개발에도 직접 참여한다. 프로슈머는 다시 말해 '생산하는 소비자'를 가리킨다. 아이폰이 처음 나왔을 때 안테나 수신불량의 문제를 가장 먼저 발견한 것은 회사도, 제조업체도 아니고 소비자였다.

이처럼 일반 상품은 생산자보다 더 많은 정보를 가진 소비자가 존재할 수 있다. 그렇지만 부동산은 지역적 제한성과 상품 평가의 어려움이 존재하기에 비대칭성이 만연하는 상품, 즉 매도자가 더 많은 정보를 가지는 상품이다.

정보의 비대칭성이 높으면 시장의 일반적인 경제 논리가 적용되지 않는다. 시장의 일반적인 논리란 수요와 공급이 만나 가격이 결정된다는 경제학의 기본 법칙을 말한다. 정보의 비대칭성이 큰 아파트시장은 늘어난 수요가 가격에 반영되지 않는 경우도 많다. 수요와 공급의 변화가 가격에 즉각적으로 반영되지 않는다는 말이다. 토지시장을 예로 들면, 그린벨트가 풀리고 토지거래신고제 등의 규제가 해제될 경우 오히려 토지가격이 오르기도 한다. 공급이 늘어났음에도 가격이 오르는 이상한 일이 벌어지는 것이다.

빛 바랜 거래량과
가격의 신화

상품의 가격을 예측하기 위해서는 수요와 공급의 변화를 함께 살펴야 한다. 하지만 부동산 상품은 수요와 공급의 변화는 물론이고 거래량 또한 살펴야 한다. 수요와 공급의 변화가 가격에 직접 영향을 미치지 못하니, 가격에 가장 큰 영향을 미치는 거래량이 어느 정도인지를 봐야 한다. 과거에는 아파트의 거래량이 6개월 정도 계속해서 늘어나면 가격이 오를 것으로 예상했다. 수급이 시장에 미치는 영향이 크지 않다 보니 거래량을 가지고 아파트시장을 예측하는 하나의 방식이었다.

이를 이용한 벌집순환모형(Honeycomb Cycle Model)이라는 모델도 있다. 주택가격과 거래량이 일반적인 경기 사이클과 더불어 육각형 벌집모형으로 반시계방향을 가지며 순환한다는 이론이다. 국내에서는 이 벌집순환모형에 대한 신뢰가 크지만, 사실 이 모형은 1994년의 한 논문[18]에서 주택시장의 순환을 설명하기 위해 도입됐으며 네덜란드 4개 도시를 대상으로 검증한 내용이다. 그런데 2개 도시에서만 벌집과 유사한 모형으로 순환함을 발견했다. 즉 이 모델을 처음으로 발견한 저자 또한 이 모델이 완벽하게 작동하는 것이 아님을 알고 있었다는 얘기다.

2015년 서울의 아파트 거래량은 13만 1,413건으로 9년 만에 최고치를 기록했다. 언론과 방송에서는 연일 아파트 거래량이 역대 최대치임을 알리고 있다. 아파트만이 아니다. 연립이나 다세대 또한 거래량이 역대 최대치 경신에 나서고 있다. 하지만 가격은? 거래량 증가를 고려하면 잠잠하다고 할 수준이다. 이것이 바로 최근에 나타나는 특징인데, 거래는 폭증하지만 가격은 정체상태라는 것이다.

합리적인 소비자로 변모한 주택 수요자들

이러한 현상이 벌어지는 첫 번째 이유로 주택 수요자가 합리적인 소비자로 변모했다는 점을 들 수 있다. 최근 주택 상품을 선택하는 가장 중요한 기준은 가격이다. 저렴한 가격, 저평가된 단지를 찾아다니는 소비자들은 거래량이 늘어나도 가격 상승을 기대하면서 과다하게 오른 호가를 수용하지 않는다. 아파트가격이 오르기 위해서는 가격 상승의 기대감이 높아지고 매도호가가 올라가 거래가격이 상승해야 한다. 이렇게 가격이 오르면 다시 가격 상승의 기대감이 높아지고 매도호가는 다시 더 높은 수준으로 오르게 된다. 하지만 현재는 이러한 사이클이 작동하지 않는다. 기존 가격대에서 크게 벗어나지 않은 가격에서만 거래가 이루어지고, 평균보다 크게 벗어나는 가격에는 주택 수요자들이 움직이지 않는다. 평균과 중위 가격[19] 중심의 거래 비중만 증가하고 있다는 말이다.

이러한 합리적 소비패턴은 거래가격 대비 거래량을 분석해보면 분명히 나타난다. 평균 가격과 10% 이하의 차이가 나는 거래 비중은 2006년 9.5%에서 2014년 13.7%로 급격히 증가했으며, 중위 가격과 10% 이하의 차이가 나는 거래 비중 또한 같은 기간 12.0%에서 16.2%로 증가했다. 평균 가격이나 중위 가격에서 벗어나면 벗어날수록 거래 비중은 줄어든다.

고가 아파트는 싸지고 저가 아파트는 비싸지면서 주택시장이 평준화된 점도 영향을 미쳤다. KB국민은행에서 조사한 바에 따르면 2015년 7월 전국 아파트 평균 가격(2억 8,053만 원)과 중위 가격(2억 7,122만 원)의 격차가 931만 원으로 나타났다. 국민은행이 조사를 시작한 2008년 12월 이후 처음으로 1,000만 원 밑으로 떨어졌다. 2015년 말에는 그 격차가 769만 원까지 떨어졌다. 아파트 평균 가격은 전국 아파트의 가격을 모두 더해 가구당 숫자로 나눈 것으로, 고가 주택이 많을수록 높아진다. 중위 가격은 전체 주택을 순서대로 나열했을 때 가장 중간에 위치하는 값이다. 평균 가격과 중위 가격의 격차가 줄어들고 있다는 것은 주택가격이 중간값으로 수렴하고 있다는 의미다.

즉 고가 주택은 싸지고 저가 주택은 비싸지면서 아파트가격의 평준화 경향이 강해진다는 말이다. 아마도 가격 상승의 기대감이 줄어든 최근 아파트 투자자의 성향이 반영된 듯하다.

다주택자들의 추가 매입으로 투자 수요 증가

두 번째는 다주택자들의 추가 매입이 증가했다는 점이다. 국토부가 발표한 '2014년 주거실태조사'에 의하면 2012년 자가 보유율은 58.4%이나 2014년에는 58.0%로 오히려 줄어들었다. 수도권의 자가 보유율은 더욱 감소하여 같은 기간 52.3%에서 51.4%로 줄었다. 주택 거래량이 늘어나면 집을 보유한 사람 역시 늘어나는 것이 일반적이다. 하지만 주택 거래량이 늘어났음에도 자가 보유율이 줄어들었다는 것은 무주택자보다는 다주택자들의 거래 참여가 늘었음을 의미한다.

다주택자들의 주택 추가 매입은 투자 수요인 경우가 많으며, 이는 향후 부동산시장을 긍정적으로 보고 있음을 말한다. 다만, 여기에는 실수요도 존재한다. 대표적인 사례가 자녀를 위한 주택 매입이다. 주택가격이 더 오르기 전에 결혼 적령기의 자녀들 집을 마련하려는 것이다. 이러한 주택 매입 형태가 바람직한지에 대한 논쟁은 여기서 하지 않았으면 한다. 그냥 현상만을 보고 아파트시장을 이해하는 데 참고하도록 하자.

요즘 모델하우스에 가보면 필자와 같은 50대 이상의 분들을 자주 마주친다. 직업 때문에 방문하는 필자와는 다르게 결혼 적령기 자녀를 위한 아파트 쇼핑이다. 이는 거래량 통계에서도 나타나는데, 아파트 매매 거래에서 증여 거래가 차지하는 비중이 2013년에는 4.2%였으나 2014년에는 4.5%로 소폭 증가했다. 이러한 아파트 거래는 지방에서 두드러지는데 2013년 1만 4,000건에 그쳤던 증여 거래가 2014년에는 1만 8,000건으로 증가했다. 신고하지 않은 경우까지를 고려하면 훨씬 더 많은 거래가 증여를 목적으로 이루어졌음을 추정할 수 있다.

필자는 국내 주택시장의 미래를 예측하기 위해 일본을 자주 방문한다. 한번은 일본 근교의 모델하우스를 방문할 기회가 생겼는데 담당자에게 어느 연령층을 대상으로 영업하는지를 물어본 적이 있다. 예상과 달리 그는 20~30대가 마케팅의 주요 대상이라고 답했다. 40~50대는 자산 버블을 경험한 세대로서 경제적으로 부유하지 않아, 부모 세대(60~70대)가 여전히 부를 보유한 20대와 30대를 영업의 대상으로 삼는다는 것이다. 5,000만 엔 정도 하는 단독주택이었는데

표 8 __ 증여에 의한 아파트 거래

(단위: 세대)

연도	매매(A)	증여(B)	증여 비중(B/A)
2014년	708,950	31,715	4.5%
2013년	604,331	25,388	4.2%

* 국토부

3,000만 엔까지는 증여세가 없어 부모가 부담하고, 나머지 2,000만 엔은 모기지(은행대출)를 활용한다는 것이다. 당시 좀 특이하다는 생각을 했는데 우리도 이미 유사한 패턴을 따르는 것 같다.

가구 수보다 빠른 속도로 증가한 주택 수

세 번째는 주택 수의 증가를 간과함으로써 통계 해석의 오류가 발생했다는 점이다. 통계청 자료에 의하면 2013년 가구 수는 1,840만으로 2012년 1,800만에 비해 늘어났다. 하지만 주택 수는 같은 기간 1,855만에서 1,896만으로 늘어나 증가 속도가 더 빠르다.[20] 주택 수가 많이 늘어났으니 거기에 맞춰 주택 거래량이 늘어나는 것은 당연한 일 아니겠는가.

실제로 재고 대비 거래량 추이를 보면 2012년 이후 계속해서 거래 비중이 증가하고는 있다. 하지만 과거와 비교하면 크게 높은 수준은 아니다. 따라서 지금까지 아파트 거래량 증가는 표본이 늘어난 데 따른 당연한 현상일 수 있다. 이처럼 당연한 현상을 설명하지 않고 단순히 아파트 거래량이 늘어났다는 사실만을 침소봉대하면 곧 아파트가격이 오를 것으로 오판할 수 있다.

이러한 이유로 과거 '거래량이 늘어나면 가격이 오른다' 라던 거래량 관련 신화가 무너지고 있다. 정확하게 이야기하면, 신화가 무너졌다기보다는 거래량 관련 통계를 더 세부적으로 살펴봐야 할 이유가 더 늘어났다는 말이다. 단순한 거래량이 아니라 전체 아파트 숫자에서 거래량의 비중을 살펴야 하고, 늘어난 거래량이 어느 정도의 가격대에 분포되어 있는지, 그리고 자가 보유율은 증가했는지 등을 파악해야 한다.

이렇게 이야기하다 보니 우리나라의 주택 통계 관련 문제가 자꾸 드러나는 것 같다. 이러한 통계마저도 전문가들이 아닌 일반인이 쉽게 찾아볼 수 있도록 더 세부적으로 제공됐으면 하는데, 갈 길이 멀다.

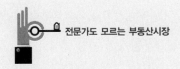
시장 예측에 사용되는 벌집순환모형

벌집순환모형은 1994년 호세 얀선(Jos Janssen) 등의 논문 "주택시장에서의 벌집순환모형(The Honeycomb Cycle in Real Estate)"에서 언급되어 주택시장의 순환모형으로 설명됐다. 이 논문은 네덜란드의 4개 도시(town)를 대상으로 벌집 모양의 주택경기순환을 검증(주택 거래량과 주택 매매 평균 가격을 분산형 그래프로 표현)했으며, 그중 에인트호벤(Eindhoven)과 엔스헤데(Enschede) 2개 도시에서 벌집과 유사한 모형으로 순환함을 발견했다.

그 논문에 의하면 벌집순환모형은 주택시장의 외부환경인 일반적인 경기 사이클과 비탄력적인 주택 공급(공급, 분양, 생산의 지체)의 영향을 받아, 주택시장 내부의 거래량과 가격의 관계가 일정한 육각형의 패턴을 나타내면서 역시계방향으로 변동, 순환한다는 이론이다.

벌집순환모형은 주택시장의 수급에 대하여 1차와 2차 시장으로 구분한다. 주택 거래는 2차 시장에서 더 빈번할 수 있기 때문이다. 1차 공급자는 수요자가 아닌 건설업체 또는 주택을 팔고 다시 구매하지 않는 공급자를 말한다. 그리고 1차 수요자는 자기 주택을 팔지 않고 추가로, 또는 평생 처음 구매하거나 외부로부터 진입하는 수요자를 말한다. 2차 수요자와 공급자는 동일 시장 내에서 자기 주택을 팔고 다른 주택을 구매하는 사람으로, 수요자인 동시에 공급자가 된다. 따라서 2차 수요와 공급은 동일한 양으로 일어난다고 가정하며, 가격보다는 거래량 변동이 크다.

벌집순환모형에 의한 주택시장의 순환은 6개 국면으로 나타나는데 각 국면은 주택시장의 내·외부환경, 1·2차 시장(공급의 시차, 공급자와 수요자의 반응), 거래와 가격의 관계를 통해 주택시장의 전환점(turning point) 예측을 설명한다. 따라서 벌집순환모형이 가지는 가장 큰 의미는 국면이 전환될 시점을 예측할 수 있다는 점이다. 그 예측에서 가장 중요한 것은 가격과 거래량이다.

주택시장을 가격과 거래량을 기준으로 놓고 보면 가격은 상승하거나 보합상태이거나 하락하거나 세 가지 경우의 수가 나오고, 거래량은 증가하거나 줄어들거나 두 가지 경우의 수가 나온다. 총 여섯 가지의 경우의 수가 나오는데 이러한 경우의 수가 순환하는 모형을 지니고 있다는 이론이다.

제1 국면에서는 경제 전망이 밝다. 1차 시장에서는 신규 진입자에 의해 수요가 증가하므로 거래량이 늘어나고, 공급자가 공급을 늘리기 원하지만 공급의 비탄력성으로 가격이 상승한다. 2차 시장에서는 공급자가 늘어나 거래가 늘어나지만 가격에는 영향을 미치지 못한다.

제2 국면은 가까운 미래에 대한 부정적인 전망이 증가하기 시작한다. 건설업의 불투명한 전망으로 1차 시장 공급자는 착공을 줄이기 시작하

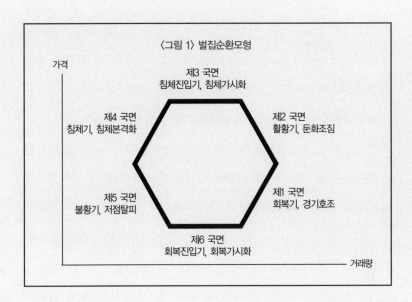

〈그림 1〉 벌집순환모형

표 9 __ 국면별 특성

주택경기	일반경기	지표방향	수급요인
제1 국면 (회복기)	경기호조	거래량 + 가격 +	• 경기호조로 실수요 증가
제2 국면 (활황기)	둔화조짐	거래량 − 가격 +	• 가격 상승으로 지속적으로 가수요 가세 • 매도자의 가격 상승 기대로 매물 감소
제3 국면 (침체진입기)	경기침체 가시화	거래량 − 가격 보합	• 경기침체와 실수요 감소로 수급 불균형 • 현재 가격에서 매도자와 매수자 공방
제4 국면 (침체기)	경기침체 본격화	거래량 − 가격 +	• 불황 심화로 실수요와 가수요 위축
제5 국면 (불황기)	경기저점 탈피조짐	거래량 + 가격 −	• 가격 하락세 유지로 수요 위축 지속
제6 국면 (회복진입기)	경기회복 가시화	거래량 + 가격 보합	• 경기회복으로 실수요 증가

고 거래량도 줄어들지만, 가격이 오르기 전 시장 진입을 원하는 1차 수요가 계속 증가하여 가격은 상승한다. 2차 시장 참여자들은 불안한 경제 전망 때문에 이사 계획을 연기하므로 거래량이 축소된다.

제3 국면에서는 거래량이 추락하고 가격 상승이 정지하며 경기가 나쁘게 전망된다. 1차 수요는 증가를 멈추거나 감소하기 시작하며 1차 공급자는 신규 공사를 멈추어 시장에 진입할 필요가 없다. 그러나 생산의 지체 효과 때문에 이미 착공됐던 주택의 공급이 계속되므로 1차 공급량은 수요보다 더 많거나 같아진다. 한편 2차 시장에서는 수요와 공급이 감소하고 거래규모도 줄어든다.

제4 국면은 제1 국면의 반대 국면으로 모든 가계가 경제적인 슬럼프에 빠져 있으며 가격과 거래량이 모두 줄어든다. 1차 공급자는 경기 전망을 더욱 어둡게 보고 전보다 더 공급을 줄이지만 완공된 물량이 수요 감소폭보다 커 가격이 하락한다. 그럼에도 1차 수요의 감소가 빠르게 진행된다. 2차 시장의 거래량도 감소하고 경직된다.

제5 국면에서는 경제적 낙관론이 대두하면서 주택시장의 외부환경에 대한 전환점이 마련되며, 가격은 하락하나 거래량은 증가한다. 1차 시장은 신규 공사를 시작하지만 아직 수요보다 공급이 많아 가격 하락은 지속된다. 2차 시장은 제3 국면에서 금융으로 집을 샀던 대출의 만기가 다가와 거래량이 증가하면서 가격이 떨어진다.

제6 국면에서는 경기가 회복세에 진입하여 가격이 안정되고 거래량도 증가한다. 1차 수요는 증가하나 1차 수요 증가와 1차 공급이 아직 높은 수준에 도달하지 않았기 때문에 가격은 안정되어 있다. 2차 수요는 연기

됐던 이사 계획을 실현하려는 수요에 의해 거래량이 증가한다. 경기가 계속 좋아진다면 소비자의 안정적 전망에 의해 1차 수요가 증가하고, 생산주기 때문에 1차 공급이 바로 증가할 수 없어서 가격이 다시 오르기 시작할 것이다.

2015년 말 현재의 우리나라 주택시장은 제1 국면에서 제2 국면으로 나아가고 있는 것으로 판단된다. 지역에 따라 차이가 있어서 수도권은 제1 국면에 가깝고, 지방 광역시는 제2 국면에 진입한 것이 아닌가 판단된다.

지금까지 살펴본 벌집순환모형 이론은 시장 예측에 자주 이용되고 있다. 하지만 예측의 효용성에 대한 검증 연구가 부족하고 그 신뢰성 또한 담보되지 않은 상황임을 참고하기 바란다.

청약경쟁률의 함정

청약경쟁률 대박 단지들이 속출하고 있다. 아파트 분양시장이 호황인지 어떤지를 알 수 있는 척도로 청약경쟁률을 활용한다. 청약경쟁률은 신규 아파트 분양시장에서 종종 이슈가 되고 기사화되는 경우가 많다. 이는 높은 청약경쟁률이 주택사업자들에게는 사업의 안정성을 확보해줄 뿐 아니라 수분양자에게도 경제적 혜택이 이어질 것으로 기대되기 때문이다. 청약경쟁률은 주택사업자에게는 사업의 성패를, 분양자에게는 재테크의 성공 여부를 결정짓는 중요한 척도로 간주되고 있다.

우리가 특정 제품을 선택하는 데는 사회적 영향이 엄청난 힘으로 작용한다. 인간은 사회적 존재이므로 남들이 듣는 음악, 남들이 사용하는 샴푸, 남들이 구입하는 TV를 좋아하는 경향이 있다. 간단하게 말하면 인기 높은 제품을 선호하는 것이다. 여러 경제학자가 이미 증명한 바와 같이, 이러한 인간의 선호는 초창기에 실적이 좋은 제품 쪽으로 시소가 기울어지게 한다. 품질에서 특별한 차이가 없는 제품들은 이런 사회적 힘의 영향으로 시장에서 아주 다른 결과를 맞이한다. 청약경쟁률 역시 이러한 사회적 영향력을 발휘한다.

청약경쟁률이 높았던 진짜 이유

2014년 청약경쟁률이 가장 높았던 단지는 '대구역유림노르웨이숲'이었다. 2014년 12월에 대구 칠성동2가에서 분양한 단지로 172대1의 경쟁률을 보였다. 이 기록은 1년도 지나지 않아 깨졌는데, 부산 광안동에서 분양한 '부산광안더샵'의 청약경쟁률은 379대1이었다. 부산과 대구가 앞서거니 뒤서거니 하며 청약경쟁률을 경신하면서 지방 광역시 부동산시장의 호황을 여실히 보여주고 있다.

한 가지 특이사항은 이 단지들의 일반 분양분이 많지 않았다는 점이다. 부산의 단지는 91세대였고, 대구는 그나마 187세대로 다소 많았다. 총 청약자 수는 부산, 대구 모두 3만 명이 넘었다. 분양시장이 호황인 지방 광역시에는 청약 대기자들이 몰려 있기 때문에 100여 세대만을 분양하면 청약경쟁률이 현재와 같이 높아질 수밖에 없다. 청약경쟁률을 유심히 살펴야 하는 이유다.

사람들로 북적이는 분양사무소

　그런데 청약경쟁률이 높아 성공적인 분양이 이루어지면, 실질적
인 측면에서 주택사업자는 사업 성공이라는 과실을 즉각적으로 얻
을 수 있는 반면, 수분양자 입장에서는 주변의 부러움을 받을지언
정 입주 시점이나 매도 시점까지 경제적 성공 여부가 불투명하다.
물론 계약 후 곧바로 전매하면 얼마간의 이익을 얻을 수 있겠지만,
투기꾼이 아니고서야 곧바로 전매하는 일은 잘 일어나지 않는다.
따라서 청약경쟁률은 주택사업자에게는 현실의 이익이지만, 수분
양자 입장에서는 미래에 발생하는 미실현이익일 따름이다. 주택 공
급업체들과는 다르게 분양자들이 청약경쟁률에 호도되지 말아야
하는 이유다.

🏢 경쟁률이 높으면
무조건 좋을까

청약경쟁률이 높다고 무조건 좋아할 일은 아니다. 그 이유를 살펴보자.

첫 번째는 앞서 봤듯이 분양물량이 적어서 경쟁률이 높아졌다는 점이다. 청약경쟁률을 자세히 살펴보면 왜 부산 등 특정 지역의 경쟁률이 높은지를 알 수 있다. 최근 청약경쟁률이 세 자릿수를 넘어가는 단지들을 살펴보면 재건축이나 재개발 등 정비사업이 진행되는 단지가 대부분이다. 정비사업은 조합원들이 주체가 되어 진행되는데 조합원 몫의 아파트를 제외하면 일반인에게 분양되는 물량은 그리

표 10 __ 2015년 상반기 전국 청약경쟁률 상위 단지

아파트	지역	분양시기(월)	전체경쟁률	일반공급물량(세대)	총청약자수(명)
부산광안더샵	부산광역시 수영구	4	379.1	91	34,496
해운대자이2차	부산광역시 해운대구	6	363.8	340	123,698
동대구반도유보라	대구광역시 동구	5	274.0	387	106,020
위례우남역푸르지오3단지(C2-6)	경기도 성남시 수정구	6	201.0	183	36,789
창원가음꿈에그린	경상남도 창원시 성산구	1	185.5	117	21,703
울산약사더샵	울산광역시 중구	4	176.3	138	24,335
안심역코오롱하늘채	대구광역시 동구	6	169.0	491	82,983
위례우남역푸르지오1단지(C2-4)	경기도 성남시 수정구	6	155.7	144	22,425
대구만촌역태왕아너스	대구광역시 수성구	1	155.1	55	8,528
사직역삼정그린코아더베스트2차	부산광역시 동래구	5	143.7	180	25,857

* 금융결제원

많지 않다. 실제로 2015년 상반기 전국에서 청약경쟁률이 가장 높았던 상위 10개 단지의 평균 일반 분양물량은 겨우 213세대였다. 주변을 살펴보면 대단지의 아파트들이 공급되고는 있지만 실제 일반 청약자들을 대상으로 한 물량은 그리 많지 않음을 알 수 있다. 이로 인해 청약경쟁률이 과도하게 높아질 수 있음에 유의해야 한다.

두 번째는 청약제도의 변경이다. 정부가 2014년 9월 '주택시장 활력회복 및 서민 주거안정 강화방안'의 하나로 주택청약제도를 개편했고, 2015년 2월 말부터 시행됐다. 핵심은 수도권 주택청약 가입자의 1순위 기준이 기존 가입기간 2년에서 1년으로 완화되었다는 것이다. 이에 따라 수도권 내 1순위 가입자만 약 230만 명이 증가한 것으로 추산된다. 청약자격을 가진 가입자가 급증하다 보니 청약경쟁률이 높아지는 것은 당연한 이치다. 실제로 2014년 전국의 청약경쟁률은 7대1 수준이었으나, 2015년 상반기에는 10대1 수준으로 높아졌다. 청약경쟁률을 선도하는 지방 광역시는 더욱 큰 폭으로 상승했다. 2014년에 분양 아파트 청약경쟁률이 15대1, 21대1 수준이던 대구와 부산은 2015년 상반기 각각 80대1과 61대1로 높아졌다. 이렇게 높아진 청약경쟁률의 이면에는 주택청약제도 개편이 자리 잡고 있음

표 11 _ 지역별, 시기별 청약경쟁률

구분	전국	서울	부산	대구
2015년 상반기	10.1	10.1	61.3	79.6
2014년 연간	7.4	5.4	21.0	14.5

* 금융결제원

을 염두에 두어야 한다.

세 번째는 청약경쟁률과 계약률은 별개라는 점이다. 청약경쟁률이 높으면 일반적으로 계약률도 높다. 청약경쟁률이 높았던 단지는 추후 가격 상승에서도 유리하다. 최근 2002년부터 2010년까지의 청약 경쟁률을 분석한 한 연구에 의하면[21] 청약경쟁률이 입주 시 주택가격 변화에 정(正)의 영향을 미친 것으로 나타났다. 즉 청약경쟁률이 높았던 단지가 입주 후 주택가격도 올랐다는 말이다. 특히 이 결과는 시기와 상관없이 동일하게 나타났다. 금융위기 이전의 부동산 상승기는 물론이고 금융위기 이후의 부동산 침체기에도 청약경쟁률이 높아질수록(낮아질수록) 주택가격의 상승도 높게(하락도 크게) 나타났다.

청약 알바라고, 들어보셨나요?

하지만 이는 평균일 따름이다. 단지별로 살펴보면 청약경쟁률과 계약률이 같으란 보장이 없다. 2009년 12월에 주택산업연구원에서 발표한 자료에 의하면, 당시 수도권에서 분양 중인 5개 단지 중 4개 단지의 전용면적 85㎡ 초과 주택 계약률이 32~62% 선에 그쳤다고 한다. 청약경쟁률은 모두 2대1 이상을 기록한 단지들이었다. 이와는 반대로 한때 미분양의 무덤이라 불리던 김포한강신도시의 경우 0.5대1의 청약경쟁률에 그쳤던 단지가 8개월 만에 완판된 사례도 있다.

청약경쟁률이 그 단지의 인기와 투자가치를 보여주는 하나의 척도는 될 수 있지만, 청약경쟁률만을 놓고 투자 여부를 결정하는 것은 위험할 수 있다. 계약률도 함께 따져봐야 한다.

주택사업자는 청약경쟁률을 기반으로 홍보를 한다. 필자가 판단할 때 청약경쟁률은 주택사업자나 이들의 아파트 분양을 대행하는 업체들의 분양 마케팅 전략에 좌우되는 측면이 크다.[22] 분양 마케팅 활동, 특히 사전분양 마케팅 활동을 열심히 한 단지는 그렇지 않은 단지에 비해 청약경쟁률이 높을 수밖에 없다. 따라서 청약경쟁률이 다양한 요인에 의해 높아질 수 있음에 유의하고, 투자를 위한 하나의 척도로만 받아들였으면 한다.

최근에는 '청약 알바'가 유행이라고 한다. 청약경쟁률이 아파트 단지의 인기를 반영하는 지표로 인식되다 보니 분양대행사들이 아르바이트를 써가면서까지 청약경쟁률을 올리려고 한다는 것이다. 청약경쟁률에조차 거품이 끼었다니 씁쓸할 따름이다.

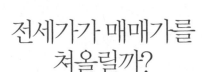

전세가가 매매가를
쳐올릴까?

"전세가격이 이미 매매가격에 근접했어요! 조금 있으면 매매가격도 오를 테니 작은 걸로 하나 구입하시죠. 지금은 다들 이렇게 투자해요."

요즘 개업 공인중개사 사무실에서 많이 접할 수 있는 말이다. 정부의 통계나 민간 부동산정보회사들의 발표에 의하면 매매가격에서 전세가격이 차지하는 비중인 '전세가율'이 이미 70%를 넘어섰다. 이 70%라는 수치는 평균이기 때문에 소형 아파트나 도심의 경우라면 90%에 가깝다고 보는 것이 현실적이다. 부동산 투자자 입장에서 이런 아파트는 투자하기에도 좋다. 몇천만 원만(?) 투자하면 아파트를 매입할 수 있고, 이런 식으로 전세를 안고 아파트를 매입하면 적은 자본으로도 꽤 많은 아파트를 보유할 수 있기 때문이다. 2005년

행정자치부 발표에 의하면 아파트를 가장 많이 보유한 사람은 1,083 채를 가진 개인이었다고 한다. 이분 또한 전세를 안고 아파트를 매입하는 방식을 활용하지 않았을까 짐작할 수 있다. 안타깝게도, 나중에 개인 파산을 했다는 얘길 들었지만.

사실 이런 논란의 중심에는 전세라는, 우리나라에만 광범위하게 존재하는 주택 임대차 관행이 자리하고 있다. 전세를 안고 아파트를 매입하는 것은 대출을 받아 아파트를 매입하는 것과 비슷하다. 즉, 전세를 대출의 한 수단으로 활용한다는 말이다. 전세를 레버리지[23]로 활용할 경우 대출에 따르는 이자비용마저도 부담할 필요가 없으니 수익률은 더욱 높아진다. 물론 아파트가 오를 경우를 가정한 이야기다.

전세시장과 매매시장

전세는 우리나라에만 광범위하게 있는 제도여서 영어로도 'Jeonse'라고 표현된다. 과거 주택 부족현상이 심하고 주택금융이 제대로 이루어지지 않았던 시대에 생겨난 것으로 보고 있다. 아마 외국과 다르게 사람을 무턱대고 잘 믿는 우리의 성향이 반영된 게 아닐까도 싶다. 외국인에게 전세제도를 설명하면, 아무리 제도적으로 보장되어 있다 하더라도 모르는 사람에게 그렇게 많은 돈을 맡긴다는 것을 아주 이상하게 생각한다. 그리고 그렇게 많은 돈을 가지고 있는데도 집을 구입하지 않는 것을 더 이상하게 생각한다.

전세시장은 매매시장과의 관련성 측면에서 볼 때 빙산 아래에 잠겨 있는 부분에 해당한다. 즉 전세시장이 매매시장과 상관관계는 있지만 눈에 잘 드러나지는 않는다는 말이다. 전세시장은 매매시장에 가격과 수요 측면에서 영향을 미친다. 가격 측면에서는 전세가격이 매매가격에 영향을 미쳐 전세가격이 상승하면 매매가격이 상승하게 된다는 것이며, 수요 측면에서는 특정 상황이 조성되면 전세 수요가 매매 수요로 이전할 수 있다는 것이다.

전세가격과 매매가격 간의 그래인저 인과관계(Granger Causality)[24] 검증 결과를 보면 둘은 서로 영향을 주고받는 것으로 나타난다. 하지만 월세가 아닌 전세의 경우에는 전적으로 주택자산이 창출하는 주거서비스라고 보기에는 다른 성향도 가지고 있다. 따라서 이러한 가격 간의 관계는 최근 중요성이 떨어지고 있다. 예를 들어 대부분 지역에서 전세가율이 70%를 넘어가고 있지만 아무도 이를 부동산가격 상승의 전단계라 생각하지는 않는다. 전세가 비율의 격차를 설명하기 위해서는 가격보다 수요에서 그 해답을 찾아야 한다.

표 12 _ 연도별 전국 아파트 평균 전세가율 (단위: %)

지역	2010년	2011년	2012년	2013년	2014년	2015년
전국	49	55	58	66	68	72

* 부동산114

전세가가 오를 때는 매매가보다 전세 가구 비중을 봐야 한다.

수요 측면에서 전세를 파악한다면 이러한 추론이 가능하다. 전세 가격이 매매가격에 비해 상대적으로 높게 올라가는 지역은 매매 수요보다는 전세 수요가 더 많은 지역이며, 그렇지 않은 지역은 전세 수요보다는 매매 수요가 더 많은 지역이라는 말이다. 전세는 사용가치이고 매매에는 투자가치도 포함되므로, 사용가치는 높은데 투자가치는 별로 없는 지역에서 전세가율이 높은 경우가 많다.

최근 지방 광역시는 수도권에 비해 전세가격의 상승률이 높지 않은데, 이는 지방 광역시의 아파트시장이 활황을 보이면서 매매 수요가 증가했기 때문이다. 이러한 매매 수요 증가로 수도권에서와 같은 전세난이 발생하지 않는 것으로 파악된다. 물론 전세 수요가 매매뿐만 아니라 월세로도 전환됐지만, 전체적으로 볼 때 전세 수요가 감소했다는 점은 일치한다.

이에 반해 수도권에서는 전세난이 여전하여 서민들의 주거난이 가중되고 있다. 과거와 달리 현재의 수도권에서는 매매 수요보다 전세 수요가 더 많다는 증거다. 수도권은 아파트가격 상승이 높지 않아 매매 수요도 많지 않을뿐더러 기존 아파트가격이 높아 월세로 전환하려는 수요 또한 많지 않다. 그래서 그냥 전세 수요로 남아 있으려는 전세 세입자들이 많다. 아파트를 산다 해서 오른다는 보장이 없고, 월세로 전환하기에는 부담이 크기 때문이다.

전세가가 오르면 전세 가구 비중을 보라

이런 이유로 과거 신화처럼 여겨지며 당연시됐던, '전세가격이 오르면 매매가격도 오른다'는 부동산시장의 법칙은 현재 시장에서는 잘 적용되지 않는다. 이제는 전세가격이 오르면 매매가격을 보지 말고 전체 가구에서 전세 가구가 차지하는 비중을 살펴봐야 한다.

2012년을 기준으로 서울의 전세 가구 비중은 32.5%이지만 부산은 18.7%다. 제주는 전세 가구 비중이 가장 낮아 6.7%에 지나지 않는다. 제주를 서울과 비교하면 무려 5배 가까이나 차이가 난다. 특히 수도권은 전세 가구 비중이 2006년과 비교하여 큰 변화가 없었으나, 지방은 급격히 줄어들었다. 이러한 지역 간 격차는 당분간 더욱 심화될 것이다. 예컨대 서울은 지난 6년간(2006년~2012년) 전세 가구 비중

표 13 __ 지역별 전세 가구 비중 변화

(단위: %, %p)

구분	전국	서울	부산	대구	인천	광주	대전	울산
2012년	21.8	32.5	18.7	20.9	22.8	15.3	19.5	14.7
2006년	22.4	33.2	22.1	21.1	21.4	21.5	23.1	17.5
변화폭	0.6	0.7	3.4	0.2	−1.4	6.2	3.5	2.8

* 국토부

이 0.7%p 감소한 데 그쳤지만, 부산은 3.4%p나 감소했다.

최근 집값이 상승하는 주요 지역이 지방의 광역시임을 고려한다면 지방 광역시의 전세 수요가 서울에 비해 훨씬 더 많이 매매로 전환됐으리라고 추정할 수 있다. 물론 매매로 전환하기를 부담스러워하는 주택 수요자들은 월세로도 전환됐을 것이다. 어쨌든 전세 수요는 줄어든 것이 틀림없다. 집값이 오른다고 가정하면 은행만 좋은 일 시키는 전세로 남아 있을 이유가 없기 때문이다.

이렇게 전세 가구 비중이 높은 지역은 여러 이유로 전세 수요가 많은 지역이므로 전세가격이 매매가격으로 전환되기에도 부담이 많다. 따라서 전세가격이 올라갈 때는 전세가율이 어느 정도 되는지를 알아보아야 하지만, 전세 가구의 비중이 어느 정도로 유지되고 있는지도 살펴야 한다. 전세가율이 아닌 전세 수요가 중요하듯이, 어쩌면 전세 가구 비중이 매매가격 상승을 좌우할 핵심 변수일 수도 있다.

수도권 전세난이 되풀이되는 이유

2015년 여름, 주택시장이 비수기에 접어들어야 할 시점이 지났음에도 거래량은 늘어나고 전세가격의 상승세 또한 무서웠다. 정부의 계속된 부동산대책 등에 힘입어 수도권 아파트 매매가격이 빠르게 회복되었으며 전세가격 상승률 또한 상대적으로 높았다. 이에 반해 지방은 전세가격 상승이 높지 않고 입주물량 또한 넉넉하여 전세 문제가 본격적으로 제기되지 않고 있다. 2015년 서울의 아파트 입주물량은 3만 7,000세대였던 2014년 대비 크게 감소한 2만 세대에 그칠 것으로 예상됐다. 이에 비해 부산은 1만 9,000세대의 입주물량이 예정되어 있어 2013년 이후 2만 세대에 가까운 입주물량이 계속되고 있다. 부산과 서울의 아파트 입주물량이 비슷할 정도이니 부산의 공급 증가가 상대적으로 크게 보인다.

하지만 수도권의 전세난은 물량부족과 함께 전세 가구 비중이 높아서 발생한다는 측면을 간과해서는 안 된다. 2012년 기준으로 전국의 전세 가구 비중은 21.8%였다. 이 비중은 지역별로 상당한 차이를 보이는데 가장 낮은 제주는 6.7%인 반면, 가장 높은 서울은 32.5%로 무려 5배 가까운 차이가 난다. 부산은 18.7%로 서울보다 월등히 적다. 더욱 문제가 되는 것은 수도권의 전세 가구 비중이 2006년 이후에도 줄어들지 않아 지역 간 격차가 더욱 벌어졌다는 것이다. 지난 6년간 서울은 전세 가구 비중이 단지 0.7%p 감소한 데 그쳤으며 인천과 경기는 오히려 증가했다. 반면 부산은 3.4%p나 감소하여 전국 평균 감소폭인 0.6%p를 훌쩍 넘어섰다.

전세 가구 비중이 높다는 말은 전체 가구에서 전세계약을 유지하고 있는 가구가 많다는 의미다. 따라서 전세 가구 비중이 높은 지역은 아파트 공급물량이 많더라도 전세난이 발생할 가능성이 크지만, 전세 가구 비중이 낮은 지역은 공급물량이 적어도 전세난이 발생하지 않을 수 있다. 전세 가구 비중이 높은 곳은 매매가격 상승의 여력이 높지 않아 투자수요가 많지 않으며, 매매가격이 높아 월세 전환 또한 만만치 않은 수도권이 대부분이다. 10년 전과 비교하면 수도권과 지방의 입장이 완전히 뒤바뀌어 격세지감이 느껴진다.

부산을 보면 2015년 전세가격 상승률이 4.6%대에 그치고 있어 10%를 넘어선 서울에 비하면 높지 않다. 하지만 전세난의 발원지로 주목받고 있는 서울 강남구의 전세가격 상승률은 10.9% 수준이며 부산 해운대구 역시 7.8%의 상승률을 보여 상승률이 높은 지역 간에는 큰 차이가 없다. 특히나 매매가격 대비 전세가격 비율인 전세가율 또한 2015년 말 현재 서울이 70.8%, 부산은 71.9%이며 특히 북구는 77%를 넘어섰다. 전세 문제를 구성하는 다양한 지표를 고려하면 부산 또한 전세난이 가려져 있을 뿐 안심하기에는 이르다는 말이다.

따라서 단순히 전세가격 상승률만을 가지고 전세시장의 안정성 여부를 평가하는 것은 문제가 있다. 전세가격 상승률 이외에도 전세 가구 비중, 전세가 비율, 월세 동향 등도 주의 깊게 살펴볼 필요가 있다. 월세가격 역시 서울 등 수도권은 안정적인 모습을 보이고 있다. 그러나 부산은 월세가격지수가 99.5로 서울의 98.4에 비하면 높다.

부산은 서울과 달리 전세 수요가 매매나 월세로 전환되면서 전세 비중이 줄어들었다. 이런 까닭에 전세난이 없는 것으로 보이지만, 월세가격이 오르는 등 임차시장은 여전히 불안한 모습을 보인다. 특히 주거비용이 전세에 비해 높은 월세 가구가 전체 임차 가구에서 차지하는 비중이 서울은 39%에 불과하나 부산은 46%에 이른다. 이런 이유로 연립주택의 매매가격 상승률이 아파트와 큰 차이를 보이지 않고 있는데, 이는 부산 지역만의 현상은 아닐 것이다.

전세에서 월세로 전환되는 임대차시장의 패러다임 변화에 정부의 관심이 필요하다. 월세시장과 함께 여전히 임대차시장의 절반에 해당하는 전세시장에 대한 대책과 지원 또한 요구된다. 특히 전세 가구의 비중이 낮아 전세 문제가 없는 것으로 오해받는 지방들도 서민의 주거비용을 절감하는 차원의 대책이 절실하다. 저소득층을 대상으로 정부로부터 주거비용을 지원받을 수 있는 새 주거급여제도인 주택 바우처(voucher)가 확대 시행되길 기대해본다.

III

무엇이 아파트의 **상품**성을 높이는가

태풍의 길목에 서면 돼지도 날 수 있다.

– 레이쥔(雷軍)

연립주택의
화려한 부활

'연립주택의 부활', 너무 거창한 주제인지 모르지만 실제로 벌어지는 현상이다. 연립주택은 1970년대에는 우리나라의 대표적인 주택상품이었다. 단독주택과 아파트의 장점을 골고루 갖춘 연립주택은 자기 소유의 땅과 정원이 있어 처음에는 아파트보다 더 인기가 있었다고 한다. 대개 2층이었는데 서양의 타운하우스를 응용해 부엌과 화장실은 1층에 있고, 2층엔 거실과 방이 있었다.

연립주택이란 공동주택의 하나로, 지하주차장 면적을 제외하고 주택으로 쓰이는 1개 동의 연면적이 660㎡를 초과하고 층수가 4개 층 이하인 주택을 말한다. 다만, 연립주택 층수를 산정할 때 1층 전부를 필로티구조로 하여 주차장으로 사용하는 경우에는 층수에서 제외하기 때문에 필로티를 포함해 5층을 짓는 경우가 대부분이다.

아파트는 층수가 5개 층 이상의 공동주택이며, 다세대주택은 연면적이 660㎡ 이하인 주택을 말한다.

절박함이 연립주택을 살려내다

이런 연립주택을 역사 속에서 다시 불러낸 것은 '전세난'이다. 전세난이 아니어도 과거 연립주택은 가끔 불려 나왔다. 고급 빌라, 타운하우스, 테라스하우스 등. 하지만 이번에 연립주택을 불러낸 요인은 과거와는 다른, 절박함이었다.

국민은행 통계에 의하면 2015년 말 현재 서울 지역의 아파트 평균 전세가격은 3억 7,800만 원에 이른다. 이에 비해 연립주택의 평

예전과 많이 달라진 연립주택 단지의 모습

표 14 __ 서울의 주택별 매매 · 전세가격

(단위: 천 원)

구분	종합	아파트	단독	연립
매매	47,205	52,475	66,874	24,066
전세	30,569	37,800	28,894	16,044

* 국민은행(2015년 말)

균 매매가격은 2억 4,066만 원이다. 서울 지역 아파트 전세가격이
면, 연립주택을 사고도 1억 3,734만 원이 남는다는 계산이다. 전세
난에 지친 서민들이 연립주택으로 이동한 것은 절박하면서도 당연
하고, 앞으로도 꾸준히 이어질 현상으로 보인다.

특히 2015년 들어 서울 지역의 연립주택 매매 거래가 급증한 것
으로 나타났다. 서민주택으로 불리는 다세대 · 연립주택의 거래가
크게 늘어 아파트 분양시장에서 시작된 훈풍이 주택시장 전반으로
확산되는 느낌이다. 서울부동산정보광장에 따르면 2015년 10월 다
세대 · 연립주택은 5,737건이 거래됐다. 이는 2014년 10월 거래량
(4,210건)에서 26.6% 늘어난 수치다. 거래 비중도 크게 늘었다. 전체
주택 거래량의 20%에 불과하던 다세대 · 연립주택 거래는 현재 30%
를 넘어섰다.

서울만이 아니다. 지방도 마찬가지다. 부산과 울산은 2014년 연
립주택의 가격 상승률이 아파트를 추월했다. 필자가 2005년 대학에
부임한 이래 아마도 처음 있는 일인 듯싶다. 물론 전세난이 큰 역할
을 했다.

단독주택과 아파트의
장점을 하나로

연립주택의 변신도 눈에 띈다. 타운하우스나 테라스하우스로 변신하면서 연립주택이 가진 단독주택과 아파트를 합쳐놓은 장점을 최대화하려 한다. 사실 연립주택은 트렌드를 분류하는 방식에 의하면 패션으로서의 성향을 짙게 가진다. 시류에 편승하여 그때그때 다른 모습을 띤다. 고급 빌라, 동호인 주택, 전원주택 그리고 지금의 테라스하우스까지. 물론 똑같은 형태는 아니다. 선호받는 지역과 상품이 조금씩 바뀐다. 하지만 본질은 연립주택이다.

시류에 따라 얼굴을 바꾸는 연립주택은 그 시기에는 주목받을 수 있을지 모르지만 지속적인 관심과 선호를 유지하기란 쉽지 않다. 패션 감각이 취약한 사람도 똑같은 옷을 입고 다니면 10년 안에 언젠가는 패션 리더로서 주목받을지 모른다. 고장 나서 멈춘 시계도 하루에 두 번은 맞지 않는가. 하지만 그를 진정한 패션 리더라 말할 수 있을까? 따라서 트렌드 측면에서 패션에 가까운 연립주택은 계속해서

표 15 _ 환경적 변수의 판단

구분	fad(일시적 유행)	fashion(유행)	trend(대세)	culture code(국민성)
의미	변화될 단기 유행	주기적 유행의 흐름	변함이 더딘 장기 흐름	변하지 않는 국민성
기간	단기	순환	장기	최장기
예측	불가능	어려움	가능	가능

* 심형석(2008)

관심을 받을 수는 없다. 하지만 아파트와 같이 트렌드에 맞는 상품은 그 가치가 지속될 수 있다.

연립주택은 아파트에 비해 주거환경이 다소 떨어지지만 주택 내부구조는 아파트 못지않은 곳이 많다. 관리비가 상대적으로 저렴하며 면적이 다양해 선택의 폭도 넓다. 하지만 연립주택시장이 부상함에 따라 실수요자들의 주의도 요구된다. 주차장 확보 상태, 건물 누수 방지와 방음 조건 등이 미흡한 탓에 섣불리 계약했다가는 낭패를 볼 수 있다. 공동주택에 비해 노후화도 빨리 진행된다. 몇 년만 지나면 수리할 게 많아지기 때문에 가능한 한 새로 지은 연립주택을 구입하는 것이 좋다.

한때의 인기에 혹하지 마라

연립주택이 투자 측면에서 가지는 가장 큰 문제점은 환금성이다. 가격이 싼 데는 이유가 있다. 다세대와 연립주택은 아파트에 비해 환금성이 높지 않다. 즉 팔려고 내놓아도 잘 팔리지 않는다는 얘기다. 최근 연립주택의 거래가 늘고 있는 곳도 편의시설이 좋고 신축 빌라 중심이지 오래된 빌라는 거래가 활발하지 않다. 집값이 오를 것이라는 기대도 낮추는 것이 좋다. 전세난을 피해 안정적인 주거를 원하는 실수요층을 겨냥한 상품이다 보니 아파트에 비해 거래도 잘 안 될뿐더러 가격이 크게 오르는 경우도 많지 않다. 특히 환금성이 낮다면 수익률에서 손해를 볼 수밖에 없다. 잘 안 팔리니 매도 희망 가격을 낮춰야 하지 않겠는가.

집값 모두를 자기 비용으로 하지 않는다면 주택담보대출을 받을 때도 아파트보다 불리할 수밖에 없다. 다세대와 연립은 아파트와는 달리 공식 시세정보가 제공되지 않는다. 이런 이유로 은행이 감정기관에 감정을 의뢰하는데, 감정가가 일반적으로 시세보다 낮다. 지금과 같은 저금리 상황에서 제대로 된 대출을 받지 못한다면 큰 손해가 아닐 수 없다. 부동산경기가 호황이고 초저금리인 상황에서는 여건이 허락하면 가능한 한 많은 담보대출을 활용하는 것이 좋다.

연립주택의 귀환은 풍선효과(balloon effect) 요인이 크다. 풍선의 한쪽을 누르면 다른 쪽이 불룩 튀어나오는 것처럼 아파트 전세가격이 터무니없이 오르니 이를 해결하기 위해 연립주택으로 매매 수요가 몰리는 현상이 발생하는 것이다. 그러니 주택을 구입할 때는 냉정해져야 한다. 과연 풍선효과가 사라진 몇 년 후에도 여전히 연립주택이 주목받을 수 있을까? 또 다른 상품이 등장하면 풍선효과가 이전될 수 있다는 걸 유의해야 한다.

연립주택이 가지는 단점은 분명하고 확실하다. 이러한 단점은 시간이 지난다고 바뀌거나 없어지지 않는다. 잠깐 다른 요인 때문에 이러한 단점이 눈에 가려질 수 있으나 금방 다시 드러나게 된다. 풍선은 언젠가는 터진다는 사실을 명심해야 한다.

주거의 새로운 제안,
아파텔과 오피스텔

아파텔(apartel)이란 아파트와 오피스텔의 합성어로, 사업자가 만들어낸 신조어다. 오피스텔도 오피스와 호텔의 조어이니 조어의 조어인 셈이다. 실버타운이라는 국적도 없는 용어와 흡사하게 여러 나라의 말을 합성한 것이다. 아파텔은 지하주차장 등의 공유면적을 분양면적에서 제외하여 분양면적 대비 전용면적 비율을 아파트와 유사하게 75~80% 수준까지 높여서 분양하는, 규모가 큰 주거용 오피스텔을 말한다. 오피스텔로 건축허가를 받아서 짓는다. 아파트의 편리함에 오피스텔의 장점이 결합된 형태로 교통 여건이 좋고 편의시설도 잘 갖춰져 있는 곳에서 아파트를 대체하는 상품으로 기획된다.

아파텔을 살펴보기 위해서는 오피스텔의 역사와 기능을 언급해

표 16 __ 오피스텔 건축 기준의 주요 변화

구분	1988. 6. 18	1995. 7. 19	1998. 6. 8	2004. 6. 1	2006. 12.30	2009. 9. 29	2010. 6. 9
업무공간비 중(전용면적)	70% 이상	70% 이상	50% 이상	70% 이상	70% 이상	70% 이상	삭제
바닥난방	온돌·온수 온돌에 의한 난방 금지	삭제	삭제	온돌·온수 온돌·전열 기에 의한 난방 금지	전용면적 50㎡ 이하 바닥난방 가능	전용면적 85㎡ 이하 바닥난방 가능	전용면적 85㎡ 이하 바닥난방 가능
욕실설치	욕실설치 금지(샤워기 포함), 화장 실 크기 1.5㎡ 이하	욕조가 있는 욕실 설치 금지	욕조가 있는 욕실 설치 금지	욕실 1개 이하, 욕실 크기 3㎡ 이하, 욕조 설치 금지	욕실 1개 이하, 욕실 크기 3㎡ 이하, 욕조 설치 금지	욕실 1개 이하, 욕실 크기 5㎡ 이하, 욕조 설치 금지	삭제
발코니설치	금지	금지	금지	금지	금지	금지	금지

* 오근상(2010), "서울시 오피스텔 가격 결정요인에 관한 연구", 서울시립대학교 석사학위 논문

야 한다. 최초의 오피스텔은 1985년 사무기능과 주거기능 겸용의 건축물을 허용하면서 시작됐다. 초기에는 주거기능을 최소한의 범위로 제한했다. 하지만 1990년대 초 신도시 공급이 확대된 이후, 부동산 불황기였던 1995년에 시장 활성화 차원에서 오피스텔의 바닥난방 금지규정을 삭제하면서 새로운 붐이 형성됐다. 그 후로도 규제 강화와 완화 등의 우여곡절을 수차례 겪었다. 그러다가 최근 욕조설치 금지조항을 삭제하고 준주택[25]으로 지정됨과 함께 매입임대주택으로의 등록이 허가[26]되는 등의 정책 완화로 제2의 전성기를 맞이했다.

주거용으로 허용된 오피스텔

사실 오피스텔은 그동안 업무 중심의 시설이었다. 도심 공동화를 방지하고 토지의 효율적 활용을 위해 틈새공간에 복합적인 용도의 건물이 필요했었다. 하지만 최근 준주택으로 지정되면서 업무 중심에서 주거 중심으로 개념이 변화했다. 특히 이제는 주택연금에까지 가입할 수 있으니 거의 주택이나 마찬가지다. 이렇게 되면서 외형상으로는 미국의 스튜디오(studio apartment)와 비슷하고 기능상으로는 일본의 원룸맨션과 유사해졌다.

업무용에서 주거용으로 기능이 바뀌면서 최근 오피스텔 공급량이 크게 증가했다. 지난 10년간 오피스텔 평균 분양물량은 2만 3,000세대였는데, 2011년 이후로는 3만 세대 이하로 분양된 적이 한 번도 없다. 2015년에는 연간 6만 세대 가까운 물량이 쏟아졌다. 2002년 12만 세대 가까이 분양된 이후 역대 최대 물량이다.

수도권의 분양물량이 가장 많지만 특별히 지역을 가리지는 않는다. 지금까지 거의 분양이 없었던 지방 광역시 또한 오피스텔 분양에

표 17 __ 오피스텔 분양물량 (단위: 세대)

구분	2011년	2012년	2013년	2014년	2015년
분양물량	34,882	46,876	38,864	42,013	57,612

* 부동산114

열을 올리고 있다. 최근 한 국회의원이 재건축·재개발사업을 할 때 오피스텔도 지을 수 있도록 하는 '도시 및 주거환경 정비법' 일부 개정안을 발의했는데[27] 만약 이 개정안이 통과된다면 오피스텔 공급물량은 지금보다 훨씬 더 늘어날 것이다.

분양물량이 늘어나는 것과 함께 눈에 띄는 점은 초소형 오피스텔이 증가하는 현상이다. 대부분의 오피스텔이 투자 상품인데, 고령화의 영향으로 아주 작은 오피스텔이 공급과잉일 정도로 크게 늘어나고 있다. 오피스텔사업자들을 만나보면 쪼개면 쪼갤수록 수익률이 올라간다고 한다. 그래서 공급되는 대부분의 오피스텔이 소형 또는 초소형으로 설계된다. 이러한 현상은 통계상으로도 나타나는데 2014년에 분양한 오피스텔 중 83.1%가 전용면적 40㎡ 이하였다. 소형 아파트(구 20평형대)와 유사한 전용면적 60㎡ 이상의 오피스텔은 단지 6%에 불과하다.

초소형 오피스텔은 과다공급 상태

오피스텔의 공급량이 증가할수록 수익률은 떨어지고 있다. 2002년 8%가 넘던 오피스텔 연수익률은 2015년 현재 5%대에 머물러 있다. 금리가 많이 떨어졌다는 점을 고려하더라도 수익형 부동산이 5%대의 수익률을 보인다는 것은 거의 바닥까지 왔다는 말이다. 거래비용과 세금을 염두에 두고, 오피스텔을 보유하게 됨으로써 받는 스트레스(?) 등을 모두 고려한다면 그냥 은행에 예금하는 것이 좋지 않겠는가. 특히 이 수익률이라는 것도 공실 등 임대차 리스크를 고려하지 않은 것이라는 데 더 큰 문제가 있다. 물론 사업자가 이야기하는 희망 월세금액도 부풀려 있기는 마찬가지다.

국토부의 '주거실태조사(2010)'에 의하면 현재 거주자들의 오피스텔 거주기간은 1년 미만이 38.5%로 가장 많은 비중을 차지한다고 한다. 오피스텔을 임시 거처로 활용하는 경우가 많다는 말이다. 이는 주거안정성 측면에서 매우 취약한 오피스텔의 현실을 반영하고 있으며, 언제든지 공실이 발생할 위험을 내포하고 있다. 수익형 부동산을 보유하면서 운영할 때 가장 유의해야 하는 사항은 임차인의 계약 지속성이다. 임차인이 오랜 기간 계약을 유지하는 부동산과 매번 임차인이 바뀌는 부동산은 수익률에서 큰 차이가 난다. 따라서 통계상의 수익률이 5%대라고 하더라도 실제로는 그보다 낮게 잡아야 한다. 이것이 오피스텔 같은 수익형 부동산이 가진 한계다.

오피스텔,
저금리 고령화 대비 상품

필자는 굳이 오피스텔에 투자하고자 한다면 몇 개의 방을 가지고 있으면서 전용면적이 조금 넓은 아파텔을 선택하길 권한다. '굳이'라는 말에 유의해야겠지만, 실제로 주변에서도 아파텔을 구입하여 거주하거나 임대차한 후 매도하여 시세차익을 본 사람들이 꽤 있다. 그 아파텔은 모두 소형 아파트보다 더 큰 면적의 오피스텔이었다.

오피스텔시장이 활황을 보이는 이유는 두 가지다. 첫째는 저금리, 고령화 시대에 매월 안정적으로 수익이 발생하는 상품에 대한 필요다. 초저금리를 살아가는 현재의 은퇴 계층은 지금까지 한 번도 경험하지 못한 불안에 휩싸여 있다. 당장 은행에 가서 10억 원을 예금한다고 가정해보자. 매월 이자가 얼마나 되는지 물어보라. 은행에 따라 다르겠지만 월 100만 원대에 그칠 것이다. 월급이나 사업소득으로 매월 현금이 들어오지 않는 은퇴 계층은 엄청난 스트레스를 받을 수밖에 없다. 조금 위험이 따르더라도 수익형 부동산을 찾게 된다. 그중 저렴하게 투자할 수 있는 오피스텔이 각광받는 것은 어쩌면 당연한 현상이다. 필자 주변의 지인들도 오피스텔에 투자하여 몇 채씩 가지고 있는데 이를 바라보는 필자의 마음이 조마조마할 정도다.

아파텔은 전세난에 투자하는 상품

두 번째는 전세난이다. 전세에서 월세로의 전환이 빨라지고 전세가격이 올라가면서 도심에서 아파트 전세물건을 찾기가 쉽지 않다. 그동안은 도심 외곽으로 빠지면서 전세난을 극복해왔는데 이제는 그렇게 하는 것도 한계에 처했다. 이때 눈에 띄는 것이 전세가격보다 더 저렴한 주택 또는 주택과 유사한 시설이다. 연립주택과 아파텔이 대표적인 예다. 아파텔은 아파트에 비해서는 편리하지 않지만 연립주택보다는 편의시설이 훨씬 더 잘 갖추어져 있다. 최근 아파텔은 전용면적만 떨어지지 구색은 아파트와 크게 다르지 않다. 전세난에 의해 아파텔이 주목받는 것은 아파텔

서울 도심의 한 아파텔 전경

을 수익형 부동산으로 인식하기보다 아파트처럼 시세차익을 위한 상품으로 받아들인다는 것이다. 따라서 월세 같은 운영수익보다는 시세차익 같은 자본차익을 노리는 방식으로 접근하는 것이 바람직하다.

오피스텔시장이 활황을 보이는 이상의 두 가지 요인 중, 필자라면 두 번째 요인인 전세난을 극복하기 위한 상품으로서의 가치에 투자하겠다. 일단 공급 측면에서 많지 않아 희소성이 뛰어나다. 과거 이런 아파텔이 상당한 시세차익을 가져온 경험칙이 있다. 실제 2004년에는 전용면적 60㎡ 이상의 오피스텔 분양 비중이 무려 60%였다.

당시 오피스텔은 주상복합 연계 상품이었다. 주상복합을 기획하면서 상업면적의 일정 부분을 오피스텔로 배정한 것이다. 하지만 현재의 오피스텔은 덜렁 한 동만 있는 소형 또는 초소형이다. 심지어 서민과 1~2인 가구의 주거안정을 위해 공급된 도시형 생활주택과 연계한 상품으로 기획하다 보니 대부분 초소형으로 지어진다.

▨ 대단지 아파트와 함께 분양하는 오피스텔에 주목하자

굳이 오피스텔에 투자하겠다면 평형 선택이 중요하다. 수익률을 높인다는 차원에서 투자한다면 누가 뭐래도 소형이 유리하다. 규모가 커지면 매입가격도 올라가고, 취득세 및 재산세 그리고 관리비 등 투자의 부대비용도 늘어난다. 다만, 최근 60㎡ 이상 중형의 가치가 높아지고 있음에 주목하기를. 2015년 상반기 수도권에서 분양한 오피스텔의 청약경쟁률이 중대형 면적에서 가장 높게 나타났다. 중대형 오피스텔은 아파트의 대체 상품이다. 분양가 상한제가 폐지되었기에 아파트의 가격은 더욱 올라갈 것이다. 저렴한 중형 오피스텔이 충분히 대안이 될 수 있다. 특히 희소성에서 그 가치가 더욱 높아 보인다.

필자가 오피스텔에 투자한다면 아파텔에 투자할 것이고, 특히 대단지의 주상복합 아파트와 함께 지어지는 오피스텔에 투자할 것이다. 그렇게 하면 아파트가 가지는 편의시설을 함께 누릴 수 있으며,

아파트의 가격 상승 효과까지 덤으로 얻을 수 있을 것이다. 실제 2000년 초 주상복합과 함께 분양한 오피스텔을 매입한 투자자들이 상당한 시세차익을 얻었던 사례가 있으며, 최근 서울에서 분양하는 주상복합도 이러한 흐름을 따라가고 있다.

하지만 소형 아파트와 비교해보면 오피스텔의 투자가치는 그리 높지 않다. 오피스텔은 매매가의 4.6%를 취득세로 낸다. 이에 반해 아파트는 6억 원 이하, 전용면적 85㎡ 이하일 경우 1.1%만 내면 된다. 집값이 똑같은 3억 원이라도 아파트는 취득세가 330만 원이지만, 아파텔은 무려 4배가 넘는 1,380만 원이나 된다.

면적에서도 손해 볼 각오를 해야 한다. 전용률 75%라는 등 공급업체들의 분양광고를 그대로 믿어선 안 된다. 오피스텔은 아파트와 달리 서비스면적으로 제공되는 발코니가 없다. 따라서 실제 사용하는 공간(전용률)이 아파트에 비해 훨씬 적다. 오피스텔의 분양가를 정확한 전용률을 가지고 다시 계산해봐야 하는 이유다.

아파텔은 대체재다. '커피와 설탕' 처럼 서로 도움이 되는 역할을 하는 보완재가 아니라 '콜라와 사이다' 처럼 한 물건이 없으면 그걸 대신해서 쓸 수 있는 물건이다. 따라서 아파텔 역시 연립주택과 같이 어쩌면 풍선효과에 따른 수혜 상품일 가능성이 크다. 하지만 희망은 있다. 과거 '소주와 맥주' 는 대체재였지만 지금은 '소맥' 이라는 훌륭한 상품을 함께 만드는 보완재 역할을 충분히 하고 있다. 대체재냐 보완재냐는 사회 트렌드에 좌우되는 면이 많기 때문이다.

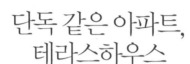

단독 같은 아파트,
테라스하우스

타운하우스(town house), 테라스하우스(terrace house) 등 아파트를 대체하는 상품의 출시 열기가 뜨겁다. 2000년대 중반부터 시작된 이러한 흐름은 2014년 부동산시장 회복세를 틈타 더욱 세력을 키우고 있다. 서울 외곽으로 조금만 자리를 옮기면 타운하우스와 테라스하우스를 분양하는 단지들을 쉽게 찾을 수 있다. 전체가 테라스하우스이지 않아도 된다. 특정 동이나 구역만을 테라스하우스로 분양하고 나머지는 타운하우스 등 저층형 연립주택으로 분양해도 무방하다.

타운하우스와 테라스하우스는 생겨난 배경이 유사하다. '단독 같은 아파트'에 대한 기대다. 아파트를 완전히 벗어나기는 부담스럽고 소득 증가와 힐링이라는 사회 트렌드를 적극 반영하고 싶기는 하고…. 해답은 아파트 같은 공동주택이지만, 단독주택 같은 느낌이 나는 곳이다. '발은 아파트에, 머리와 가슴은 단독주택에'인 셈이다. 타운하우스와 테라스하우스는 이처럼 모순된 주택 수요자의 니즈를 반영한 결과물이다. '단독주택 같은 아파트'에 대한 기대가 과거에는 건축자재로 구현됐다. 친환경 자재가 대표적인 예다. 최근에는 완성된 상품에 이러한 기대가 구현됐으니, 바로 타운하우스와 테라스하우스다.

타운하우스는 영국에서 태동했으며 아파트와 단독주택의 장점을 취한 구조로 2~3층짜리 단독주택을 연속적으로 붙인 형태를 말한다. 수직공간을 한 가구가 독점한다는 것이 연립주택과 다른 점이다. 우리나라에도 이러한 양식의 타운하우스가 도입된 경우가 있으나,[28] 일반적으로는 커뮤니티 시설을 갖춘 고급 연립주택 단지나 단독주택 단지를 일컫는 용어로 사용되고 있다.

이러한 타운하우스와는 다르게 테라스하우스는 특정 동이나 층에도 지을 수 있다. 테라스하우스는 단위 세대를 대지의 경사도에 맞추어 쌓아올린 유형으로, 아래층 세대의 지붕을 위층 세대가 정원으로 활용하는 방식이 일반적이다. 층이 올라갈 때마다 조금씩 뒤로 물려 집을 지음으로써 아래층 옥상 일부를 위층의 테라스로 쓰는 형태다. 테라스에 화단을 꾸미거나 나무를 심어 정원처럼 사용하면 평지에 지은 단독주택 같은 분위기를 낼 수 있다.

타운하우스와 테라스하우스

타운하우스에 대한 주택 수요자들의 반응은 그리 좋지 못하다. 분양 당시에도 큰 호응이 없었고 입주 후 가격 형성도 잘 되지 않았다. 국내 최대의 타운하우스 단지인 파주의 H하우스는 분양 당시 실속형 타운하우스로 가격 대비 경쟁력을 갖췄다는 평가였으나, 현재 시세는 분양가(3.3㎡당 1,700만 원대)와 큰 차이가 없다. 타운하우스가 가지는 가장 큰 약점인 유동성이라는 관점에서 본다면 H하우스는 국내에서 가장 많은 세대수를 가진 단지이니 장점이 많다. 하지만 H하우스마저 원하는 때에 팔리지 않아 가격을 낮춰야 하는 어려움을 겪고 있다. 찾는 사람이 많지 않으니 원하는 가격을 요구할 수 없는 것이다. 유동성은 항상 수익성에 영향을 미친다.

하지만 2012년 광교 지역에서 입주한 한 테라스하우스는 7억 원 후반대에 분양했는데 2015년 들어서며 매도 호가가 10억 원을 훌쩍 넘어갔다. 해당 아파트 단지는 전체적으로는 타운하우스의 형태이지만 1층과 4층은 테라스하우스의 구조로 되어 있다. 전반적인 매매가격도 상승했지만 테라스하우스의 가격 상승은 더 높았다. 현재 시점까지를 고려한다면 타운하우스보다는 테라스하우스에 대한 선호도가 높아 보인다.

이러한 현상은 연립주택보다는 아파트를 선호하지만, 획일화된 현재의 아파트 구조에서 탈피해보려는 주택 수요자들의 생각을 반영하고 있다. 기본적으로 아파트라는 주거 상품을 급격하게 벗어나고 싶지

않다는 의지의 표현이다. 주택
사업자들은 이러한 수요자들의
생각을 반영하여 다양한 형태의
평면과 구조를 고민하고 있다.

"아파트 전성시대 10년 안에
끝난다. 타운하우스, 전원주택
으로 탈아파트 가속화"

2007년 2월 M경제신문의
기사 제목이다. 주택 전문가 34
명을 대상으로 한 '10년 후 주

아파트이면서 전원을 느끼도록 설계된 테라스하우스

택시장 전망' 이라는 설문조사에서 '10년 후 가장 인기를 끌 주거 형
태' 를 묻는 문항에 응답자의 절반(50%)이 아파트 이외의 주거 형태를
제시했다. 그중 타운하우스가 가장 높은 응답률(26.5%)을 기록했다.
하지만 곧 10년이 되어가는데 타운하우스가 인기를 끌 기미는 어디
에도 보이지 않는다. 필자도 당시 응답자 중 하나였으며 뿌듯하게도
'아파트' 라고 응답했다. 속으로 '강남 아파트' 라고 덧붙이면서.

🏢 우리는 왜 아파트를
좋아할까

2015년이 저물어가는 지금까지도 아파트라는 상품이 쇠퇴하고 있다

는 징후는 어디에서도 찾아볼 수 없다. 아니, 오히려 아파트의 상품성이 더 강화되고 있다는 것이 정답에 더 가깝다. 필자도 아파트라는 획일적인 주거 형태를 좋아하지 않는다. 콘크리트 벽에 갇혀 하루하루를 보내다 보면 밖으로, 자연으로 나가고 싶어진다. 녹색갈증(biophilia)이다. 하지만 이상과 현실은 다르다. 아파트라는 상품은 수천 년을 이어온 우리의 주거 특성과 가장 잘 맞는다. 우리 땅이 좁아서 아파트가 압도적인 주거 상품이 된 것은 아니다. 아파트는 우리 민족의 주거 특성인 '군집'과 가장 잘 어울리는 상품이다. 사실 군집이라는 용어보다는 친근하게 '옹기종기 모여 살기'가 더 적합한 표현이지만.

'옹기종기 모여 살며, 굴뚝에서 연기가 나는 평화로운 시골 풍경.' 우리가 집을 생각하면 떠올리는 이미지는 이러한 평화스러움이다. 우리는 유목생활을 하거나 목장을 개척하는 외국과는 다른 형태의 주거 특성을 진화시켜왔다. 농사라는 생존의 터전 위에서 함께할 수밖에 없는 주거 형태를 발전시켜온 것이다. 이렇게 오래된 우리의 주거 특성이 이미 DNA에 고착화되어 있기에 이를 벗어나기는 쉽지 않다. 2000년대 초에 전원주택 열풍이 일었을 때 너도나도 비싼 가격을 지불하면서 자연으로 떠났다. 하지만 그 열풍이 식고 난 뒤에는 도시 외곽에 폐허처럼 버려진, 관리되지 않은 빈집만 남았을 따름이다. 도심으로의 귀환이 줄을 이었다. 팔리지 않는 전원주택을 애물단지로 방치하면서 대다수가 허겁지겁 도심으로 돌아왔다.

외국은 우리와는 다르게 프라이버시(privacy)를 상당히 중요시한다. 프라이버시란 개인의 사생활이나 집안의 사적인 일, 또는 그것을 남에게 간섭받지 않을 권리를 말한다. 우리는 여전히 개인의 사생활에 큰 비중을 두지 않으며, 오히려 사생활을 조금 침해하는 것을 친근함의 증거로 삼으려고 한다. 이러한 생활 특성은 당연히 주거 형식에도 나타난다. 윗집과 아랫집, 옆집이 있어야 우리는 안전하고 평화롭다고 느낀다. 이런 이유로 외국에서는 고급스럽다고 인식되지 않는 주거공간인 아파트를 자연스럽게 받아들이게 됐다.

▦ 테라스하우스와 타운하우스는 매개 상품이다

테라스하우스와 타운하우스는 마케팅적으로는 매개 상품(intermediary commodity)이다. 매개 상품이란 두 상품의 특성이 너무 이질적이어서 상품 진화 단계가 적절히 이루어지지 않았을 경우, 그 중간에 자연스럽게 또는 인위적으로 등장하는 상품을 말한다. 주택 상품 중에서 아파트와 단독주택은 특성이 매우 다르다. 그럼에도 주택 수요자들은 언젠가는 아파트에서 단독주택으로 갈아타고 싶어 한다. 하지만 선택의 장벽이 너무 크다 보니 아파트 상품에 머물 수밖에 없다. 이렇게 상품 간 이전이 원활하지 않을 때 그 중간에서 이전을 촉진할 수 있는 매개 상품이 자연스럽게 또는 인위적으로 등장하게 된다. 타운하우스와 테라스하우스가 바로 그렇다. 두 상품을 설명할 때면 항상 따라붙는 말이 있다. '단독 같은 아파트' 라는 표현이다. 아파트에는 살아야 하는데 단독주택 같은 느낌과 기능을 원하는 주택 수요자를 위해 생겨났음을 강조하는 말이다.

매개 상품은 그 효과나 필요가 일시적이다. 즉 영구히 자리 잡을 수 있는 상품이 아니며 틈새 상품에 가깝다. 따라서 매개 상품에 투자할 때는 유의해야 한다. 매개 상품을 원하는 수요자는 주류 상품에 비해 현저히 적기 때문이다. 수요가 많지 않으면 유동성에 문제가 생길 수 있다. 유동성이란 원하는 시기에 현금화할 수 있는 능력이다. 유동성이 떨어지면 수익성 또한 떨어질 수밖에 없다. 원하는 시기에 안 팔리니 가격을 낮출 수밖에 없는 것이다. 여전히 분양가 수준에 머물고 있는 타운하우스는 어쩌면 매개 상품이 가지는 불행한 운명이라 할 수 있다.

당분간 아파트의 시대가 계속될 것이다. 아파트는 우리의 국민성에 딱 맞는 주거 상품이다. 어떤 돌발 상황이 발생한다 해도 한 나라의 주거문화를 송두리째 바꿔놓기는 쉽지 않다. 필자의 남은 평생, 그리고 이 글을 읽는 당신의 일생 동안 우리는 여전히 주도적인 위치를 차지하고 있는 아파트 상품을 보게 될 것이다. 어쩌겠는가, 단독주택으로 가기에는 너무나 험난한 장벽이 앞을 가로막고 있고 아파트는 너무 편리하니 말이다.

멀티해비테이션

농사를 지으러 시골로 이주하는 것을 귀농이라고 한다. 귀촌은 귀농과는 다르게 물 맑고 산 좋은 곳에 집을 짓고 번잡한 도시 생활을 잊으러 가는 유형으로 대부분 농사와는 관련이 없다. 이런 사람들의 경향은 시골로의 이주보다는 '주거의 멀티(multi)화' 로 정의하는 것이 바람직하다. 요새는 도시와 농촌을 오가며 살겠다는 사람들이 늘어나고 있다. 도시나 농촌 한 곳에만 정착하기에는 부담스럽고, 동시에 어느 곳도 포기할 수 없는 현대인의 성향을 반영한다. 이중생활의 시작이지만, 주거 측면에서는 열려 있다. 필요하면 농촌과 도시 어느 쪽이든 정착해서 살 수도 있다는 생각이다.

이런 형태의 주거를 가리켜 '멀티해비테이션(multihabitation)' 이라 한다. 멀티(multi), 즉 복수, 여러 개라는 단어에 해비테이션(habitation), 즉 주거를 합친 조어로 여러 집을 옮겨 다니며 사는 주거 형태를 말한다. 최근에는 특히 은퇴자들을 중심으로 도시와 농촌을 오가며 멀티화를 계획하는 사람들이 늘어나고 있다. 하나의 주거지역이 더 필요하니 세컨드 하우스에 대한 수요가 생겨난다. 선진국에서는 이미 베이비붐 세대가 은퇴

하면서 주말이나 휴가 때 머무는 세컨드 하우스에 대한 수요가 늘었고, 정기적으로 두 집을 왕래하는 사람을 가리키는 스플리터(splitter)라는 표현이 생길 정도로 대중화됐다.

멀티해비테이션에는 세 가지 유형이 있다. 첫 번째는 도시에 근거지를 두고 농촌에 또 다른 주거를 마련하는 유형, 두 번째는 농촌에 근거지를 두고 도시에 또 다른 주거를 마련하는 유형, 마지막은 우리나라에 근거지를 두고 외국에 또 다른 주거를 마련하는 유형이다.

하지만 가장 많은 유형은 아무래도 평일에는 직장이 있는 도시의 집에서 지내다 주말은 시골의 전원주택에서 보내는 5도2촌이 가장 흔한 사례일 것이다. 이런 이유로 최근 전원주택을 찾는 이들은 작고 부담 없는 집을 원한다. 꼭 멀티해비테이션이 아니더라도 귀촌해서 살겠다는 사람들마저 큰 집을 찾지 않는다. 두 집을 유지해야 하니 투자할 것도 많고 관리도 힘들며, 나중에 팔려고 내놓아도 수도권의 아파트처럼 소형이 인기이기 때문이다. 지역에 따라 주택 규모에는 차이가 있는데, 투자금액으로 따지자면 수도권은 2억 원 내외의 주택이 선호된다.

과거 수도권에 지어진 타운하우스의 가격이 5~10억 원에 이르러 실패했던 사례를 답습하지 않으려는 것이다. 이런 고가의 타운하우스나 전원주택을 구입했을 때는 서울의 집을 팔고 그 지역에 완전히 정착해야 한다. 이런 상황에서는 금전적인 문제도 있지만 심리적인 문제가 더 크다. 금전적인 문제라면 대출 등 다양한 방법을 알아볼 수도 있는데, 심리적인 문제는 극복하기가 쉽지 않다.

전원주택의 소형화 추세는 더욱 심화될 것이다. 다양한 상품이 출시되고 전문 업체들도 등장하고 있다. 좁은 공간에 있을 건 다 있는 콤팩트 하우스도 나오고 있다. 특히 캠핑 등 아웃도어 활동이 인기를 끌면서 그 영향으로 조립식 주택도 늘어나고 있다. 브로셔를 보고 맘에 드는 집을 골라 몇 가지 사양을 선택하면 트럭에 실어 배달, 설치해준다. 무슨 전자제품 같다.

타운하우스시장에서 선풍적인 인기를 끌고 있는 업체가 있다. 경기도 일산, 파주, 화성, 용인 등에 타운하우스를 분양하는 D사다. 분양을 시작한 1년 내외의 시간에 전 가구의 분양을 완료한 타운하우스 대표 기업이다. 고급 자재와 화려한 외관으로 고가 전략을 앞세우던 타운하우스였는데 이제는 합리적인 비용의 중소형 주택이 인기를 끌고 있다.

"일단 부담 없이 한번 와보세요"라며 저렴한 분양가를 홍보하는 이들의 전략에는 멀티해비테이션에 대한 이해가 바탕이 되어 있다. 특히, 지역마다 타운하우스의 커뮤니티를 형성하기 위한 이들의 노력을 곳곳에서 찾을 수 있다. 부담 없이 왔지만 어떻게든 정착시키려는 소프트웨어까지 장착했다는 점이 놀라울 정도다. 일산의 타운하우스를 방문했을 때 젊은 연령대의 거주민들이 많아 깜짝 놀랐던 기억이 난다. 멀티해비테이션은 은퇴자들의 전유물이 아니었다. 그렇다면 파급효과가 훨씬 더 크지 않겠는가. 직장이 있는 부산을 어쩔 수 없이 매주 오가는 필자도 최근 멀티해비테이션에 동참하고 있다.

판상형 아파트,
복고 부활의 신호탄인가

트렌드를 가장 빠르게 판단하고 이해할 수 있게 해주는 것은 아마 대중가요일 것이다. 필자도 대중가요를 많이 들으려고 노력하고, 특히 10대들을 주 소비층으로 하는 아이돌 그룹의 노래도 자주 접하려 한다. 젊은 노래들을 들으면서 젊은 층이 가진 생각과 문화를 읽고 싶다는 욕심 때문이다. 학교에서도 학생들과 자주 어울리기는 하지만, 선생님과 같이 있을 때 아이들의 행동과 또래들과 함께할 때의 행동거지는 현격히 다를 것이다. 그래서 나 스스로 필요한 정보를 얻고 젊은이들을 이해하려고 노력한다.

최근 대중가요를 접하다 보면 예전과 다른 기이한 현상을 찾아볼 수 있는데, 1990년대에 유행했던 음악들이 다시 퍼지고 있다는 점이다. 예전의 음악들이 지나간 추억 속에만 머무르는 것이 아니라 공중

파 방송의 프로그램에까지 진출하여 중년들이 찬란한 젊은 시절을 다시 떠올리게 하는 매개체가 되고 있다.

복고는 이제 고리타분한 것으로 치부되는 것을 넘어 추억과 감정이 더해져 다양한 콘텐츠를 원하는 사회의 트렌드로 자리 잡았다. 사람은 추억을 먹고 산다고 했던가. 지금의 삶이 고단하면 사람들은 과거에서 위안을 얻으려고 한다. 특히 속도전의 시대에는 안정적인 추억을 소비하고자 한다. 과거가 현재보다 훨씬 좋았다는 느낌이 감정이 아닌 이성에 호소해도 큰 무리가 없다면, 이러한 복고 열풍은 더욱 거세질 수밖에 없다. 패션, 식품, 주류 등 복고 열풍이 몰아치는 분야가 한두 곳이 아니지만 경기 변동 탓에 심각한 불황을 주기적으로 겪는 건설사들도 복고 마케팅을 활용하고 있다.

전통적으로 대세였던 판상형 아파트

일반 아파트에서 주상복합 아파트로 이사한다는 것은 뭔가 도회적이며 멋스러움의 상징이었다. 하지만 최근에는 주상복합 아파트에서 일반 아파트로의 귀환이 늘어나고 있다. 처음 입주할 때는 호텔 같은 외관과 상가 등 편의시설이 뛰어나 좋아하지만, 계속 살다 보면 탑상형(타워형) 아파트의 불편한 점을 적지 않게 느끼기 때문이다.

건물 형태에 따라 아파트 유형을 분류하면 판상형 아파트와 탑상형 아파트로 나눌 수 있다.

　판상형 아파트는 한 동의 각 세대가 남향이면 남향, 동향이면 동향 등 한쪽 방향을 바라보면서 일렬로 평행하게 배치되는 형태다. 보통은 남향 배치가 일반적이다. 우리 민족이 남향을 선호하기 때문이다. 오죽하면 우리 속담에 '남향집에 살려면 3대가 적선해야 한다'는 말까지 있겠는가. 판상형 아파트는 열을 맞춰 길게 늘어선 모양으로 남향 위주의 배치가 가능하며, 남북으로 창을 만들어 통풍이 잘되는 구조다. 외형 특성상 균등한 일조 및 통풍 조건을 충족할 수 있기 때문에 대부분의 소비자가 선호한다. 하지만 몇 가지 단점도 있다. 고층으로 건설될 경우 뒤편 동의 조망을 막고 압박감을 주며, 도시미관상 아름답지 못하다는 점이다. 또 각 세대만의 차별화된 평면을 연출하기에는 다소 무리가 있고 이에 따른 제약이 많다. 따라서 외관

같은 동의 세대 모두가 한 방향을 바라보는 판상형 아파트

이 단조롭고 밋밋한 모습을 보인다.

이에 비해 탑상형 아파트는 동·서·남동향 등 다양한 방향으로 건설할 수 있으며, 각 단위 세대가 다른 세대들과 벽을 공유하지 않아 3면 개방이 가능하다. 탑상형 아파트는 그동안 주상복합 아파트에 많이 적용됐으나 용적률과 조망권을 최대한 확보할 수 있다는 장점으로 일반 아파트에도 도입되기 시작했다. 탑상형은 최소 2개면 이상이 개방되어 조망권이 뛰어나다. 미관이 우수하고 내부평면도 매우 다양하게 연출할 수 있다. 토지 효율성을 극대화할 수 있다는 이점도 있다. 다만, 아래층은 일조나 조망이 빈약하고 남향 확보가 쉽지 않다. 게다가 평면의 개방감도 떨어지며 자연 환기도 불리하고 건설비가 높아지는 단점이 있다.

탑상형과 판상형의 인기 경쟁

과거에는 판상형 아파트가 압도적으로 많이 지어졌다. 하지만 2000년대 들어 아파트의 디자인이 중시되고 주상복합 아파트들이 속속 등장하면서 다양한 외관 설계가 가능한 탑상형 아파트가 인기를 끌었다. 특히 탑상형 아파트는 초고층 설계와 세련된 외관을 무기로 집값 상승을 이끌기도 했다. 2011년의 한 연구에 의하면, 큰 차이는 아니지만 주거생활에 대한 만족 정도는 탑상형 거주자가 판상형에 비해 약간 높게 나타났다.[29] 당시의 상황이라는 가정하에 이 주택으로 이사할 것인지를 묻는 항목에서는 탑상형의 경우 긍정 응답이 68.5%로 매우 높고 부정 응답은 나타나지 않은 반면, 판상형의 경우 긍정 응답이 45.5%로 상대적으로 낮고 부정 응답 또한 18.1%로 나타났다. 이는 통계적으로 의미 있는 차이를 보이는 것으로 탑상형 주택에 대한 만족도가 더 높다는 것을 알 수 있다.

그런데 탑상형 아파트의 도입이 늘어나 희소성이 떨어지고, 탑상형에 거주하는 세대들이 늘어 실제 거주에 따른 불편이 드러나면서 최근에는 판상형 구조의 아파트들이 다시 증가하고 있다. 판상형 아파트는 탑상형에 비해 소비자들이 선호하는 4베이(방 3칸과 거실을 전면에 배치) 평면을 도입하기에 적합하다. 실제로 단지 내 같은 면적일 경우 최근에는 판상형 아파트의 청약경쟁률이 높다. 2015년 6월 D건설이 용인에서 분양한 아파트는 판상형의 청약경쟁률이 56.1대1로 탑상형(2.3대1)을 크게 앞질렀다. 기존 아파트도 같은 면적이면 판상형의 시세가 높게 유지된다. 부동산114의 시세에 따르면, 서울 마포구 상암동에 있는 한 아파트는 판상형의 시세가 탑상형보다 3,000만 원 높게 형성되어 있다.

이렇게 다시 판상형의 인기가 올라가니 외관은 탑상형 아파트에 내부는 판상형과 비슷한 구조를 가진 아파트를 내놓기도 한다. 외관도 멋있지만 내부도 익숙하기에 청약시장에서 선전하고 있다.

🏢 현재 대세는 판상형 아파트

탑상형 아파트가 널리 도입된 데에는 재건축·재개발 단지에 허용되는 용적률을 적용하여 아파트 세대수를 최대한 늘리다 보니 탑상형 구조가 많이 나온 측면도 있었다. 판상형은 용적률이 낮게 나오는 편이라 재건축·재개발사업에서 건물을 더 높이 짓는 데 불리하기 때문이다. 세대수가 줄어드니 일반 분양분이 줄어 조합원 추가 분담금이 많이 나오게 된다. 현재도 판상형이냐 탑상형이냐를 두고 고민하는 재건축 추진 단지들이 적지 않다. 추가 분담금을 줄이면서 조망 등 환경도 좋게 만들고 싶으니 선택이 쉽지 않을 듯하다.

추가 분담금이 늘어남에도 강남의 몇몇 단지가 탑상형을 판상형 구조로 바꾸고 있다는 소식도 들려온다. 향후 아파트를 선택할 때 탑상형이냐 판상형이냐도 중요한 기준으로 삼아야 할 것 같다.

분양가 상한제의 그늘,
지역주택조합

2015년 4월 분양가 상한제가 사실상 폐지됐다. 정확하게는 '탄력 적용' 이다. 공공택지에서 공급되는 아파트는 분양가 상한제를 적용하지만, 민간택지에는 원칙적으로 적용하지 않는다. 단, 몇 개의 조건에 부합하는 지역이나 아파트는 적용 여부를 검토할 수 있다. 2015년 들어서 이 조건에 부합하는 지역이나 아파트가 다수 있었음에도 적용 여부를 고려하지 않는 걸 보면 분양가 상한제는 사실상 폐지됐다고 보는 것이 맞다.

분양가 상한제 폐지는 어디까지 영향을 줄까?

분양가 상한제란 집값 안정화 조치의 하나로, 분양가격을 정책적으로 제한하는 제도다. 그간의 집값 상승이 분양가 자율화 때문이라고 보고 택지비와 건축비에 적정 이윤을 더하는 분양가 책정 방식을 법으로 규정한 것이다. 분양가 상한제가 실시되기 전 7년간(2000~2007년) 전국 아파트의 평균 분양가는 96.4% 상승했으나 상한제 실시 이후 7년(2007~2014년) 동안은 5.1% 하락했다. 물론 이 기간에는 2008년 금융위기 등의 변수가 있었음을 고려해야 한다. 그렇지만 분양가 상한제는 여러 부작용이 있음에도 아파트시장, 특히 분양시장에서는 분양가를 낮추는 효과가 있었다고 판단된다.

필자가 있는 부산과 울산의 특정 구를 대상으로 조사한 자료에 의하면, 부산과 울산 지역은 2014년 분양가 상한제 심사[30]로 인해 대략 4%대의 분양가격 하락이 있었던 것으로 파악된다.[31] 이 사례는 서울 지역 부동산 전문가들이 분양가 상한제 폐지에 따라 분양가격이 5%

표 18 __ 지역별 분양가 상승률 현황 (단위: 만 원/3.3㎡, %)

구분	2000년	2007년	상승률	2007년	2014년	상승률
전국	504	990	96.4	990	940	−5.1
서울	714	1,785	150.0	1,785	1,894	6.1
부산	411	1,102	168.1	1,102	972	−11.8
울산	341	920	169.8	920	849	−7.7

* 부동산114

내외로 상승할 것이라고 예측하면서 언급했던 수치와 유사하다.

분양가 상한제가 폐지되면 분양가격이 오를 것이라는 예측과 함께 분양물량 또한 증가할 것으로 예상된다. 분양가 상한제가 폐지되던 달(2015년 4월) 아파트 분양물량은 2014년 같은 달과 비교해서 66.7% 증가했다. 분양가를 올릴 수 있어 사업 여건이 좋아졌으므로 아파트 분양물량은 더 증가할 것으로 예상된다. 주택산업연구원에서 발표하는 전국 '주택사업환경지수' 또한 증가하여 분양시장에 대한 기대감을 반영하고 있다.

주목받는 지역주택조합

분양가 상한제가 폐지되면 미분양 아파트, 기존 아파트 그리고 지역주택조합과 같이 가격이 저렴한 아파트로 수요가 이전될 가능성이 크다. 분양가격이 올라가면 높은 분양가로 공급되는 아파트보다 저렴한 아파트를 찾게 되므로 이미 오래전에 분양하여 입주한 아파트, 미분양으로 인해 계약 여건이 좋아진 아파트들의 인기가 높아진다. 특히 지역주택조합과 같이 분양 아파트와 유사한 형태의 저렴한 아파트 개발 방식 또한 주목받을 가능성이 있다.

지역주택조합사업은 같은 지역 주민끼리 조합을 결성해 집을 짓는 사업이다. 시행사(주택사업자)의 이윤, 토지 금융비용 등을 절감할 수 있어 일반 분양 아파트보다 10~20%가량 저렴하다. 분양가 상한제 폐지에 따른 대안으로 전국에서 급속히 늘어나고 있다.

국토부에 따르면 2014년 정부로부터 설립 인가를 받은 지역주택조합은 29곳이다. 2010년(7곳)과 비교하면 4년 만에 4배 이상 증가했다. 사업계획을 승인받은 조합도 같은 기간 5건에서 22건으로 급증했다.

주택 수요자들이 지역주택조합에 관심을 갖는 것은 일반 분양 아파트에 비해 가격이 저렴해서이기도 하지만, 규제 또한 덜 까다롭기 때문이다. 대표적으로, 청약통장이 없어도 내 집 마련이 가능하다. 더욱이 2014년 주택법 개정으로 조합원 자격 요건을 기존 6개월 이상 사업 지역에 거주한 무주택자뿐만 아니라 전용면적 85㎡ 이하 1주택 소유자로까지 완화한 것도 지역주택조합사업 증가를 부추겼다. 물론 사업계획을 승인받은 후에는 전매도 가능하다.

하지만 지역주택조합이 가진 혜택보다는 사업이 정체되면서 발생할 피해를 더 염두에 두어야 한다. 토지를 확보하지 못하거나 초기 조합원 모집이 부진하면 사업이 취소되거나 한없이 지연될 수 있

표 19 __ 지역주택조합 인가 및 승인 건수   (단위: 건, 가구)

구분	2008년		2009년		2010년		2011년		2012년		2013년		2014년	
	건수	가구수	건수	가구수	건수	가구수	건수	가구수	건수	가구수	건수	가구수	건수	가구수
조합설립 인가	18	3,507	9	2,218	7	3,697	13	7,006	26	13,293	20	10,189	29	18,428
사업계획 승인	6	1,488	4	1,570	5	2,219	9	4,899	19	9,345	14	6,690	22	12,290

* 국토부

다. 사업 진행 과정에서 생기는 각종 문제 또한 조합원들이 떠안아야 한다.

이런 이유로 지자체는 홈페이지에 피해를 예방하기 위한 안내문까지 올리면서 위험을 경고하고 있다. 피해 예방 안내문에 따르면 조합원으로 가입하고자 하는 자는 사업계획의 타당성, 토지의 권한 확보, 자금관리의 투명성, 조합규약 등 지역주택조합에 대해 충분히 숙지하고 자세히 살펴 가입 여부를 결정할 것을 권고하고 있다. 하지만 이러한 체크리스트를 조합에서는 잘 알려주지도 않고, 설령 이를 알아낸다고 해도 일반인이 리스트의 내용을 제대로 이해하면서 문제점을 파악하기는 힘들다. 따라서 필자는 개인적으로 정말 특별한 경우가 아니라면 지역주택조합을 통한 아파트 매입은 피할 것을 권한다.

풍선효과를 경계하자

분양가 상한제가 폐지되어 분양가가 오르면 분양 아파트의 시세차익이 줄어들고, 1%의 기준금리 탓에 수익형 부동산에 대한 투자자들의 관심이 높아질 수 있다. 필자가 가장 우려하는 현상이다. 수익형 부동산의 대표적인 상품은 오피스텔과 상가인데, 그중에서도 상가는 투자금액이 많다 보니 비교적 저렴한 오피스텔로 몰리는 경향이 있다. 하지만 오피스텔은 공급물량이 많고 수익률 또한 떨어져 투자에 유의해야 한다. 특히, 은퇴 계층의 경우 현재도 부동산자산 비중이 높기 때문에 추가적인 부동산 매입은 위험하다. 대략 80%에 가까운 자산이 부동산에 묶여 있다. 은퇴가 다가올수록 현금성 자산을 많이 보유하는 것이 바람직함에도 저금리로 생활비 마련에 도움이 되는 월세형 부동산 상품을 많이 찾기 때문이다.

시장경제론자이지만 필자는 분양가 상한제 폐지를 찬성하지 않았다. 그 이유는 부동산 개발사업의 구조를 잘 알고 있기 때문이다. 분양가 상한제는 그동안 여러 문제점이 있었지만 국내 부동산시장에 기여한 것은 틀림없다. 분양가를 상당 기간 적절한 수준에서 유지하면서 수분양자들에게 시세차익이라는 기쁨을 안겨주었으니 그 역할은 지대했다고 할 수 있다. 물론 시장경제에 어긋나게 직접적인 가격 규제를 유지한 것은 문제가 있지만, 분양가 상한제는 분명히 긍정적인 역할이 있었다.

분양가 상한제를 폐지함으로써 발생할 수 있는 다양한 부작용에 특히 은퇴 계층이 고스란히 노출될 수밖에 없다. 이로 인해 잘못된 판단과 결정을 내리는 우를 범할 수 있다. 지역주택조합, 수익형 부동산 등 분양가 상한제로 인한 풍선효과를 어떻게 합리적으로 해결할 것인가가 앞으로 투자와 자산관리의 향방을 좌우할 것이다.

지역주택조합사업의 문제점

분양가 상한제가 폐지되면서 전국의 분양가가 상승하고 있다. 지방 광역시에서도 (구) 30평형대 4억 원의 시대가 성큼 다가왔다. 서민들의 주거비 부담이 높아지고 내 집 마련의 기회가 갈수록 멀어지고 있다.

상황이 이렇다 보니 조금이라도 저렴하게 분양하는 단지를 찾는 것은 당연지사이고, 이런 수요와 맞물려 주택조합 방식의 조합원 모집(분양)도 늘고 있다. 일반 분양 공급과 사업수익을 제외한 조합 방식의 공급가액 간에는 평당 몇백만 원의 차이가 있다. 하지만 조합 방식의 공급 또한 토지를 100% 구입한 후 조합원을 모집하는 것이 아니기 때문에 분양가가 상승하기 마련이다. 거금을 투자하여 내 집 마련을 꿈꾸는데, 일반 분양 방식에 비해 지역주택조합 방식의 공급에서 여러 가지 폐단이 나타나고 있다.

수용 방식으로 부지를 확보하는 공공택지의 공급은 상대적으로 저렴한 편이지만, 그렇게 할 수 없는 일반 분양이나 조합주택 대부분이 도심의 택지를 매입하여 사업을 수행한다. 그러다 보니 여러 문제가 발생한다. 문제는 조합원을 모집하고 공급하는 과정에서 법의 맹점을 이용해 사업자만 배를 불리고 조합원은 예기치 않은 피해를 입기도 한다는 것이다. 대표적인 문제점을 살펴보면 다음과 같다.

첫째, 사업 일정이 길어질 수 있다는 점이다. 조합설립 후 통상 5년 이내에 사업이 마무리되어야 함에도 10년이 흘러도 끝나지 않는 경우가 다반사다. 더욱이 이를 제재할 방법도 없다. 주택법에 의한 지역주택조합 사업에 대해서는 별도의 '정비업체(시행사) 등'에 관한 규정이 없다. 주택조합사업 진행상의 계약은 기본적으로 사인 간의 계약에 의한 것이기 때문이다.

둘째, 손쉽게 확보할 수 있는 저렴한 부지만 먼저 선택적으로 확보하여 80%의 조합설립 인가 조건만 충족하면 조합설립 승인이 난다는 점이다. 결국 나머지 토지 매입을 완료하려면 고액의 자금이 지출될 수밖에 없고, 예상금액을 초과할 경우 그 부담은 고스란히 조합원의 몫이 된다. 특히 토지 매입이 95% 이상이 되면 매도청구권을 행사할 수 있지만, 안타깝게도 주택법에는 10년 이상 거주 주민에 대해서는 매도청구권을 행사할 수 없다고 규정되어 있다.

셋째, 시공가격을 저렴하게 책정하려다 보니 대형 건설사보다 선호도가 떨어지는 중견 건설사가 선정될 수 있다는 점이다. 지역주택조합이 진행되는 사업지들을 살펴보면 알 듯 모를 듯한 건설사들이 시공(예정)사로 선정되어 있다. 그 결과 프리미엄 형성이 기대에 미치지 못하게 된다. 저렴하게 분양하는 단지를 찾는 수요자는 향후 프리미엄 형성에 따른 시세차익을 기대하는데, 이를 충족시키지 못하게 된다. 이러면 사실 주택조합에 가입하여 심적 고생을 할 필요가 없다.

넷째, 사업이 완료되기도 전에 사업비를 소진하는 사례도 왕왕 나타 난다는 점이다. 사업을 시행하는 사업자는 정해진 사업비 내에서만 지출 하면 법적 책임을 지지 않을 수 있기 때문이다. 다소 불법적인 측면도 있 더라도 깨끗하게 정리만 되어 있으면 법적인 책임이 없다. 더욱이 불법 적이며 부실한 사업도 많은데, 이럴 경우 조합장이 자살로 생을 마감하 기도 한다. '설마'가 아니다. 실제로 부산의 한 지역주택조합에서 있었 던 사례다. 이 사업은 해당 관청에서 사업마저 반려 처분했다.

다섯째, 기간 제한이 없다 보니 부지 소유자 또한 피해자가 될 수 있 다는 점이다. 계약금만 받고 잔금 지급이 한없이 늦어지다 보니 계약이 성립된 후에는 소유권 행사가 제한되는 피해가 발생할 수 있다.

문제는 이런 상황에서도 사업자가 법을 악용하여 돈벌이 수단으로 조 합원을 모집하는 사례가 발생할 수 있다는 것이다. 개개인의 조합원에게 이런 사실을 숨긴 채 80%의 요건만 내세우면 되니, 결국 어처구니없는 피해가 생길 수 있다. 정보의 비대칭성이 극명하게 표출되는 지점이다.

이런 사례로 볼 때 문제점들을 보완할 법 개정이 시급하다. 조합원 모 집 시 정보공개를 의무화하여 부지 확보가 사실상 얼마나 되고 시공비용 이 얼마나 소요되는지 등 핵심 사업내용을 공개해야 한다. 그래야 비전 문가이며 정보의 사각지대에 놓인 조합원들의 피해를 최소화할 수 있다. 다행히 국토부에서 주택조합설립에 필요한 토지 소유자 동의 비율을 법 률로 상향 규정한다고 하니 반가울 따름이다.

〈표 20〉은 서울시에서 내놓은 지역주택조합 개선 방안 내용이다. 안

표 20 __ 서울시 지역주택조합 개선 방안

문제점	개선안
추진위 관련 규정 부재로 공공감독 불가	추진위원회 제도를 주택법에 신설
토지 소유권 확보 지연으로 사업 지체	조합설립 인가 신청 시 토지 확보 비율 강화
조합 규모 클수록 내부 갈등, 비리 발생	지역주택조합사업 시행 규모 축소(100호 미만)
조합설립 인가 취소 곤란	직권 취소 강행 규정 신설. 조합에 법인격 부여
인가 이후 지구단위계획수립에 따른 사업 지연	지구단위계획 수립 시기 규정
무자격 업무대행사 난립, 시민 현혹 및 허위 과장 광고	업무대행사 관련 규정 신설

타깝게도 국토부의 입장은 획기적인 지역주택조합 제도 변경은 고려하지 않는 것으로 알고 있다. 그러니 조합을 선택할 때 이 표의 개선 방안을 참고자료로 활용하는 것이 좋을 듯하다.

IV

재테크의 지혜,
아파트 **투자**

투자자로서 자신의 역량은 혼란의 시기 동안
자신의 철학이 얼마나 효력을 발휘하는가에 달려 있다.

– 워런 버핏(Warren Buffett)

16

대지지분이
제일 중요하다

"아파트를 구입할 때 가장 중요시하는 기준이 무엇입니까?"

외부 강의를 하다 보면 가끔 호기심 어린 눈으로 물어보는 수강생들이 있다. 많은 투자를 하지는 않았지만 필자가 아파트를 고르는 기준 중 대지지분의 크기와 그 가격(공시지가)이 큰 비중을 차지한다.

부동산은 궁극적으로 토지다. 토지 이외의 부분은 장기적으로 소멸되는 것이라 생각해도 무방하다. 부동산의 특성 중 영속성은 토지의 특성에서 기인하는 것이리라. 토지는 절대 소멸하지 않는다. 아름다운 섬나라 투발루(Tuvalu)가 지구온난화로 해수면이 상승하여 2060년에는 전체가 바다에 잠기는데 어떻게 소멸되지 않는다는 거냐고 항의하는 독자도 있을 수 있다. 하지만 그건 주거지역이 자연환경보전지역(해안)으로 용도가 바뀌는 것일 따름이지 없어지는 것은 아니다. 이와 반대로, 해수면을 매립하여 대지로 만든다고 하더라도 토지가 갑자기 생긴 게 아니다. 단지 토지의 용도가 바뀐 거라 이해하면 된다.

인테리어를 아무리 비싸고 화려하게 해도 매매가격에 반영되지 않으며, 대지지분이 유사한 아파트인데 표기되는 평수만 다를 경우 재건축사업이 본격적으로 시작되면 가격이 같아진다. 재건축 얘기가 나올 정도로 장기간 보유할 생각은 없지만, 필자는 투자 목적의 아파트를 구입할 때 대지지분을 최종적으로 고려한다. 대지지분이 적고 가격이 낮으면 매입하지 않으려 한다. 그렇게까지 계산할 필요가 있느냐고 반문하는 사람들도 있지만, 어쩌겠는가, 아파트를 잘 고르는 선천적인 감각이 없으니 이 자료 저 자료 살펴볼 수밖에.

▥ 부동산은 궁극적으로 토지다

"'대형', '프리미엄' 자존심 버리고 인기 끄는 중소형 주상복합 아파트"
2015년 6월 국내 유수의 언론사인 C일보에 게재된 기사 제목이다. 요약하면 과거 주상복합 아파트를 상징하는 말은 대형 평수, 고급 마감재, 특이한 평면구조 등이었는데 최근 대형 평수에 대한 수요가 줄어들고 실용적인 구조를 선호하는 주택 수요자들이 많아지면서 주상복합 아파트도 중소형 중심으로 재편되는 추세라는 내용이다.

이로 인해 실수요자들이 선호하는 중소형 주상복합 아파트는 분양 시장에서도 인기라는 것이다.

주상복합 아파트는 한 건물에 상업용도와 주거용도가 혼재된 주거 형태다. 상업용지에 건설하므로 높은 용적률을 적용받을 수 있어 더 집약적으로 토지를 이용할 수 있으며, 건물 안에서 편리한 생활을 누릴 수 있고 보안도 철저하다. 하지만 이처럼 집약적인 토지 이용은 투자가치를 떨어뜨린다. 최근 주상복합 아파트의 매매가격 상승률을 일반 아파트와 비교하면 투자가치의 차이가 뚜렷하게 드러난다. 부동산114의 자료에 의하면 2014년 전국 아파트 매매가격 상승률은 3.03%이나 주상복합 아파트의 상승률은 0.84%에 그쳤다. 2015년에도 전국 아파트 매매가격은 5.73% 상승했으나 주상복합 아파트는 2.53% 상승에 머물렀다.

한때 새로운 라이프스타일을 선도한다고 칭송받던 주상복합 아파트가 왜 이렇게 맥을 못 출까? 물론 주상복합 아파트의 특성으로 인한 단점도 있다. 전용률이 낮고 창문이 적게 열려 환기가 잘 되지 않으며 화재에 취약하다. 특히 녹지공간 비율이 낮아 삭막한 느낌을 주니 웰빙 시대를 맞아 주목받지 못하는 것이 당연할 수도 있다. 관리

표 21 __ 아파트 매매가격 상승률 (단위: %)

구분	주상복합 아파트	전체 아파트
2015년	2.53	5.73
2014년	0.84	3.03

* 부동산114

비도 많이 든다.

하지만 더욱 문제가 되는 부분은 주상복합 아파트가 일반 아파트에 비해 대지지분이 적다는 것이다. 물론 주상복합 아파트는 상업용지이니 주거용지인 일반 아파트에 비해 단위당 금액이 월등히 높아 낮은 대지지분을 상쇄할 수도 있다. 하지만 현실적으로는 그렇지 않은 경우가 더 많다.

📇 대지지분은 아파트 투자의 필수 판단 기준

대지지분이란 간단히 말해 '내 아파트가 갖고 있는 땅의 면적'이다. 우리는 흔히 아파트가격을 비교할 때 '평당 가격'을 따진다. 하지만 이보다 더 중요한 것은 '대지지분당 가격'이다. 결국 아파트는 '땅'이기 때문이다. 동일 지역에 비슷한 크기의 두 단지가 있는데 가격도 같다면, 당신은 어떤 아파트를 선택하겠는가? 필자는 당연히 대지지분이 큰 아파트를 살 것이다. '평당 가격'보다는 '전용면적당 가격'이, '전용면적당 가격'보다는 '대지지분당 가격'이 아파트의 가치를 더 정확히 판단하게 하는 척도가 된다.

대지지분이 큰 아파트는 살아가는 동안에도 도움이 된다. 높은 대지지분은 주거환경의 쾌적성을 의미하기 때문이다. 대지지분이 높은 아파트는 용적률이 낮으니 동과 동 사이의 간격이 넓고 층수도 낮

결국 아파트는 '땅'이므로 대지지분을 간과해선 안 된다.

을뿐더러 기타 편의시설 등 여유공간이 많다. 다른 조건이 유사하다면 당신은 다음 중 어느 쪽을 선택할 것인가. 하나는 새로운 평면 설계와 뛰어난 조망을 가진, 대지지분이 매우 낮은 주상복합 아파트다. 그리고 다른 하나는 넓은 녹지공간이 있고 동과 동 사이의 간격이 넓어 사생활 침해가 없는, 대지지분이 높은 일반 아파트다. 필자는 여기서도 당연히 후자를 택할 것이다.

최근 필자가 매입을 고려했던 아파트에 대해 대지지분의 가치를 분석한 내용을 사례로 들까 한다. 각각 서대문과 종로에 있는 아파트를 비교한 자료다. 서대문의 아파트는 용적률이 188.43%이며 공시지가가 3.3㎡당 335만 원이다. 이에 비해 종로에서 분양하는 아파트는 용적률이 252%이며 공시지가가 3.3㎡당 499만 원이다. 용적률을

표 22__ 투자 대상 아파트 비교

구분	용적률	공시지가(3.3㎡당)	공시지가/용적률	매매가(59㎡)
서대문구 D아파트	188.43%	335만 원	178만 원	4억 5,000만 원
종로구 G아파트	252%	499만 원	198만 원	6억 5,000만 원

대비한 공시지가는 서대문 아파트가 178만 원인 데 비해 종로 아파트는 198만 원으로 큰 차이가 없다. 하지만 실제로 59㎡ 아파트의 가격은 종로 아파트가 2억 원 이상 높게 형성되고 있다. 당신이라면 어느 아파트에 투자하겠는가.

이 차이가 적절한 것인지, 정당한 것인지는 분석하는 투자자의 개인적인 평가에 따라 달라질 수 있다. 서대문 아파트는 700세대 정도이나 종로의 아파트는 2,000세대가 넘으며 건설회사 브랜드의 인지도에서도 차이가 난다. 이러한 변수들도 모두 반영해야 하니 사실 단순화하긴 어렵다. 하지만 부동산은 복합 상품이므로 고려해야 할 변수가 너무나 많다. 따라서 변수를 몇 가지로 줄이는 지혜가 필요하다. 변수를 줄인다 하더라도 필자는 대지지분의 가치는 꼭 따질 것이다. 언제라도 변하지 않는 땅의 가치를 믿기 때문이다.

아파트의 매입 기준

필자도 결혼을 늦게 하는 바람에 선을 무진장 봤다. 선을 본 횟수가 100번을 넘어가니 모든 여자가 비슷비슷해 보였다. 집사람한테는 야단맞겠지만 지금 생각해보면 처음에서 열 번째까지가 가장 좋은 상대이지 않았나 싶다. 선택 대상이 적으면 선택이 훨씬 쉽다는 말이다. 조건이 많고 대상이 늘어나면 선택하기가 어렵다. 이른바 선택의 역설이다. 마트에서 맛보기 잼을 6가지 진열했을 때는 30%의 구매율을 보였으나, 견본이 24가지로 늘어나자 3%로 떨어졌다는 연구 결과가 있다. 선택의 역설을 잘 보여주는 예다.[32]

휴대전화 같은 일반 상품은 특성이 단순하며 구입 목적이 거의 동일하다. 그리고 그 상품 하나로 구매 행위가 완전하게 이루어지므로 매입 기준 역시 단순하다. 이러한 단일성으로 인해 마케팅 활동도 단순하게 이루어진다.

이에 반해 아파트 상품은 복합적이다. 단순히 아파트의 물리적 특성을 판매하는 것이 아니라 부동산에 내재된 다양한 유무형의 조건들까지 판매하기 때문이다. 즉, 주택을 판매할 때는 주택이라는 부동산 상품의 물리적 특성과 함께 교통, 학군, 환경 등 유무형의 조건들까지 포함되고 이러한 조건들이 판매에 큰 영향을 미친다. 따라서 부동산은 복합성을 가진 상품이라고 할 수 있다.

이러한 복합성이 있기에 부동산 상품의 마케팅은 달라져야 한다. 복합성을 가진 상품은 의사결정의 기준이 많을 수밖에 없다. 상품을 매입하느냐 마느냐를 하나의 기준으로 결정하는 것이 아니라 다양한 기준을 바탕으로 한다. 따라서 의사결정의 기준을 단순화시켜주는 전략이 필요할 수도 있다. 모든 측면에서 뛰어난 상품이라는 말보다는 가장 중요한 변수 몇 가지가 뛰어나다고 인식시키는 것이 오히려 상품 구입을 앞당길 수 있다.

공인중개사분들을 대상으로 실무교육을 할 때 강조하는 점이다. 필자가 중개사무소를 방문하여 상담을 받을 때도 상대가 너무 많은 장점과 혜택을 이야기하면 어느 것을 가지고 의사결정을 해야 하는지 헷갈리곤 했다. 특히 장점과 함께 단점도 가진 사업 대상지일 경우 의사결정에 더욱더 어려움을 느낀다. 하나부터 열까지, 이것저것 다 검토하다 보면 시간만 흘러갈 뿐 의사결정에 도움이 되지 않는다.

우리는 항상 정보량이 부족한 상황에서 어쩔 수 없이 의사결정을 하게 된다. 한 연구에 의하면 획득할 수 있는 정보량이 10이라고 가정할 때 3.6 정도의 정보만 있으면 의사결정을 하는 것이 좋다고 한다. 따라서 고려할 수 있는 3.6 정도의 정보에 어떤 요소를 포함시킬 것인지가 중요하다.

그렇다고 3.6 이상의 정보가 있다면 정확한 의사결정을 할 수 있을까?

사실 정보의 양과 의사결정의 질 사이에는 상관관계가 그리 높지 않다는 연구가 많다. 이를 '지식의 환상(illusion of knowledge)'이라고 한다. 무언가에 관한 정보를 많이 알면 알수록 확신이 커지며, 도리어 무모해지는 경향을 말한다. 전화로 거래하던 주식 투자자들이 거래 방식을 온라인으로 바꾸자 시장수익률 대비 평균수익률이 연간 3%p 이상 떨어졌다고 한다. 전화로 거래하던 때는 시장수익률보다 2%p 이상 높은 수익률을 기록하던 사람들이었다.

많이 알수록 좋은 의사결정을 할 수 있는 것은 아니다. 정보와 지식의 양이 많다고 무모하게 의사결정을 하는 것은, 다양한 가능성을 염두에 두고 부족한 정보를 제대로 활용하는 것보다 오히려 잘못된 의사결정이 될 수 있다. 각종 정보와 데이터는 과거의 결과를 확인시켜줄 뿐 미래에도 그럴 것임을 보장하지는 않기 때문이다.

17

새 아파트 전성시대,
언제까지?

"두껍아 두껍아 헌 집 줄게 새집 다오."

두껍이 노래는 원래 〈두껍이요(謠)〉라는 곡명의 구전민요다. 어렸을 적 모래장난을 하면서 놀던 때를 기억나게 하는 노래다. 우리는 모두 새것을 좋아한다. 오래된 것은 낡고 불편하고 힘들다. 하지만 새것은 신선하고 편안하며 뭔가 좋은 것 같다는 느낌이 든다. 특히 주택은 우리의 삶을 담는 그릇인 만큼 새로운 것이 좋다. 유럽을 여행하다 보면 건물 내에서 이상한 향이 나곤 했다. 예전에는 이것이 유럽 특유의 냄새거니 생각했는데, 지금 와서 돌이켜보면 오래되어 뭔가 부식된 향이 아닐까 싶다.

특히나 아파트가 고급 주거문화인 우리는 오래된 아파트보다는 새 아파트를 좋아한다. 아파트 같은 공동주택은 공용공간의 노후화가 급격하게 진행되다 보니, 전용공간을 아무리 깨끗하게 유지해도 시간이 지나면 주변 환경이 거주하기 불편할 정도로 낡아진다. 아파트가 주력 주거 상품인 우리로서는 어쩌면 계속하여 새 아파트를 찾게 되는 숙명을 안고 있는 것인지도 모르겠다.

⬚ 헌 아파트가 인기였던 시절

한때 오래된 아파트, 헌 집이 인기 있었다. 곧 재건축이 될 것이라는 희망으로 오래된 아파트의 가격이 새 아파트보다 더 높았다. 본격적인 재건축 절차에 들어가면 단위면적당 아파트가격이 엄청나게 올랐다. 당시 재건축이 진행되던 아파트는 대부분 5층 이하 저층 단지였다. 자기 부담금이 없어도 현재 거주하는 아파트보다 더 넓은 면적을 분양받고 입주할 수 있으니 가격이 오를 수밖에 없었다. 이렇게 투자가치가 있었기에 오래된 아파트가 새 아파트보다 비싸게 거래된 것이다.

2005년을 예로 들면 서울시의 1~5년 차 아파트 매매가격은 9.7% 상승했으나 10년 초과 아파트는 20.7% 상승했다. 통계가 여기까지밖에 없지만, 만약 20년 이상 초과 아파트에 대한 통계가 있다면 상승률이 가장 높았을 것이다.

오래된 아파트가 인기 있다 보니 아파트 투자를 목적으로 거주하

표 23 _ 2005년 연수별 아파트가격 상승률 (단위: %)

지역	전체	1~5년	6~10년	10년 초과
서울특별시	14.4	9.7	5.2	20.7

* 부동산114

는 주택 수요자들은 고난의 행군을 해야 했다. 낡고 불편한 집에서 재건축을 기다리며 하루하루 오르는 아파트가격으로 위안해야 했다. 2000년 이후 서울 재건축사업장의 평균 사업 소요기간은 무려 8.9년이다. 정비구역 지정부터 준공까지의 기간이니 그 이전부터 뛰어든 투자자라면 10년이 넘을 수도 있다. 고난의 행군은 갈수록 길어진다. 재건축사업장의 평균 사업 소요기간은 과거보다 현재가 훨씬 더 길다. 물론 조금 더 여유자금이 있으면 낡은 재건축 아파트는 전세를 주고 본인은 새 아파트에 거주해도 되겠지만.

재건축사업을 진행하려면 안전진단을 통과해야 한다. 안전진단을 통과한다는 말은 안전진단에서 'D등급(조건부 재건축)' 이하를 받는다는 말이다. 원래 안전진단은 재건축 연한이 된 아파트를 대상으로 재건축의 필요성을 판단하는 절차다. 평가 결과가 A~E등급으로 세분화되며 E등급은 즉시 재건축이 승인된다. 최근에 철거가 시작된 서울 서대문구의 금화시범아파트가 E등급이었다. 하지만 E등급의 아파트는 그리 많지 않고 대부분이 D등급을 받는다.

아이러니하게도, 내 집이 낡았고 안전에 문제가 있다는 평가가 내려지면 거주하는 주민들은 기뻐하고 아파트가격도 오른다. '안전진단 통과'가 기쁜 소식으로 현수막까지 걸리는 역설적인 상황이 연출되곤 한다.

한두 동으로만 구성된 아파트는 재건축사업이 불가능할 경우 어차피 사업성이 떨어지므로 리모델링사업을 택한다. 하지만 규제가 완화되어 재건축의 사업성이 높아지면 죽어 있던 재건축사업도 언제든지 다시 살아난다. 강남의 어떤 아파트 단지는 리모델링과 재건축조합이 번갈아가며 주도권을 잡는 바람에 나중에는 지금 사업을 주도하는 것이 어느 조합인지 헷갈리기도 했다는 후문이다.

'새집 증후군(sick house syndrome)'도 과거 오래된 아파트의 인기에 한몫했다. 새집 증후군은 집을 새로 지을 때 사용하는 건축자재나 벽지 등에서 나오는 유해물질 때문에 거주자들이 느끼는 건강상의 문제나 불쾌감을 말한다. 건축자재나 환기의 문제인데, 특히 2000년대 초 이 문제가 과장되어 인식됐다. 그래서 친환경코팅이라는 입주상품이 불티나게 팔리기도 했다.

바야흐로 새 아파트 전성시대

이렇게 아파트의 내용연수에 따라 가격이 다른 현상은 현재도 마찬가지다. 하지만 헌 아파트와 새 아파트의 인기는 역전됐다. 바야흐로 새 아파트 전성시대다. 2015년을 예로 들면 전국의 아파트 중 1~5년 된 아파트의 3.3㎡당 매매가격은 1,188만 원이었고 10년을

표 24 __ 2015년 연수별 아파트 매매가격

지역	전체	1~5년	6~10년	10년 초과
전국	981	1,188	1,122	930

* 부동산114

초과한 아파트는 930만 원에 그쳤다.

2015년 하반기로 접어들어 분양가격이 올라가면서 기존 아파트에 대한 관심도 늘어나고 있지만, 아파트시장에서 가장 호황인 곳은 여전히 분양시장이다. 앞서 잠깐 언급했듯이, 2015년 상반기 전국에서 가장 높은 청약경쟁률을 기록한 아파트는 부산시의 광안더샵 84.98㎡(전용면적)다. 청약경쟁률이 무려 1,141.7대1이었다. 2014년 상반기 청약경쟁률 1위를 기록한 대구 범어동의 범어라온프라이빗 93.88㎡가 275대1이었으니, 분양시장의 호황이 더욱 큰 활황으로 계속됨을 알 수 있다.

이렇게 아파트 분양시장이 호황인 이유는 분양가 상한제가 폐지되면서 아파트의 분양가격이 상대적으로 저렴했고, 분양 아파트의 내부구조(유닛) 등 구성이 기존 아파트에 비해 뛰어났기 때문이다. 또한 과거처럼 재건축 아파트의 사업성이 높지 않아 투자가치가 떨어졌기에 불편을 감수하면서까지 헌 아파트에 거주할 필요가 없어진 것도 새 아파트의 인기를 높인 하나의 요인이었다.

새 아파트의 인기는 지속될 것

앞으로도 새 아파트의 인기는 지속될 것이다. 새 아파트의 인기가 지속될 수밖에 없는 이유는 아파트라는 상품이 가지는 본질에 있다. 아파트는 단독주택과는 다르게 노후화가 빨리 진행되고 부분 보수를 통해 사용하기에는 한계가 있다. 단독주택이라면 계속해서 보수할 경우 아무리 오랜 기간이 지나도 새집이나 마찬가지의 혜택을 누릴 수 있다. 단독주택이 주요 주거 형태인 선진국을 보면 집을 고치고 유지시키는 것이 취미인 가장도 많다. 귀가하면 집에서 아무것도 하지 않는 우리나라 사람들과는 다르게 외국의 가장들은 집 여기저기를 살피며 고칠 건 고치고 바꿀 건 바꾸고 한다. 단독주택에 살면 부지런해질 수밖에 없다. 집의 상태와 환경이 시시각각 변하니 집주인도 그에 맞춰 꾸준히 움직여야 한다.

"강남 지역 새 아파트와 오래된 아파트의 가격 차이가 점차 커지고 있는 것으로 나타났다. 그동안 서울 강남은 지역적인 영향으로 새 아파트와 기존 아파트 간 가격 차이가 나타나지 않았으나 최근 입주자들이 노후된 아파트보다 비교적 주거환경이 좋은 새 아파트를 선호하면서 신·구 아파트 간 가격 차이가 크게 벌어지고 있다."

경제신문에 게재된 기사 내용을 요약한 것이다. 읽어보면 최근의 기사라고 생각할 수 있는데 사실 IMF 사태가 일어나기도 전인 1997년 6월의 기사다. 앞에서 이야기한 바와 같이 아파트가 가진 공동주택으로서의 특성상 언제, 어디서나 신규 아파트가 각광받을 것이다.

특히 재건축 이슈를 가진 헌 아파트의 투자가치가 떨어진다면 굳이 불편함을 감수하면서 오래된 아파트에 거주할 이유가 없다. 새 아파트에 대한 선호 현상이 극명하게 드러나는 것은 아파트 분양시장이다. 기존 아파트의 매매가격은 상승률이 낮으나 신규 아파트, 특히 분양 아파트의 가격 상승률이 높은 것은 새 아파트에 대한 선호를 반영하는 것이기 때문이다. 참고로 일본은 우리보다 신규 주택에 대한 선호가 훨씬 크다. 2011년 기준으로 기존 주택가격지수는 160이나, 신규 주택은 무려 290이다.

상가는 헌 것이 좋다

수 익형 부동산의 대표 주자로 상가와 오피스텔을 꼽는다. 필자가 늘 생각하는 바이지만, 상가는 가장 어렵고 많은 공부를 해야 하는 부동산 상품이다. 상권분석부터 고객 동선까지, 점포를 가지고 장사를 해본 적이 한 번도 없는 사람은 듣거나 읽어도 감이 잡히지 않는다. 상가는 장사를 해본 사람이 제일 잘 안다.

예전에 상가를 분양하는 일을 한 적이 있는데, 우리 딴에는 엄청나게 고민해서 업종을 선정하고 구획을 정리해놓았다. 그런데 본인의 상가를 분양받아 장사를 하는 분들이 상가 분양사무소를 방문한 뒤 상가 구획을 완전히 새로이 해야 했다. 고객 동선과 업종 지정까지 확실히 장사를 오래 한 분들의 감각이 훨씬 뛰어나기 때문이다.

상가를 지어 분양하는 사업자의 가장 큰 문제점은 분양가를 주변 시세에 맞춘다는 것이다. 현장에서 보면 이건 정말 난센스다. 이미 상권이 형성되어 장사가 잘되는 상가와 신규로 분양하는 상가의 가격을 동일하게 결정하는 것은, 몇십 년 동안 한 우물을 판 전문가와 신입 사원을 동일하게 대우하는 것이나 마찬가지다. 신규로 분양하는 상가는 기존에 상권이 형성되어 있는 상가 가격의 60%대에서 분양가를 정하는 것이 적절하다. 심하게 이야기하면 60%의 가치도 없다고 보는 것이 맞다.

이는 하나의 빌딩에만 적용되는 것은 아니다. 미국 맨해튼에 가면 한인 상가가 밀접한 'K타운'이 있다. 최신 인테리어를 한 가게들도 들어서고 있지만, 거리 전체 분위기는 허름한 모습을 간직하고 있다. 그런데 점포 월세는 주변의 밝고 세련된 지역 점포보다 오히려 비싸다. 여기에는 비좁은 거리일수록 고객 집중도가 높다는 이론이 적용되기도 하는데 핵심은 다른 데 있다. 사람들은 기본적으로 허름하고 인간미 넘치는 거리를 좋아하지, 깨끗하고 반듯한 거리를 좋아하지 않는다는 점이다. 대로변보다 이면도로에 더 많은 사람이 지나다니는 것도 이런 이유에서다. 따라서 오래된 상가가 좋다는 말은 단일 빌딩만이 아니라 지역에도 적용되는 개념이다.

상권이 형성되기 위해서는 짧게는 5년, 길게는 10년의 기간이 필요하다. 상권은 '상세권(trading area)'의 준말로 상가의 힘이 미치는 권역을 말한다. 본인이 가진 상가가 어느 정도 권역까지 고객을 흡입하는 힘이 있을까 정도로 이해하면 된다. 따라서 상가에 투자할 때는 신규 상가를 분양받는 것은 위험하며 기존의 상가를 프리미엄을 주고 사는 것이 안정성면에서는 오히려 유리하다. 특히 유망 프랜차이즈 업종이 이미 입점해서 장사를 잘하고 있는 상가라면 금상첨화다. 상권도 형성되어 있고, 유망 프랜차이즈까지 자리를 잡았다면 수익성과 안정성을 모두 충족하기 때문이다.

따라서 상가는 아파트와는 달리 새것이 절대 좋지 않다. 상가를 분양하는 사업자분들에게는 미안하지만, 내 주변에서 신규 상가를 분양받겠다는 사람이 있으면 도시락을 싸들고 다니면서 말리겠다. 물론 필자가 이야기하는 상가는 주로 주거지 주변에 있는 저층의 근린상가나 쇼핑몰 같은 테마상가다. 단지 내 상가나 복합상가는 또 다른 요인을 가지고 판단해봐야 한다.

상가를 분양한다고 해서 상권이 저절로 형성되지는 않는다. 국내 상가 개발업자들은 영세하고 은행은 담보가 없으면 대출을 해주지 않으니, 상가를 개발하는 입장에서는 분양을 할 수밖에 없는 상황에 몰리게 된다. 하지만 상가를 업종을 지정하여 개별 등기해서 분양하면 상권이 형성되기가 쉽지 않다. 소유주가 하나인 대형마트나 백화점처럼 일관된 사업 전략을 통해 마케팅 전략을 구현해야 겨우 상권이 형성될 수 있는데 소유주가 수십 명, 많게는 수백 명이 된다면 의사결정이 원활히 되지 않을뿐더러 제대로 된 상가관리도 거의 불가능하다. 상가 건물이라는 것이 묘해서 한두 집이 장사를 잘한다고 해도 계속하여 잘된다는 보장이 없다. 상가 전체가 동일한 목표를 가지고 일사불란하게 움직여야지 상권 형성에도 도움이 되고 개별 상가들도 장사가 잘된다.

이러한 상가의 특성을 고려한다면 새로이 분양하는 상가를 매수하는 것은 정말 조심해야 한다. 앞으로 이 상가가 어떻게 발전해나갈지를 알 수 있는 사람은 거의 없다. 심지어 개발해서 분양하는 사업자 입장에서도 잘 알지 못한다. 필자는 개인적으로 상가를 부동산 상품으로 보지 않는다. 아무리 목이 좋고 유동인구가 많은 곳에 위치한 상가라 해도 입점하여 영업하는 업주의 능력에 의해 가격이 몇 배나 차이 날 수 있기 때문이다. 상가의 가격은 월세가 어느 정도인지로 결정된다. 장사를 잘하는 영업주라면 월세를 올려도 감당할 수 있지만, 장사가 잘 되지 않는 점포의 영업주는 월세를 조금만 올려도 폐업하거나 다른 곳으로 이전할 수밖에 없다. 이처럼 부동산이 가진 특성과 함께 영업주의 능력에 가치가 좌우되기 때문에 상가를 온전한 부동산 상품으로 여기기에는 고려해야 할 요소가 많다.

18

아파트, 클수록 좋을까?

"난 큰 게 좋더라!"

묘하게 성적 이미지를 연상시키는 모 아이스크림 광고가 아니더라도 주택은 여유 있게 큰 것이 좋다. 오죽했으면 우리나라 주택 수요자들이 집을 고를 때 가장 중요하게 고려하는 기준이 '여유 있는 공간'이라고 하겠는가. 잘 팔리지 않는 집에 대해 개업 공인중개사가 조언하는 내용도 대부분은 집을 널찍하게 보이도록 하라는 것이다. 같은 규모의 아파트라도 내부구조가 크게 보이도록 설계된 아파트를 선호한다는 말이다. 물론 이렇게 넓은 공간을 확보하기 위해서는 비용이 들어가니 일반인은 적절한 면적을 선택해야 하겠지만.

외면받는
중대형 아파트

인구구조의 변화와 아파트의 내부구조에서 발코니 확장이 가능해지면서 중대형 아파트의 인기가 예전만 못해졌다. 1~2인 가구가 중심이 되면서 굳이 무리해가며 넓은 집에 살 필요가 없어졌기 때문이다. 집이 넓을수록 관리비도 많이 나오고, 재산세 또한 많이 부과되지 않는가. 앞으로도 1~2인 가구의 증가세가 가장 높을 것으로 예상되므로 인구구조의 변화에 의한 소형 아파트의 강세는 지속될 것으로 보인다. 서울연구원의 예측에 따르면 2015년 서울의 1~2인 가구 비중이 처음으로 50%를 넘어설 것이라 한다.[33] 20년 뒤인 2035년에는 63.2%에 이를 것으로 예상한다니 트렌드가 바뀌기는 어려울 것 같다. 세 가구 중 두 가구가 1~2인 가구이니 이들을 대상으로 한 아파트 상품을 기획하고 분양하는 것이 바람직할 것이다.

아파트 내부의 발코니 확장이 2005년 12월부터 가능해졌다. 발코니(balcony)[34]와 베란다(veranda)[35]를 아직 정확히 구별하지 못하는 분들도 많을 텐데, 우리가 일반적으로 알고 있는 아파트의 베란다가 바로 발코니다. 이러한 발코니 확장이 가능해지면서 구 20평대는 구 30평대에 가까운 면적을 가지게 됐고, 구 30평대는 구 40평대의 면적을 가지게 됐다. 1~2인 가구가 대부분인 현실에서 구 40평형대를 초과하는 아파트는 필요 없으니 구 30평형대의 크기면 족할 것이다. 실제로 최근 분양하는 아파트는 구 30평형대가 최대 면적인 단지도 많다. 구 40평형대가 있기는 하지만 몇 세대 안 되는 경우가 대부분이다. 분양이 안 되니 무리하게 많은 세대를 배치하지 않는데, 그래도 대부분 미분양이 난다. 실제로 2015년 상반기 아파트 분양물량에서 중대형 아파트(85㎡ 초과)의 분양 비중은 4.7%에 불과했다. 10년 전인 2005년에는 이 비중이 무려 26.1%였으니 참으로 격세지감을 느끼게 된다. 당시 소형 아파트(60㎡ 이하)의 분양 비중이 18.7%였으므로 소형보다 대형을 훨씬 많이 분양했다는 얘기다. 더 놀라운 것은 10년도 채 안 됐는데 이렇게 바뀌었다는 사실이다.

아파트 매매가격 상승률 또한 소형 아파트가 높다. 지난 3년간 (2012~2014년) 60㎡ 미만의 아파트 매매가격은 4.3% 상승한 반면 85㎡ 초과 아파트는 오히려 6.0% 하락했다. 1~2인 가구가 주력 가구가 되어 소형 아파트에 대한 수요가 늘어남으로써 발생한 당연한 선호의 변화다.

하지만 불과 몇 년 전만 해도 지금과는 정반대의 현상이 벌어졌었다. 중대형 아파트의 분양이 많았으며 가격 상승률 또한 높았다. 주택사업자는 앞다투어 중대형 아파트를 분양했고 말이다. 당시에는 구 30평형대가 최소 규모였으며, 대부분의 분양 단지에는 구 60평까

표 25 __ 규모별 아파트 매매가격 상승률

(단위: %)

지역	전체	60㎡ 미만	60~85㎡	85㎡ 초과
전국	-0.84	4.34	0.87	-5.91

* 부동산114
* 3년간(2012~2014년) 기준

지의 상품이 구비되어 있었다. 청약경쟁률도 대형 아파트가 높았으며 규모에 따른 아파트 간의 가격 차이 또한 컸다. 부동산114의 자료에 의하면 서울 지역 중소형과 중대형 아파트 매매가격 차이는 2015년 6월 현재 3.3㎡당 300만 원대이나, 2006년에는 무려 700만 원대 이상의 격차가 벌어졌었다.

주택사업자 입장에서는 대형 아파트를 분양하는 것이 소위 말해 돈이 된다. 자동차로 비유하자면 소형차 10대를 파는 것보다 대형차 1대를 파는 것이 더 이익이라는 말이다. 고정비는 사전에 투입됐고 변동비의 증가폭이 가격 상승에 비해 그리 크지 않기 때문에 고가 상품의 이익이 더 크게 발생한다. 서울의 경우 수요에 비해 전용률 60㎡ 이하의 아파트 분양이 그리 많지 않은 것도 이런 상품은 돈이 되지 않기 때문이다. 돈은 되지 않는데 수요는 많다. 주택사업자의 딜레마다. 그러니 적당량을 배치하는 수밖에 없다. 일단 미끼 상품(소형 아파트)으로 주택 수요자들을 모델하우스로 유인한다. 혹시 아는가, 소형 아파트의 청약경쟁률이 높으면 미분양된 대형 아파트를 구매할지.

중대형 아파트의 귀환

이러한 중대형 아파트가 다시 주목받고 있다. 부동산 전문가들은 두

서울 강남의 한 중대형 아파트 단지

가지 이유를 들어 이를 뒷받침한다. 첫 번째는 희소성이다. 그동안 공급이 줄어들었으니 수급 논리상 이제 찾는 사람이 늘고 가격도 오를 것이라는 논리다. 두 번째는 규모에 따른 가격 차이가 줄어 갈아타기가 쉬워졌다는 것이다. 소형 아파트에서 중대형 아파트로 갈아타기 위해서는 그에 상응하는 비용을 지불해야 한다. 과거에는 이런 비용이 터무니없이 높았으나 현재는 합리적인 수준으로 줄어들어 큰 규모의 아파트로 갈아타려는 수요가 늘어난다는 것이다.

중요한 것은 이 두 가지 이유 모두 논리적이지 않다는 사실이다. 첫 번째 이유에서는 수급 논리를 언급했으나 수급 중 수요는 간과하고 공급만을 분석하는 오류를 범했다. 다시 말해, 줄어드는 수요를 고려하지 않았다. 공급이 줄더라도 수요가 더 많이 준다면 오히려 가격이 더 떨어질 수 있고 찾는 사람도 거의 없을 것이다. 필자는 지금 중대형 아파트가 처한 상황이 이와 유사하다고 판단한다.

두 번째 이유에서는 갈아타는 비용을 너무 가벼이 여겼다. 갈아타기 비용이 3.3㎡당 400만 원대까지 줄어들긴 했지만, 구 30평형대에서 구 40평형대로 갈아타기 위해서는 여전히 만만치 않은 비용이 추가되어야 한다. 구 30평형대의 아파트에 거주하는 분들도 대부분 이미 담보대출을 활용한 상태이기 때문에 추가 대출을 받는 건 부담스러울 수밖에 없다. 경기 상황과 소득 수준 등 여러 요소를 고려해도 쉽지 않은 일이다.

필자는 오히려 블로그 등 SNS에서 언급하는 이유가 더 현실성 있다고 본다. 중대형 아파트가 소형보다 노후 설계에 유리하다는 주장이다. 역모기지(reverse mortgage)인 주택연금은 만 60세 이상이면 신청 가능한데, 이것으로 노후를 대비할 때는 대형이면서 아파트가격이 비쌀수록 수령액이 높아지기 때문에 중대형 아파트를 찾는 사람이 늘어날 수 있다는 것이다. 2015년 2월 기준으로 가입자가 70세라면 아파트가격이 3억 원인 경우 매달 98만 6,000원을 받을 수 있지만, 아파트가격이 6억 원이면 매달 197만 2,000원을 받을 수 있다. 국가에서 지급을 보장하는 주택연금은 어떤 경우에도 가입자에게 이득이다. 따라서 가장 많은 지급액을 받을 수 있는 상품을 선택하는 것이 바람직하다. 물론 강남의 구 30평형대 아파트는 매매가격이 10억을 넘기도 하니 거주 지역이 강남이라면 무리하게 대형 아파트를 선택할 필요는 없겠지만. 소형보다 대형 아파트를 단위당 싸게 구입할 수 있고 계약 조건 또한 좋을 것이라는 점도 중대형의 귀환 이유에 포함된다.

하지만 중요한 건
장기적 전망이다

필자가 아는 한도 내에서는 우리보다 일찍 자산 버블을 겪은 어떤 국가에서도 대형 주택의 가격이 다시 회복됐다는 소식을 듣지 못했다. 물론 초고가 아파트나 초고가 주택이 주목을 받는 경우가 있다. 몇백 억씩 하는 아파트는 정말 희소가치가 있고, 부의 양극화가 계속되는 현재의 소득 불평등하에서는 초고가 아파트의 가격이 오를 수도 있을 것이다. 하지만 이는 그들만의 리그이기 때문에 확대 해석해서는 곤란하다.

2009년 4월 착공해 2014년 완공한 뉴욕의 한 아파트(콘도미니엄)는 가격이 1,000억 원이며, 월세가 1억 8,000만 원이라는 이야기는 단순히 가십거리일 뿐이다. 경기침체와 유로화 약세가 겹쳐 할인된 가격으로 시장에 나온 유럽의 오래된 성(城)을 시세차익이나 운용수익을 바라고 사겠다고 덤비는 일반인은 없으리라 본다. 하지만 혹시 모르니 알려주겠다. 1,486㎡의 주거면적에 7개의 방과 대형 거실, 리셉션 룸, 식당, 주방, 서재, 옷방 등을 갖춘 프랑스 프로방스 지방의 18세기 고성이 1,170만 달러까지 가격이 떨어져 매물로 나왔단다. 관심 있으면 '나이트 프랭크(Knight Frank)'라는 글로벌 부동산회사에 연락해보시길.

발코니에 담긴 욕망

원래 의미가 어디에서 유래됐는지는 알 수 없으나, 발코니는 현재 공동주택인 아파트에서 외부와 접하는 유일한 장소로서 아파트 주거에서 안과 밖을 유기적으로 연결하는 기능을 한다.

아파트는 18세기 초 산업혁명과 이에 수반되는 노동자 계급의 출현으로 도시의 인구 집중에 따른 주택부족 문제에 대처하고자 하는 방안으로 나타난 주거 형태다. 주택 공급에 급급했기에 주거로서의 기능이나 역할에는 관심을 두지 않고 단지 거주 자체의 목적으로 계획되었으며, 처음에는 외부(자연)와 접할 수 있는 공간이 전혀 고려되지 않았다.

그러나 1900년대에 접어들면서 아파트가 호화로운 주택으로 변화된 경우도 생겼기에 건물의 내부가 서서히 개방적인 모습을 보이면서 때때로 외부에 작은 발코니 모양이 생겨났다. 하지만 이때의 발코니는 거실 앞에 주철의 형태로 만들어진 이탈리아 르네상스식의 것으로, 용도나 기능 면에서는 거의 쓸모가 없는 형식적인 것이었다고 한다.

이후 자연을 직접 접하고자 하는 노력으로 외부로의 공간 개방에 노력한 결과, 1960년대에 접어들어 독립된 공간으로서의 발코니 계획이 이루어졌다. 1962년 미국의 메이어 휘트시(Mayer Whittesey)와 글래스(Glass)에 의해 건립된 아파트 평면을 살펴보면 거실(living room) 앞에 '외부 정원 또는 발코니(Exterior Garden or Balcony)'라는 공간이 나타난다. 또한 1969년 '필립번바움 사무소(The Office of Phillip Birnbaum)'에 의해 계획된 아파트 평면에서도 치수까지 적혀 있는 돌출된 발코니 공간이 나타난다.

발코니는 아파트 정면의 미적 요소일 뿐만 아니라, 개인 옥외 공간(semi private outdoor space)이 부족한 아파트에서 단독주택의 '마당' 같은 성격을 갖는 공간이며 거실과 연결된 개인 생활공간으로서의 의미가 있다.

최근 아파트에 대한 소비자들의 욕구는 '단독 같은 아파트'다. 웰빙에서 힐링으로 이어지는 소비자들의 라이프스타일은 획일적인 아파트를 거부하고 있으나, 단독주택에서의 생활은 부담스러워한다. 따라서 소비자들의 요구는 자연스럽게 단독 같은 아파트로 수렴된다. 이를 아파트에서 구현할 수 있는 공간은 발코니를 제외한다면 생각하기 어렵다. 따라서 앞으로 아파트 상품의 차별화는 내부의 공간과 함께 외부와 접하는 발코니의 차별화로 귀결될 것으로 생각한다.

발코니를 꾸미는 것에서 벗어나 발코니가 베란다나 테라스, 포치로 바뀌면서 새로운 형태의 외부 접점 공간이 창조될 것이다. 이들이 공통으로 지향하는 바는 내부공간의 연장 또는 확장, 그리고 내부와 외부를 자연스럽게 연결할 수 있는 매개체로서의 역할에 있는 듯하다. 이들을 적절히 활용한다면 외부와 연결되면서 자연스럽게 소통할 수 있는 아파트를 만들 수 있을 것이다.

최근 수도권에서 분양하는 테라스하우스의 인기가 치솟고 있는 것은 아마도 이렇게 외부(자연)와 연결되고자 하는 주택 소비자들의 욕구가 반영된 결과가 아닌가 싶다.

참고로 2015년에 분양한 경기도 e편한세상테라스광교(3B)의 청약경쟁률은 32.5대1이었으며, 인천 청라파크자이더테라스(IA1)는 11.8대1이었다. 같은 기간 경기도와 인천의 청약경쟁률은 각각 5.6대1과 2.5대1에 그쳤다.

전세 끼고
아파트 구입하기

"전세 끼고 사시면 얼마 안 들어요. 지금 투자하시는 분들 다 그렇게 해요. 전세 끼고 다섯 채씩 사는 사람도 많은데요, 뭐!"

전세가율이 급등하면서 전세를 끼고 아파트를 매입하는 수요 또한 증가하고 있다. 전세가율이란 매매가격 대비 전세가격의 비율이다. 부동산114의 자료에 의하면 2015년 말 현재 전국의 전세가율은 72%다. 수도권은 이보다 좀 낮고, 지방 광역시는 높다. 광주와 대구는 75%를 훌쩍 넘어섰다.

레버리지를 활용한 아파트 구입

전세 끼고 아파트를 매입하려는 것은 전세가율에 대한 과거의 경험칙이 있어서다. 전세가율이 올라가면 아파트 매매가격도 올라간다는 신화다. 2000년 초, 부동산시장의 대세 상승기 때 전세매물이 희귀해지면서 전세가격이 오르기 시작했다. 당시 매매가격은 움직임이 거의 없었다. 그런데 전세가격이 오르면서 매매가격과 전세가격의 차이가 줄어들었고, 이때부터 부동산가격도 오르기 시작했다. 당시 전셋집을 구하러 다녔던 필자 또한 전셋집 찾기가 어려워 겨우겨우 반전세로 입주했던 기억이 선명하다.

전세 끼고 아파트를 매입할 때는 전세가율이 높은 지역이나 소형 아파트에 집중하는 것이 좋다. 그래야 투자금액이 줄면서 수익률이 높아지기 때문이다. 전세도 레버리지의 하나이므로, 위험요인을 제거한다면 레버리지를 최대한 확보하는 것이 수익률에는 이롭다.

전세가율이 높은 지역은 도심이나 역세권 주변으로, 주거환경이 이미 갖춰진 곳이다. 어떻게 보면 높은 전세가율은 주거환경에 대한 프리미엄이라고도 할 수 있다. 전세가율이 평균 70%라는 말은 소형 아파트의 경우 전세가율이 80~90%가 넘었다는 말이다. 대형 아파트는 인기가 없어 전세가율이 상대적으로 낮기 때문에, 이를 고려한다면 소형 아파트의 전세가율이 90%를 넘는 지역도 많다고 하겠다.

새 아파트일수록 전세가율이 높다. 신규로 입주하는 단지는 공급물량이 일시적으로 늘어나는데, 이를 제외한다면 아파트의 연수가 작을수록 전세가율이 높다. 이 또한 새 아파트에 부여되는 프리미엄의 성향이 짙다.

전세 끼고 아파트를 매입하려는 수요 중에는 지금 당장은 아니지만 2~3년 후 은퇴해서 살 집을 마련하거나 자녀들의 집을 미리 마련해주려는 수요도 적지 않다. 전세난을 활용하여 아파트를 구매하는 것이다. 수년 전 부산, 대구 등 지방 광역시 부동산시장이 불황일 때 소형 아파트를 전세 끼고 여러 채 사서 부동산 상승기에 시세차익을 실현했다는 사례가 있다. 이 성공 사례가 이제는 역으로 수도권에서 행해지고 있다. 수도권은 지방에 비해 전세난이 더 심하고 가격이 여전히 고점을 회복하지 못한 상황이므로 전세 끼고 아파트를 사기에 적기라는 분석이다. 실제로 서울 이외의 지역에서 거주하는 사람이 서울의 주택을 매입한 건수가 2014년에 비해 2015에는 2배 이상 증가했다고 한다.

레버리지 투자에는 위험이 따른다

하지만 전세를 레버리지로 활용할 때는 몇 가지 사항에 유의해야 한다.

첫 번째는 수익 측면이다. 부동산 투자로 얻을 수 있는 수익에는 두 가지가 있다. 운용수익과 자본수익이 그것이다. 운용수익은 매달 창출되는 수익으로 월세를 말한다. 자본수익은 매매를 통해 남기는 수익으로 시세차익이라고도 한다. 월세가 아닌 전세로 매입할 경우 기준금리 1%대인 현재의 금융시장을 고려하면 운용수익은 거의 없다고 봐야 한다. 그러면 남는 것이 시세차익인 자본수익인데, 전세가격은 상승하지만 매매가격이 정체상태인 현재 부동산시장에서는 이러한 자본수익만으로 원하는 수익률을 달성하기가 쉽지 않다. 특히 부동산은 거래비용(취득세 등 취득비용＋재산세 등 보유비용＋예금이자 등 기회비용)이 높아 단기간의 자본수익만으로는 수익률이 떨어질 수밖에 없다.

두 번째는 역전세난이 발생할 여지도 있다는 것이다. 역전세난이란 전세물량이 늘었지만 수요가 상대적으로 줄어 전세계약이 잘 이루어지지 않거나 원하는 전세가격을 받지 못하는 경우를 말한다. 심지어는 전세가격의 일부를 내주어야 하는 경우도 있다. 전세금을 은행에 고이 예금해놓은 경우에는 문제가 없지만, 그 돈으로 대출을 갚았거나 생활자금으로 활용한 경우라면 문제가 심각해진다. 우리나라에서 전세를 준 집주인이 임차인의 전세금을 가지고 있는 경우는 드물기 때문에 역전세난은 전세난보다도 파장이 클 수 있다. 전세가 줄어드는 우리의 아파트시장에서 전반적으로는 이러한 역전세난이 발생할 가능성이 크지 않다. 그렇지만 특정 지역이나 특정 시기에 이러한 현상이 벌어지지 않는다고 자신할 수만은 없다. 우리나라의 전세는 관습적으로 얽혀 있는 주거계약 형태이므로 금전적인 문제뿐만 아니라 전세금을 돌려주지 못하는 심적인 부담도 상당할 수 있다.

세 번째는 금리 인상의 위험이다. 지금 전세 끼고 아파트를 매입하는 사람들이 늘어나는 것은 전세가율이 높다는 부동산시장 내부의 요인도 있지만 저금리라는 경제 상황도 크게 작용한다. 매매가격에서 전세가격을 제외한 나머지 부분은 대출을 받아야 하는데, 담보대출금리가 2~3%대인 현 상황에서는 크게 부담이 되지 않는다. 서울의 소형 아파트라면 몇천만 원만(?) 있으면 구매할 수 있으니 한달 이자로 몇만 원만 내면 된다. 그렇지만 방심하면 안 된다. 지금이 금리가 가장 낮다고 생각해야 한다. 2015년 12월 제로금리를 탈피한 미국이 점차 금리를 높여갈 가능성이 크고, 즉각적으로 반응하진 않는다 하더라도 우리나라 역시 금리 인상 압박을 받을 수밖에 없다. 불과 몇 년 전만 해도 국내 기준금리가 5%였다는 것을 잊어서는 안된다. 지금의 기준금리와 비교하면 대략 3배 정도 차이가 난다. 따라서 대출금 상환 부담이 3배가 될 수도 있음을 유념해야 한다. 특히 소형 아파트 여러 채를 전세 끼고 매입한 투자자라면 이러한 금리 인상 위험에 촉각을 곤두세울 필요가 있다.

네 번째는 집값 하락의 가능성이다. 소형 아파트를 여러 채 매입했는데 집값이 오르는 것이 아니라 오히려 떨어졌을 경우다. 이러면 하우스푸어보다도 더 심각한 상황에 처할 수 있다. 그럴 리 없다고 생각해서는 안 된다. 주식과 마찬가지로 집값은 누구도 모른다. 전문기관에서 나온 여러 자료로 집값이 떨어지지 않는다고 주장하지 마라. 자료는 모두 참고용일 뿐이기 때문이다. 인구구조의 변화, 고령화, 소득 감소 등 장기적으로는 오히려 집값이 내려갈 가능성이 크다고 봐야 한다. 금융위기 같은 돌발변수는 생각하기 싫지만, 우리는 이미 두 번이나 겪지 않았는가. 돌발변수가 발생할 가능성 또한 염두에 두어야 한다.

마지막으로 전세에 대한 이해를 높여야 한다는 것이다. 전세는 수요로 이해하는 것이 정확하다. 이 말은 전세가 매매에 영향을 미치는 요인으로는 가격보다 수요 측면이 더 중요하다는 뜻이다. 전세가율이 높다는 것은 특정 지역이나 시기에 매매 수요보다는 전세 수요가 많음을 나타낸다. 즉, 투자가치보다 사용가치가 크다는 말이다.

잘못된 투자는 금융회사만 배 불릴 수 있어

필자가 2005년에 고향인 부산으로 다시 돌아왔을 때, 부산이나 인접한 울산시의 전세가율은 거의 70%에 가까웠다. 당시 서울에서는 전세가율이 60%를 넘으면 매매가격이 오른다는 신화가 있었다. 당시에는 100% 확실하다는 경험칙이 있었기에 '신화'라는 표현이 자연스럽게 통했다. 그런데 지방 광역시 부동산시장은 70%에 가까운 전세가율임에도 매매가격의 움직임이 전혀 없었다. 필자로서는 언뜻 이해하기 힘든 현상이었다. 하지만 찬찬히 살펴보니 이해가 됐다. 당시 서울 강남의 전세가율이 대략 30% 내외였다. 다시 말해 시세차익을 원하는 수요가 많았던 강남은 전세가율이 낮았으나, 시세차익이 거의 기대되지 않는 지방 광역시들은 전세 수요만 많아 전세가율이 자연스럽게 높았던 것이다.

　이러한 전세에 대한 이해는 지금 부동산시장에도 무리 없이 적용할 수 있다. 서울의 전세가율이 높아지고 있으나 매매가격이 움직이지 않는 것은 매매가격 상승의 기대감이 사라져 전세 수요만 남아 있기 때문일 것이다. 따라서 전세 수요가 많은 지역이나 시기에 전세 끼고 아파트를 매입하는 것은 은행 등 금융회사들만 배 불려주는 엉뚱한 투자 전략이 될 수 있다. 저금리임에도 대출이자를 빨리 내리지 않는 금융회사만 욕하기보다 합리적인 투자 전략으로 무장하는 것이 낫지 않을까 싶다.

전세제도의 문제점

전세는 우리나라만의 독특한 주택 임대차 관행이다. 개인 또는 기업이 금융기관에서 자금을 차입하는 것과 같은 이치로, 주택 소유자가 주택 임대차를 매개로 하여 전세 세입자로부터 돈을 빌려 집을 구입하고 대신 지불이자만큼의 월세를 상쇄해주는 방식이다. 따라서 전세제도는 근본적으로 제도권 금융이 제 기능을 다하지 못해 생성된 사금융제도의 일종이라고도 볼 수 있다.

이러한 전세제도로 탄생한 전세금은 두 가지의 복합적인 성향을 가진다. 자산이면서 또한 부채로서의 성격이다. 부동산경기가 호황일 때 전세금은 자산으로서의 성향이 두드러진다. 집을 구입하여 전세를 놓고 이를 활용하여 다시 주택을 매입하는, 기업의 순환 출자와 유사한 방식으로 연쇄적 주택 매입을 가능케 한다. 따라서 부동산경기가 호황일 때는 전세제도로 말미암아 주택가격 상승이 더욱 증폭되는 효과가 나타난다.

반대로 부동산경기가 불황일 때 전세금은 부채로서의 성향을 보인다. 계약기간이 만료되어 세입자가 이사를 희망할 때 집주인은 전세금을 먼저 반환하기보다는 새 세입자로부터 전세보증금을 확보하여 전달하는

게 보통이다. 그런데 전세가 빠지지 않거나 전세가격이 하락하면 세입자의 주거이동이 연쇄적으로 제약을 받아 전세분쟁이 급증하게 된다. 이른바 역전세난이 발생하는 것이다. 전세금이 가지는 부채로서의 성향 때문이다.

전세시장은 매매시장에 가격과 수요 측면에서 영향을 미친다. 가격 측면을 이야기할 때 그래인저 인과관계를 자주 인용하는데, 사실 전세에서는 이 관계의 중요성이 떨어지고 있다. 예를 들어 2010년 울산광역시는 전세가율이 70%에 달하여 당시 40%도 되지 않던 서울 강남에 비해 2배 가까이 높았다. 하지만 이를 부동산가격 상승의 전단계라 생각하진 않았다. 2015년 말 현재, 전국 대부분 도시에서 전세가율이 70%대 수준을 보인다는 점도 마찬가지 관점에서 해석해야 한다(표 26). 전세가 비율의 격차를 설명하기 위해 가격보다 수요를 중시해야 하는 이유가 이것이다.

전세 수요와 매매 수요 간에는 상당한 상관관계가 존재하는데, 최근 둘 사이의 장벽이 많이 얇아지고 있다. 즉 전세 수요가 언제든지 매매 수요로 이전할 수 있는 잠재 수요에 가깝게 변해 있다. 2006년 집값 상승은 이러한 전세 수요가 시장의 충격 탓에 매매 수요로 급속히 이전됐기 때문이라는 진단이 힘을 얻고 있으며, 2015년 현재 집값 상승 또한 일정 부분 전세난으로 인해 발생하고 있다. 수요가 많은 전세가격을 내리지 않

표 26 ＿ 지역별 전세가율 (단위: %)

구분	전국	서울	경기	부산	대구	인천	광주	대전	울산
전세가율	73.4	70.8	74.6	71.9	75.4	72.3	79.7	73.1	70.3

* 한국감정원(2015년 말)

으면서 계속해서 매매가격만 올리려는 시도는 이러한 전세난에 따른 횡포라 할 수 있다.

전세제도는 마케팅적으로 부정적인 영향을 미친다. 전세시장은 거래 당사자가 확정되기까지는 공개 거래의 시장이라고 볼 수 있다. 그러나 일단 계약이 확정되면 일정 기간(2년) 계약관계가 존속하도록 법적으로 보장되어 있기 때문에 폐쇄시장에 속한다. 폐쇄시장은 거래당사자의 참가가 자연성을 가지느냐 아니냐에 의해 분류되는데, 경쟁시장에 비해 거래에 미치는 수요자의 영향력이 떨어진다. 현재 선금을 내고 집도 안 보고 전셋집을 계약하는 사례가 증가하고 있는데, 이 역시 전세제도의 폐쇄성 때문이다.

이러한 계약이 계속되면 경제의 합리성을 추구하기 어려워지는 경우가 많아 거래에 부정적인 영향을 미칠 가능성이 커진다. 전세난이 계속 발생하는 이유도 이러한 전세제도의 특성 때문이지 않을까 싶다.

20

우리는 아파트 공화국에
살고 있다

"대한민국은 아파트 공화국이다."

프랑스의 지리학자 '발레리 줄레조(Valerie Gelezeau)'의 말이다.[36] 이

는 그녀의 박사 논문을 축약한 말인데 동일한 제목으로 한국에서 책

으로 발간됐다. 읽어보면 한 권의 논문을 읽는 느낌이다. 저자는 프

랑스에서는 이미 실패한 주택구조인 아파트에 한국인들이 왜 그렇

게 열광하는지 의아해서 박사 논문 주제를 한국의 아파트로 정했다

고 한다.

최초의 단지 개념 아파트인 마포아파트가 완공되고 50여 년, 강남

개발이 본격적으로 시작된 이후 30여 년 만에 아파트는 한국의 대표

적인 주거문화가 됐다. '2010 인구주택총조사' 주택 부문 전수집계

결과에 따르면 주택 유형별 비중에서 아파트는 1980년부터 2000년

까지 5년 단위로 각각 7.0%, 13.5%, 22.7%, 37.5%, 47.7%로 상승했다. 이어서 2005년 53.0%로 50% 선을 처음으로 넘어섰고 2010년에는 59.0%로까지 늘어났다. 시·도별로는 광주광역시의 아파트 비중이 가장 높다. 무려 76.5%다. 일단 양적으로는 아파트 공화국이라 할 만하다.

아파트가 가지는 우리 주거문화의 문제점을 이야기하고 싶지는 않다. 필자도 주택을 연구하는 사람이지만, 아파트가 안고 있는 사회학적인 문제는 다른 많은 학자들이 여러 연구와 고민을 할 것으로 생각한다. 그 결과물들도 시중에 많이 나와 있는 것으로 보인다. 하지만 대부분의 주거 형태가 아파트인 경우 향후 자산가치 측면에서 어떤 영향이 있을까 하는 점에 대해서는 본격적으로 연구하는 학자가 많지 않은 것 같다. 어떻게 보면 가장 중요한 일이고 일반인이 가장 관심을 가지는 주제인데 말이다.

동질적인 상품, 집중된 건설, 중대형 위주의 단점

아파트가 압도적인 주거 형태로 정착되면 장점도 있지만 단점도 있다. 먼저 단점부터 살펴보자. 첫 번째로 주택 유형이 동질적인 탓에 주택가격의 변동성이 더 커질 수 있다는 점이다. 아파트는 가격을 알기가 쉽다. 우리 집 가격을 알면 옆집 가격도 쉽게 알 수 있고, 건너

아파트는 우리나라 국민 절반 이상이 살고 있는 주거 형태다.

편 단지 또한 큰 차이가 없으리라 볼 수 있다. 단독주택이 주거 형태의 대부분인 외국은 개별 주택의 가치평가가 쉽지 않아 가격 변화가 그리 빨리 반영되지 않지만, 우리는 동질적인 상품이므로 아주 쉽게 반영된다. 아파트라는 주거 형태는 방향(하락인가 상승인가)을 결정하지는 않지만 진폭(몇 퍼센트인가)에는 큰 영향을 미친다. 오르면 더 크게 오르고 떨어지면 더 크게 떨어질 수 있다.

두 번째 단점은 지어진 연도가 20~30년이라는 기간에 집중되어 있어 노후화에 따른 재건축, 리모델링 등의 필요성이 집중될 수 있다는 점이다. 어쩌면 우리 아파트의 가장 큰 문제점이라 할 수 있다. 특정 기간에 집중적으로 건설되었기에 재건축과 리모델링사업이 한꺼번에 몰리면 시장에서 어떤 반응을 나타낼지 사실 정확히 알 수가 없다. 이주 수요 등 신규 수요도 발생할 수 있겠지만, 오래된 아파트에 대한 선호가 떨어지고 재건축과 리모델링사업이 지지부진하면 현재와 같이 재건축사업 이슈에 따른 아파트가격 강세가 나타나지 않을 가능성 또한 있다. 10년 이내에 닥칠 상황이므로 시장의 반응을 유심히 살펴야 하는 이슈다.

세 번째는 기존의 아파트가 전용면적 85㎡ 이상의 중대형 위주로 되어 있기 때문에 앞으로의 인구구조나 가구원 수를 정확하게 반영하지 못한다는 것이다. 따라서 수요와 공급의 불일치가 지속될 가능성이 크다. 사실 아파트는 외국에서는 거쳐 가는 일시적인 주거인 경우가 많기 때문에 대형 아파트를 많이 짓지 않는다. 일본 도쿄에서도 구 50평형대 이상의 아파트를 찾기가 쉽지 않다. 하지만 우리는 대부분 아파트가 고급 주거 형태로서 대형 아파트가 높은 비중을 차지한다. 정확한 통계는 아니지만 100㎡ 이상의 아파트가 전체 아파트에서 차지하는 비중이 51.6%에 이른다. 분양하는 아파트에서 59㎡ 이하의 아파트는 여전히 비중이 작다. 아파트를 너무 작게 지어 분양하면, 앞서 예로 든 것처럼 대형차 1대보다 소형차 10대를 파는 것과 같이 사업성이 떨어지기 때문이다. 앞으로 규모 측면에서 나타나는 수급 불일치는 아파트의 대안을 고민하게 하는 가장 큰 요인이 될 것이다.

표 27 __ 규모별 아파트 비중

(단위: 세대, %)

구분	66㎡ 미만	66~99㎡ 미만	99~132㎡ 미만	132~165㎡ 미만	165~198㎡ 미만	198㎡ 이상	합계
세대	1,227,426	3,174,063	3,517,911	811,971	254,534	101,685	9,087,590
비중	13.5	34.9	38.7	8.9	2.8	1.1	100.0

* 부동산114

🏢 아파트가 가지는
네 가지 대표적인 장점

앞에서 이야기한 단점과 함께 아파트 공화국이 가지는 장점도 있다. 필자가 단점보다 더 주목하는 이유다. 아파트가 가지는 장점이 많다면 인구구조 변화에 의해 주택가격이 하락할 때 우리는 외국과 다른 궤적을 그릴 것이라는 기대다.

첫째, 아파트는 단독주택과 달리 원가가 많이 소요되는 상품이라는 점이다. 전체 비용에서 건축비가 차지하는 비중이 크다는 말이다. 세대당 대지지분이 적기 때문에 땅값은 얼마 되지 않는 데 반해 전체 비용에서 건축비가 많은 비중을 차지한다. 전체 비용에서 땅값이 30% 내외를 차지할 뿐이니 대부분이 건축비와 부대비용이라고 보면 된다. 이는 곧 원가가 높아 가격 하락의 하방경직성이 존재할 수 있다는 의미가 된다. 부동산(토지)가격이 아무리 떨어지더라도, 다시 짓는다면 70%에 해당하는 원가는 그대로이거나 아니면 더 늘어날 수 있다는 얘기다. 단독주택과는 확연히 다른 특성이다. 부동산시장의 가격 하락이 본격화되더라도 땅값이 전체에서 많은 비중을 차지하는 단독주택과는 다른 가격 하락 추이를 보일 것이라고 기대할 수 있다.

실제로 일본에서도 자산 버블이 왔을 때 땅값이 가장 많이 떨어졌고, 그다음이 주택이었다. 우리의 아파트와 유사한 맨션은 가장 적게 떨어졌고, 지금은 고점을 가장 빨리 회복한 것으로 나타났다. 이러한 외국 사례를 고려하면 아파트가 가지는 문제점과 함께 자산가치 측면에서 유리한 점도 있음을 알 수 있다. 물론 이러한 예측의 기저에는 아파트라는 상품이 계속하여 공학적 발전을 해나간다는 점이 전제되어야 한다. 예컨대 일본에서 맨션이 인기가 있는 가장 큰 이유 중 하나는 지진에 대비한 내진 설계라고 한다.

둘째, 아파트는 계속해서 진화한다는 점이다. 지금의 아파트와 30년 전 지은 아파트는 엄청나게 차이가 난다. 철골조냐 철근콘크리트조냐 등 복잡한 공학적 상식을 제외하더라도 30년 전의 아파트에 비해 지금의 아파트가 훨씬 더 잘 지어졌다는 데는 이론의 여지가 없다. 최근 신규 아파트에 대한 인기가 높고, 분양시장이 호황인 이유는 이러한 공법상의 차이 때문이기도 하다. 이에 비해 단독주택은 사실상 건축기법의 발전에 발맞추기가 어렵다. 30년 전의 단독주택과 지금의 단독주택을 비교해보면 아파트만큼 엄청난 차이가 나지 않는데, 바로 이 때문이다. 단독주택이 주요 주택 유형인 외국에서는 새로운 주택에 대한 수요가 그리 많지 않다. 그냥 고쳐 써도 문제가 없을뿐더러 주택가치에도 큰 영향을 미치지 않는다. 하지만 아파트는 다르다. 고쳐 쓰는 것에도 한계가 있고, 눈부시게 발전하는 새로운 건축기법이 적용되다 보니 신규 아파트가 공간구조 면에서 탁월할 수밖에 없다.

이러한 상황에서는 신규 주택에 대한 대체 수요가 꾸준히 존재한다. 기존의 아파트와 불편한 기타 주택 등에서 새로운 아파트로 갈아타려는 수요가 늘 존재하므로 금융위기 같은 예상치 못한 충격만 없다면 아파트 분양시장의 호황은 계속될 가능성이 크다. 분양시장의 호황이 전체 아파트시장을 이끌면서 부동산시장의 장기 침체를 막는 든든한 지원군 역할을 할 것이다.

셋째, 우리나라의 아파트는 도심의 좁은 면적에 많은 수의 세대가 건설되어 있다는 점이다. 일본을 보면 우리처럼 대단지 아파트를 통해 신도시를 건설할 때도 인구밀도와 용적률을 낮게 적용했다. 일본의 대표적인 신도시인 다마뉴타운은 인구밀도가 90~100/ha로 우리나라 분당 신도시의 170~190/ha에 비해 절반 수준에 불과하다. 특히 구릉지 등 기존의 자연환경을 유지하면서 신도시를 건설했다.

이렇게 건설된 일본의 신도시들은 쾌적한 생활환경을 제공하지만, 반면에 고령화에 따른 직격탄을 벗어나기 어려웠다. 우리에 비해 너무 넓고, 멀며, 경사가 심한 생활환경은 노인들에게는 불편 그 자체였다. 일본 신도시의 몰락은 노인 인구의 급증과 함께 신도시 개발 방식의 차이로 인한 요인도 크게 작용했다. 아주 작은 면적에 대규모의 세대를 입주시키는 우리의 개발 방식은 외국에서 보기에 아파트 공화국이라 여겨질 수는 있으나, 고령화 시대에도 콤팩트한 주거생

표 28 __ 다마뉴타운과 분당 신도시의 비교

구분	일본 다마뉴타운	한국 분당 신도시
개요	• 면적: 2,884ha • 계획인구: 34만 명 • 위치: 도쿄 중심으로부터 30km	• 면적: 1,964ha • 계획인구: 39만 명 • 위치: 서울 중심으로부터 25km
개발기간	• 구상 및 계획: 1965년 • 사업 시작: 1965년 • 최초 입주: 1971년 • 사업 종료: 2006년(UR)	• 구상 및 계획: 1989년 • 사업 시작: 1989년 • 최초 입주: 1991년 • 사업 종료: 1996년
개발방식	신주택시가지개발사업(공동주택공급지역) 및 토지구획정리사업	택지개발사업

활을 영위할 수 있는 압축도시(compact city)에 더 가깝다는 장점이 있다. 앞으로는 고령화가 부동산시장의 가장 큰 충격요인으로 작용할 터인데, 우리나라와 같은 고밀도 도시개발 방식이 이를 안정적으로 흡수하는 대안이 될 것으로 본다.

사실, 이러한 압축도시에 반대되는 개념은 일본보다는 미국의 확산도시(dispersed city)에서 확인할 수 있다. 20세기 초 처음으로 도심에서 도심 밖으로 이주가 일어났을 때, 사람들은 도심에 집중돼 있던 시설이 교외지역 → 준교외지역(exurb) → 교외도시(edge city)로 넓게 흩어져나감에 따라 이러한 교외지역을 '스프롤(sprawl)' 또는 '확산도시'라고 불렀다.[37] 이러한 확산도시는 역사적으로도 특이한 주거공간이다. 역사상 어느 도시와 비교해도 1인당 거주공간이 넓고, 건설 및 유지비용이 높다. 심지어 교외지역이 더 많은 오염물질과 온실가스를 배출한다. 고령화 시대에는 별로 적합하지 않은 구조다.

네 번째는 수급 조절에 유리하다는 점이다. 가능할지 모르겠지만, 향후 부동산시장의 침체 가능성이 대두될 경우 아파트 단지의 인허가나 착공 시기를 조정하면 물량폭탄의 부담을 상당 부분 덜어낼 수 있다. 실제로 부동산경기가 호황일 때 서울 등 수도권에서 이런 정책을 단계적으로 사용한 적이 있다. 대규모 택지개발을 2017년까지 중단한 정부의 정책이 대표적인 사례다. 우리의 개발사업 방식에 따르면 정부의 대규모 택지 공급이 없으면 공급은 급감할 수밖에 없다. 나아가 낡은 노후 아파트는 재건축이 아니라 철거를 통해 여타 노인복지시설로 변화시킬 수 있다는 점 또한 장점이다. 물론 이는 공공에서 보유한 임대주택일 때 가능한 일이지만, 주택 수를 줄이는 데 현실적인 대안이 될 수 있다.

📱 장기적으로 수급 조절에도 용이한 아파트

우리나라의 한국토지주택공사(LH)와 유사한 조직으로 일본에는 UR(도시재생기구)이 있다. 이들이 관리하는 노후 아파트 중 일정 세대나 동은 철거를 통해 공원이나 노인복지시설로 변경한다고 한다. 왜냐하면 일본은 이미 주택 공급이 많아 빈집(공가) 등의 문제가 심각하기 때문이다. 2013년 기준으로 일본 내의 빈집은 약 820만 호로, 총 6,063만 호의 13.5%에 이른다. 2010년 기준으로 우리나라의 빈집 비중이 5.4%이니 거의 3배 수준이다. 이런 주택 수급 상황에서는 기존의 노후 아파트를 재건축해서 공급해도 들어와 살 사람을 찾기가 어렵기 때문에 고령화 시대에 맞는 시설로 바꾸는 것이 더 바람직하다는 것이다. 얼마 되지는 않지만 우리나라 공공임대주택의 향후 사업 방향에 참고가 될 수 있다. 아파트 공화국은 단점만 있는 것은 아니다. 잘 살펴보면 장점도 꽤 있다. 현재 우리와 같은 주거 형태와 유형을 가진 나라는 거의 없다. 따라서 아파트 공화국이 앞으로 어떻게 변화되어갈 것인가는 우리가 고민해야 하는 사항이다. 우리와는 판이한 주거 형태를 가진 선진국의 몇몇 사례를 그대로 적용하는 우를 범해서는 안 된다.

주택 수요의 다양성

부동산시장의 수요는 세 부문으로 나누어 살펴봐야 한다. 첫째는 수요의 양이다. 수요의 양은 인구가 몇 명인지와 같이 수요의 양적인 면을 일컫는다. 수요를 정확히 살펴보기 위해서는 스톡 개념의 인구와 함께 지역별 인구 유출입 현황을 점검해야 한다. 시·도 간 인구 이동을 보면 서울, 부산, 대구 등 대도시에서 유출 인구가 많이 나타나고 있으나 경기도가 다른 시·도의 유출 인구를 대부분 흡수하고 있음을 알 수 있다. 인구의 유입은 부동산 수요가 늘어난다는 의미라고 할 수 있다.

이러한 인구 유출입 현황과 함께 두 번째로는 수요의 질인 지역의 소득 수준을 살펴봐야 한다. 물론 최근의 연구에 의하면 수요의 양인 인구와 수요의 질인 소득 간에도 상관관계가 있다[38]고 하지만, 수요의 질인 소득 수준을 살펴보는 것이 부동산 수요를 더욱 정확하게 파악하는 데 필수적이다. 동일한 인구를 보유했지만 인구의 소득 수준에 따라 수요가 달라지는 경우를 자주 목격할 수 있다. 수요의 질인 소득 수준을 나타내는 대표적인 지표로는 1인당 지역내총생산(Gross Regional Domestic Product:

GRDP)을 들 수 있다. 지역내총생산은 시·도 단위별 생산, 소비, 물가 등 기초 통계를 바탕으로 추계한 해당 지역의 부가가치로서 시·도 단위의 종합경제지표를 말한다. 통계청의 2005년 잠정 추계치로 1인당 지역내 총생산을 살펴보면, 전국을 100으로 보았을 때 울산이 가장 높은 218.2 이며 대구는 62.6으로 나타났다. 이를 단순히 해석하면 울산이 대구에 비해 수요의 질이 3배 정도 높다고 이해할 수도 있다.[39] 물론 이는 인구 의 양에 의해 다시 적절히 보정되어야 할 것이다.

수요의 양 및 질적 요인과 함께 세 번째로 계층별 인구구조의 변화를 살펴봐야 한다. 급격한 고령화와 베이비부머[40]들의 움직임은 수요의 양 및 질적 요인들과는 또 다른 측면에서 부동산가격에 영향을 미친다. 참 고로, 우리나라의 베이비부머는 1955년부터 1963년 사이에 태어난 이 들을 가리킨다. 2000년대 초 국내 부동산시장의 강한 상승세는 저금리 등 다양한 요인에서 찾을 수 있으나 인구구조의 변화, 즉 국내의 베이 비부머들이 경제적으로 주도적인 계층이 되었다는 데서도 찾을 수 있 다. 베이비부머들은 2000년대에 40~50대에 이르렀으며 자녀 수가 많 은 연령층이다. 이들은 대형 고급 주택에 대한 수요를 나타냈고 중소형 에서 대형 주택으로 이동하는 경향을 보였다. 이에 반해 시장 진입 세 대라고 할 수 있는 15세에서 35세까지의 연령대는 계속해서 감소하여 중소형 주택에 대한 수요 역시 감소할 수밖에 없었다. 이렇게 계층별 인구구조는 부동산시장의 수요, 특히 부동산 상품의 규모별로 세분화 된 수요를 파악하는 데에도 상당한 도움이 된다. 부동산 상품을 기획하 고 생산하는 과정이 장기임을 고려한다면 미래의 계층별 인구구조 추이를 살펴보는 것도 현재의 계층별 인구구조를 살펴보는 것만큼 중요한 일이다.

지금까지 언급한 수요의 세 가지 유형은 주로 내부 수요를 일컫는다. 내부 수요란 지역 내의 수요로서 지역이 가지는 특성에 의해 규정되고 형성된다. 따라서 내부 수요는 상당한 한계를 가진다. 내부 수요의 활성화 못지않게 중요한 변수가 외부 수요의 확대다. 지역경제에 대한 다수의 연구에서도 지역 성장의 영향 관계를 수요 측면에서 파악함으로써 지역 외부 수요가 지역의 성장에 미치는 영향이 두드러짐을 증명하고 있다. 글로벌 경제하에서는 이처럼 외부 수요가 지역경제와 부동산시장에 미치는 영향이 더욱 중요해지고 있다.

수요 요인이 갈수록 줄어들고 있는 지방 부동산시장에서는 많은 한계를 가진 내부 수요에만 기대어 상황을 반전시키기에는 어려움이 따른다. 수도권이든 어디든, 좋은 수요 요인을 보유한 타 지역의 수요를 적극적으로 흡수하고 확대시키려는 노력이 필요하다. 이런 측면에서 수도권보다도 지방 부동산시장에서 외부 수요가 더욱 중요한 변수로 떠오르고 있다.

2015년 서울 거주자의 지방 주택투자는 울산(1,791건→335건)은 급격히 줄어든 반면 경남(846건→1,602건)은 급격히 늘어났다. 이는 국토교통부에서 제공하는 주택매입자의 거주지 분석을 통해 알 수 있다. 외부 수요 중 가장 중요하게 인식하는 서울 거주자의 변화는 지역 부동산시장의 미래를 점쳐보는 데 중요한 시사점을 제공한다.

외부 수요를 언급할 때 국내에만 한정되는 경향도 탈피할 필요가 있다. 지역별로 외부 수요를 국내로만 한정한다면 '제 살 깎아 먹기' 식의 경쟁이 초래될 수밖에 없다. 인구의 증가세가 갈수록 낮아지는 상황에서는 특정 지역의 수요 증가가 반드시 또 다른 지역의 수요 감소를 유발하기 때문이다. 그렇게 되면 궁극적으로는 '지방 소멸'로 갈 수 있다.[41] 시각을 넓혀 해외 부동산 수요를 흡수한다면 지역 부동산시장의 발전과 함께 국내 경제 발전에도 한몫을 할 수 있을 것이다.

V

개발을 알면
아파트가 보인다

어디로 가고 있는지 모른다면 어디서든 끝내도 좋다.
– 케이시 스탠겔(Casey Stengel)

아파트의 가격을 결정하는
향과 층

풍수지리에서는 주거용 부동산을 선택하는 데 세 가지 중요한 법칙이 있다고 한다. 배산임수(背山臨水), 전저후고(前低後高), 전착후관(前窄後寬)이 그것이다. 먼저, 배산임수는 산을 뒤로하고 하천을 향하라는 뜻이다. 전저후고는 내당의 주 건물이 높게 안치되고, 거기에 따른 부속건물과 정원 및 도로는 주 건물보다 낮아야 함을 의미한다. 마지막으로 전착후관이란 사람이 출입하는 입구는 좁게, 그러나 내부는 너그럽고 안정감 있게 배치하는 방법이다.

이제는 대부분 아파트에 거주하니 이런 풍수를 따지기도 뭐하지만 이 세 가지 중요한 법칙을 차근차근 살펴보면 햇볕과 공기에 관한 이야기를 하고 있음을 알 수 있다. 즉, 햇볕이 잘 들고 공기의 흐름이 좋은 곳이 어디인지를 설명해준다. 햇볕을 잘 받고 공기가 좋다는 조건은 아파트 매매가격에도 영향을 미친다. 따라서 햇볕과 공기의 흐름에 영향을 미치는 향과 층이 자연스럽게 아파트 매매가격을 좌우하게 된다.

향과 층은 얼마나 중요할까

예전에 아파트를 분양할 때는 향과 층을 그리 중요하게 여기지 않았다. 기준층이라는 말로 대부분의 분양가를 동일하게 책정했다. 하지만 분양가와는 달리 기존 아파트는 향과 층에 따라 매매가가 조금씩 다르게 결정됐다. 그러다가 분양시장의 호황이 지속되고 분양가 책정이 자율화되면서 분양가 또한 향과 층에 따라 다르게 책정하기 시작했다. 2000년대 들어와서의 일이다. 기존 아파트의 매매가가 다르게 움직였으니 분양가를 다르게 책정하는 것은 어쩌면 당연한 일이다. 이렇게 분양가 책정이 향과 층에 따라 달라지면서 소비자들이 알아야 할 몇 가지 내용이 추가됐다.

개별 아파트에 분양가를 달리 책정하게 된 배경에는 탑상형 아파트의 증가가 있다. 사실 과거의 아파트는 판상형이 대부분이며 남향이 압도적이었다. 판상형 아파트는 거의 모든 아파트가 같은 향을 가지는데, 동이나 서로 향을 내면 동 전체가 분양에 애를 먹을 것이다. 그래서 대부분이 남향이 됐고, 향에 따른 가격 차이가 거의 없었다.

예전에는 지금과 같은 고층 아파트도 드물었으니 층에 따른 가격 차이 또한 심하지 않았다. 특히 조망에 대한 인식이 현재처럼 높지 않아 오히려 꼭대기 층 아파트의 분양가가 기준층 분양가에 비해 낮기도 했다. 과거에는 로열층〉준로열층(상층부, 하층부)〉비로열층(최고층, 최저층)이던 것이 최근에 와서야 최상층〉상층부〉로열층〉하층부〉최저층의 순으로 선호도가 바뀌었다.[42]

하지만 탑상형 아파트가 등장하면서 완전한 남향 아파트가 사라지고, 남동·남서·동향 등 다양한 향을 가진 아파트가 늘어나면서 향에 따른 가격 차별화가 본격화됐다. 여기에 30층을 훌쩍 넘는 아파트도 생겨났고, 조망에 대한 사회적 인식이 높아지면서 층에 따른 가격 차이도 커졌다. 그러자 동일 단지에서 같은 면적일지라도 가격이 몇억 원씩 차이 나는 경우까지 발생하게 됐다. 최근 서울 마포 지역에서 총 2개 동 198세대가 입주한 37층짜리 주상복합 아파트는 한강 조망이 가능하다는 점에 의해 저층과 고층의 가격 차이가 몇억 원에 이르렀다.

같은 단지에서도 매매가격에 차이가 나는 시대

부동산학의 감정평가론에서는 '층별 효용'이란 말이 나온다. 해당 부동산의 높이에 따른 차이로 그 소유자나 사용자가 느끼는 만족의

같은 아파트에서도 향과 층에 따라 가격이 달라진다.

정도라는 의미다. 이러한 층별 효용은 향별 효용과 함께 살펴야 하는데, 층별 효용은 수직적 가치 차이이고 향별 효용은 수평적 가치 차이이기 때문이다. 향별 효용은 주로 조망 및 일조와 관련하여 가격에 영향을 미치는 데 비해, 층별 효용이 영향을 미치는 바는 다양하다. 일조, 채광, 조망, 개방감과 함께 소음, 프라이버시 등 환경 조건 또한 차이를 보인다. 따라서 이 두 가지가 모두 합쳐졌을 때 가격의 차이가 제대로 반영된다.

특히 층이나 향에 따라 아파트가격을 다르게 책정하는 것이 기준층 등으로 단순하게 책정하는 것보다는 마케팅에 유리하다. 이를 마케팅에서는 '가격 차별화'라고 한다. 즉 주택사업자가 비용에 따른 차이와는 무관하게 두 가지 혹은 그 이상으로 가격을 책정하여 상품이나 서비스를 판매하는 것을 이야기한다. 다양한 가격 차별화 기법을 활용하면 고객을 최대한 끌어모을 수 있으며 수입도 극대화된다. 고객을 세분화하여 세분 고객별로 지불 능력과 지불 의지 그리고 선호도에 따라 각기 다른 가격을 지불할 수 있도록 유도하면, 판매도 증가할뿐더러 매출도 극대화된다. 주택경기가 호황일 때 주택사업자들이 층이나 향별로 분양가를 다르게 책정한 것도 이러한 마케팅적 이유가 크다.

인간이 외부 세계를 인식하여 환경에 능동적으로 대처할 수 있는 것은 감각기관이 제공하는 정보 덕분이다. 이러한 정보는 청각이 20%를 받아들이며 촉각이 15%, 미각이 3%, 후각이 2%를 담당한다고 한다. 그리고 나머지 60%를 맡는 게 시각이다. 이렇듯 시각은 인간이 살아가는 데 절대적인 비중을 차지한다. 이런 이유로 일조, 채광, 조망 등의 가치가 부동산가격에 적극적으로 반영될 수 있는 것이다.[43]

▥ 층과 향은
독점에 따른 가치다

필자는 개인적으로 이런 조망의 가치를 그리 높게 보지 않는다. 필자가 신혼을 보낸 곳이 한강을 내려다볼 수 있는, 서울에서도 몇 번째에 꼽히는 조망권을 가진 아파트였다. 최근까지도 산과 도시 전경 등 조망을 중요시하여 아파트를 옮겨 다녔지만, 사실 그 효용은 몇 달 정도면 다했던 것으로 생각된다. 하지만 조망과 일조, 채광에 대한 향유를 '독점'이라는 관점에서 이해하면 그 가치가 다르게 느껴질 수 있다.

필자는 층과 향을 독점에 따른 혜택이며 가치라고 생각한다. 독점이란 어떤 상품이 시장에서 공급자(수요자)의 수가 극히 적어, 공급량(수요량)의 증감으로 시장가격을 좌우할 수 있는 시장 형태를 말한다. 일반적으로 독점이라고 하면 현대의 자유경쟁사회에서는 존재할 수 없는, 또는 존재해서는 안 되는 불법 행위로 생각한다. 그러나 실제로 우리 주변의 일류 기업들은 독점 기술을 이용하여 남보다 좋은 자리를 잡고, 항상 한발 앞서나간다.[44]

미국의 유명한 투자 전략가들의 핵심 투자 전략에는 독점 또는 이와 유사한 기업에만 투자한다는 원칙이 있다고 한다. 그만큼 독점기업은 매력적인 투자 대상이 된다. 이는 독점기업이 수익성을 지속적으로 확보할 수 있다는 측면과 함께 급격한 경제 변화에도 큰 영향을 받지 않는 핵심 경쟁력을 보유하고 있다는 말일 것이다.

부동산은 원래 독점의 영역으로 인식된다. 토지가 필요하다면, 이를 늘릴 방법이 없으므로 매수하는 것 이외에는 방법이 없다. 따라서 보유하고 있다는 것만으로도 독점의 혜택을 누리게 된다. 이렇게 부동산에서의 독점이란 '이익을 남길 수 있을 만큼 충분한 기간 동안 소유할 만한 공간을 지배하는 것'이라고 정의할 수 있다.

부동산시장에서 이러한 독점의 중요성이 과거보다 상대적으로 중요시되는 이유는 최근 부동산 수요의 변화 방향과 폭이 커지고 있기 때문이다. 고속 성장을 유지해온 과거에는 부동산시장에서 '확장 가능성'과 '지역 수요'가 중요시됐다. 즉 대상 지역의 추가 개발 가능성이 얼마나 크고, 이에 따라 지역 인구가 얼마나 늘어날 것인가가 투자판단의 근거였다. 하지만 저성장 시대와 인구구조의 변화로 이러한 기조는 사라지고 있다. 이제는 '지역 독점성'과 '외부 수요'가 부동산 투자판단의 큰 흐름이 되고 있다. 특히 재건축·재개발과 같은 정비사업이 본격적으로 활성화되면 '지역 독점성이 강화되는 지역인가'와 '외부로부터 유입되는 수요가 많은가'가 더욱 중요해질 것으로 예상된다.

이러한 수요 변화에 대응하기 위해서는 수요가 유출되지 않는 지역에 투자를 집중해야 한다. 소위 '항아리 상권'이라고 불리는, 들어오기도 쉽지 않지만 빠져나가기는 더욱 힘든 지역을 선점하는 전략이 필요하다. 이러한 지역에서는 외부 수요의 유입을 활성화하면 수요가 안정적으로 뒷받침되면서 지역 독점성을 더욱 강화할 수 있다. 특히 토지의 한정된 재고로 인한 초과 수요는 자연스럽게 그 지역의 부동산가격을 끌어올리게 된다.

수도권에서 이러한 지역 독점성이 유지되는 지역으로는 대표적인 항아리 상권인 목동, 그리고 한강 때문에 더 뻗어 나갈 수 없어 물리적인 독점이 유지되는 용산과 강남 등을 들 수 있다. 이러한 지역은 경제 상황의 변화와 관계없이 상당 기간 독점을 유지할 가능성이 크다. 하지만 강남에서도 서울을 벗어나 경기 남부에 가까워질수록 지역 독점성을 유지하기 어렵다. 즉 확장 가능성이 무궁무진하다는 뜻이다. 그러므로 독점에 근거한 투자 기준에 따르면 이 지역은 장기적으로 매력적인 투자 대상은 아니다. 오히려 군사보호구역에 따른 규제만 없다면 경기 북부 지역이 독점성 면에서는 투자가치가 높다고 볼 수 있다. 다만, 외부 수요의 유입을 이끌 수 있도록 수요의 선호도를 반영한 기반시설과 여건이 전제되어야 할 것이다. 유명한 부동산 투자 전략가인 트럼프는 자신의 저서에서 투자 대상으로 맨해튼을 주로 고집하는데, 그 이유가 확장 불가능성 때문이라고 한다. 국내 부동산 투자가들도 새겨들어야 할 대목이 아닌가 싶다.

특히나 이러한 독점은 궁극적으로 주거용 부동산보다는 상업용 부동산에 더 적절한 투자판단 기준이 될 것이다. 상당한 면적에 동질적인 상품으로 구성되며 호별 가격 차이가 높지 않은 주거용 부동산보다는 몇 안 되는 필지를 독점하며 호별, 층별, 규모별, 업종별 가격 차이가 엄청난 상업용 부동산이 독점의 혜택을 더 많이 누릴 것으로 판단된다.

부동산 수요가 줄어드는 상황에서 이제는 '독점의 기술'을 습득해야 하지 않을까. 바다로 둘러싸인 해운대를 보면서 천혜의 독점이 보장되는 이 지역이 왜 영남권 부동산시장의 가격 상승을 이끄는지도 새삼 이해하게 된다.

향유의 가치를 생각하자

독점에 치중해 이야기하다 보니 너무 멀리 간 것 같다. 층과 향의 문제로 다시 돌아오자. 층과 향이 진정한 가치를 가지는 곳은 독점의 영향력이 큰 곳이라고 정의할 수 있다. 따라서 조망권의 가치가 큰 하천, 바다, 산 같은 곳에서 좋은 층과 향을 가지고 있다면 이는 분명히 아파트가격에 크나큰 영향을 미칠 것이다. 하지만 독점력이 그리 크지 않은 곳이라면 이러한 일조, 조망, 채광 등의 가치가 그리 높게 형성되기는 어렵다고 본다. 따라서 층과 향에 투자할 때는 해당 아파트가 얼마만큼의 독점력을 가졌는지를 먼저 평가해봐야 할 것이다.

독점력이 크지 않은 곳이라면 개별 아파트가 보유한 층과 향의 가치도 중요하지만, 실제로 거래되는 아파트의 가격을 추적해보면 오히려 당시 부동산경기에 더 큰 영향을 받는 것으로 나타난다. 특히 주변 건물의 배치로 인해 층과 향이 조금이라도 영향을 받을 수 있다면, 부동산경기의 변동에 더 크게 좌우될 수 있음을 염두에 둬야 한다.

여기에 한 가지만 더 이야기하고 싶다. 조망 및 향에 대한 독점과 함께 최근에는 웰빙과 힐링의 라이프스타일이 일반화되면서 향유, 즉 직접 누리는 것에 대한 니즈도 아파트의 가격을 좌우한다는 것이다. 조망은 뛰어나지만 조망의 대상이 되는 하천이나 바다 그리고 산에 대한 접근성이 떨어지면 아파트가격에 미치는 영향력이 줄어들 수 있다. 서울에는 강서지구부터 광나루지구까지 총 12개의 한강공원이 있다. 이들 한강공원을 도보로 쉽게 이용할 수 있는 아파트가 있는 반면, 그렇지 않은 한강변 아파트들도 꽤 있다. 최근 아파트가격을 살펴보면 이들 간에도 가격 차이가 발생하는 것을 알 수 있다. 따라서 이제는 조망과 함께 향유의 가치도 따져봐야 할 것이다.

아파트의 가격 차별화

차별가격정책(price discrimination policy)이란 동일 상품(서비스)의 고객층을 기업이 의식적으로 분류, 구분하여 고객층별로 차별적인 가격을 설정하는 가격정책을 말한다. 수요의 가격탄력성에 차이가 있는 경우 상이한 가격을 설정함으로써 수익을 증대시킬 목적으로 시행한다. 부동산 상품에서 가격정책은 제품 형태별 차별가격과 정비사업 시행을 위한 차별가격 그리고 금융지원 등으로 이뤄진다.

제품 형태별 차별가격

주거용 부동산을 보면 기준층과 1~2층 간의 가격 차이가 존재한다. 고객에 따라서는 1층을 선호하는 경우도 있으나 일반적으로 저층보다는 고층을 선호한다.

최근 아파트가격 상승이 지역, 단지, 층, 향 등 조건에 따라 같은 단지에서도 차별화되고 있어 분양가를 다르게 책정하는 사례도 늘고 있다. 분양가 차별화 현상은 기존 아파트의 가격이 각종 요인에 따라 상승폭이 다른 만큼 최초 산정하는 분양가도 달라야 한다는 논리다. 이러한 가격 차이는 조망권이 잘 갖추어진 강이나 바다, 공원 주변 단지들에서 더욱 심화되고 있다. 건축기술의 발달과 조망권의 중요성이 높아지면서 특히 최상층의 가격이 더욱 높아지고 있다.

이러한 제품 형태별 차별가격은 '층별 효용지수'로 설명된다. 층별 효용지수란 건물의 층별로 파악되는 효용의 비율을 말하는 것으로, 쉽게 말해 층별로 효용가치가 다르다는 것이다. 그런데 층별 효용지수를 산정하기 위해 실질임대료, 순임대료, 분양가격, 거래가격 중 어느 것을 기준으로 해야 하는가는 논란의 대상이 될 수 있다.

조합원 아파트와 일반 분양분 간 차별가격

도시정비사업(재건축·재개발)에서 조합원 아파트와 일반 분양분은 가격에서 차이가 난다. 재건축 아파트는 사업 추진에 추가로 소요되는 조합원 부담금을 최소화하고 그만큼을 일반 분양분에 전가하는 경우가 많다. 예를 들면 2004년 3차 동시분양에 나온 서울 잠실 지역 구 50평의 경우 조합원분은 분양가가 8억 1,013만 원인 데 비해 일반 분양분은 11억 529만 원으로 책정됐다. 3억 원 가까운 가격 차이가 발생했다.

최근까지 동시분양시장에 나오는 아파트 공급분, 특히 재건축 지역에서 일부 나오는 일반 분양물량은 현재 시행되고 있는 분양가 자율화 조치에 힘입어 아파트가격 상승의 주범으로 간주되고 있다. 이는 조합원과 조합에서는 재건축사업의 이익을 최대한 남기기 위해, 다시 말해 조합

부담을 최소화하기 위해 일반 분양분의 분양가를 가능한 한 높이 책정하는 경향이 있기 때문이다. 동·호수도 비로열층이고 향도 나쁜 데다, 분양가마저도 높이 책정한다는 얘기다.

동시분양시장에 나오는 일반 분양분에 청약을 해도 순위별 우선 청약 제도가 있기 때문에 무주택자가 우선되어 후순위자는 불리했다. 또 당첨됐다고 하더라도 저층이나 좋지 않은 향인 경우가 많았다. 그러한 이유로 아예 미리 조합원 지분을 사려는 수요가 늘었고, 이로 인해 재건축 아파트의 가격 상승이 계속된 것이다.

하지만 이는 '사업 부담의 일반 분양자 전가'라는 논란을 불러일으키고 있다. 조합원들은 통상 로열층을 배정받고 이에 따른 프리미엄을 얻을 수 있는 상황인데, 이런 상황에서 일반 분양가와 조합원 분양가까지 과도하게 차이가 나는 데 대한 저항감이다. 입주 후에도 층과 향에 따른 가격 차이가 갈수록 벌어지는 현재 상황에서 비로열층에 고분양가로 책정된 일반 분양 아파트의 투자 수익률은 갈수록 떨어질 것으로 보인다.

금융지원을 통한 가격정책

부동산경기에 따라 정부가 다양한 정책을 실시하기 때문에 부동산에서 가격정책은 운신의 폭이 좁은 편이다. 이런 까닭에 불경기에 아파트를 분양하기 위해서는 다양한 금융지원 혜택을 제공하는데, 이러한 금융지원은 현실적으로 아파트 분양가격 하락의 효과가 있으므로 가격정책의 일부로도 볼 수 있다.

아파트 분양대금은 통상 계약금, 중도금, 잔금으로 이루어져 있다. 분양대금의 20%를 계약금으로 지불하고, 3~5개월에 한 번씩 분양대금의 10%를 6차례 납부함으로써 총 60%를 중도금으로 납부하며, 입주 지정기간에 잔금 20%를 내는 것이 일반적이다. 그런데 부동산경기에 따라납부 방식이 변화되고 있다. 계약금으로 5~10%만 납부하면 나머지를중도금으로 이월해주거나, 중도금 60% 자체를 이자 후불 방식이나 무이자 융자 방식 등으로 지원해주는 등 다양한 금융지원책이 활용되고있다.

특히 자주 쓰이는 중도금 무이자 대출은 아파트 계약자가 은행에서대출받은 중도금에 대하여 건설사가 이자를 전액 부담하는 방식이다. 계약자 입장에서는 분양가의 20%에 해당하는 계약금만 내면 나머지 80%를 입주 시점에 내게 되기 때문에 후분양제와 다름없는 효과를 얻을 수있다. 하지만 아파트 분양가격이 급격히 상승하면서 거품 논란이 일고있는 시점에서는 이것도 빛 좋은 개살구에 불과할 수 있다. 오히려 이자후불제나 중도금 무이자 융자 같은 금융지원이 고분양가를 감추기 위한수단으로 활용되기도 하니 말이다.

틈새평면의 득과 실

국가 주도로 전쟁이라도 치르듯 지었던 우리의 아파트는 평면구조에서도 이런 특색이 드러난다. 아파트의 주력평면은 소형 59㎡, 중형 84㎡, 대형 114㎡가 일반적이다. 아파트의 면적이 얼마냐는 것을 알면 사실 내부구조를 보지 않아도 배치와 평면을 대략 그릴 수 있다. 실제로 아파트 투자를 전문적으로 하는 분들을 보면 공인중개사 사무실에서 상담을 받고는 아파트를 보지도 않고 계약한다. 어떻게 그럴 수 있는지 궁금해서 필자가 따라가 물어본 적도 있는데 "우리네 아파트들은 다 똑같아요. 입주연도만 알면 내부가 대충 그려집니다"라는 대답을 들었다.

아파트 평면이 일률적이라는 것이 꼭 나쁜 것만은 아니다. 아주 합리적으로 작은 면적을 효율적으로 사용하게끔 연구하다 보니 나온 평면이라 이해할 수 있다. 하지만 이렇게 일률적인 아파트 평면은 소비자들의 집에 대한 감각을 뺏어가는 주범이 된다. 이사를 한다 해도 익숙한 평면이니 같은 평형에서 오래 살다 보면 디자인 감각이 없어진다. 심지어 가구 방향까지 똑같은 터라 동네만 다르지 다 똑같다고 느끼게 된다.

🏢 주력평면의 빈틈을 파고든 틈새평면

틈새평면 아파트들이 늘어나고 있다. 크기를 보면 '틈새평면'이라고 부르기 뭐하지만 어쨌든 과거 주력평면(59㎡, 84㎡, 114㎡)이라는 것이 있었으니 이에 비교되는 의미로 부를 수도 있을 것 같다. 구체적인 숫자는 조금씩 다르지만, 틈새평면이란 소형과 중형 사이 65~75㎡, 중형과 대형 사이 90~110㎡의 아파트 평면을 말한다. 부동산114가 전국 아파트를 대상으로 틈새평면의 구간별 분양물량 추이를 분석한 자료를 보면, 70~75㎡ 구간의 분양물량이 2011년 이후 크게 증가한 것으로 나타났다. 실제 통계상으로도 이러한 틈새평면이 늘어나고 있다는 말이다.

이렇게 틈새평면이 늘어나는 이유는 주택사업자와 수요자들의 이해가 일치했다는 측면이 크다. 고령화와 인구구조의 변화로 다양한 주택에 대한 수요가 늘어나고, 장기간의 경기불황으로 분양가에 민감한 주택 수요자가 늘어나면서 틈새평면에 대한 수요가 증가했다. 1~3인 가구가 늘어나고 가구원들의 라이프스타일 또한 다양해지면서 과거의 획일적인 평면으로는 수요자들의 욕구를 충족시키기 어려워졌다. 입주하는 아파트마다 기존 자재를 철거하는 바람에 쓰레기장을 방불케 할 정도인데, 이런 광경이 어제오늘의 일은 아니다. 단순히 자재만을 철거하면 조금 낫지만 방을 없애고 늘리는 경우라면 자원도 엄청나게 낭비된다.

실제로 필자도 이사를 다니다 보면 필자의 아파트를 매입한 사람이 방을 하나 없앤다든지 두 개의 화장실을 합치는 것과 같은 아주 큰 규모의 리모델링을 하는 경우를 심심치 않게 보게 된다. 팔 때 불편하니 그러지 말라고 조언해주고 싶지만, 새집으로 이사하는 그분들의 설레는 마음을 생각하고 언제나 꾹 참는다.

분양가에 민감해진 측면도 틈새평면을 증가시킨다. 114㎡는 실질적으로 선택 대상이 아니다 보니 59㎡에서 84㎡로 가는 길이 더 멀게만 보인다. 그래서 자연스럽게 중간에 매개 상품이 생겨난 것이다. 72㎡를 포함시켜 주택 수요자들을 유혹하면 84㎡로도 쉽게 넘어가지 않겠는가 하는 기대다.

틈새평면은 공급자 관점의 반영이다

하지만 이렇게 틈새평면이 늘어나는 변화에는 공급자 중심의 사고가 자리하고 있다. 늘어나는 대부분 틈새평면이 70~75㎡에 집중되어 있다는 것만 봐도 알 수 있다.

부동산114가 전국 아파트를 대상으로 틈새면적의 구간별 분양물량 추이를 분석한 자료에 의하면, 70~75㎡ 구간의 분양물량이 지난 2000~2010년에 연평균 3,899가구가 공급된 데 비해 2011~2013년의 연평균 공급물량은 1만 5,086가구였다. 그야말로 최근 들어 폭발적으로 증가했다. 하지만 75~80㎡와 95~100㎡의 공급은 소폭 증가하는 데 그쳤다. 주택 수요자들의 요구가 전용면적 59㎡에 집중되어 있긴 하지만, 주택사업자 입장에서는 수익성이 떨어진다는 문제가 있다. 이를 해결하기 위해 주택사업자들이 70~75㎡의 틈새평면을 만들어낸 것이다. 실제로 최근 분양하는 틈새평면 아파트는 주력평면인 전용면적 59㎡에 비해 단위당 분양가를 높게 책정하고 있다. 그 외 틈새평면인 전용면적 90~110㎡는 주택 수요자의 요구도 많지

표 29 _ 전용면적 기준 전국 아파트 분양물량

(단위: 호)

구분	70~75㎡	75~80㎡	95~100㎡
2000~2010년 연평균	3,899	4,687	2,307
2011~2013년 연평균	15,086	5,599	5,076

* 부동산114

않고, 분양성도 떨어지니 크게 늘리지 않는다.

틈새평면이 늘어나는 것은 주택산업의 발전을 위해서는 바람직한 일이다. 획일적인 평면 때문에 발전하지 못했던 내부공간 구조가 앞으로 혁신적으로 변화하고 다양화되면 이에 따라 공간 효율성이 극대화될 것이다. 서비스면적을 늘리고 수납공간을 다양화해 작지만 넓게 쓰는 소형 주택이 주택 수요자들의 관심을 끌 것이다.

틈새평면의 등장으로 어떤 변화가 일어날까

이런저런 이유로 이러한 틈새평면은 늘어날 것으로 생각한다. 하지만 몇 가지 우려되는 점 또한 있다. 주택 수요자들은 다음과 같은 점에 유의해서 내 집 마련에 나서야 할 것이다.

첫째, 틈새평면이 매개 상품으로서의 역할을 하면서 평면 간의 이동을 촉진해 중대형 아파트에 대한 수요를 증가시킬 것이다. 현실적으로 구 50평 이상의 아파트가 분양시장에서 자취를 감추고 전용면적 114㎡가 최대 규모의 평면이 되면서 아파트 평면 간의 비용과 심리적인 거리는 더욱 멀어졌다. 이런 때에 매개 상품이 두 상품 간에 인위적으로 자리를 잡는다면 중대형 아파트로의 이전이 예전보다 원활해질 것으로 생각된다. 이는 주거비용이 늘어난다는 의미이므로 가계대출이 증가하고 소비가 침체하는 원인으로 작용할 수 있다.

둘째, 틈새평면이 분양가 상승의 빌미를 제공할 것이다. 실제로 틈새평면의 평방미터당 분양가가 주력평면에 비해 높게 책정되는 경우가 많다. 큰 평면의 평방미터당 분양가가 적은 평면에 비해 여전히 높게 책정되기 때문이다. 따라서 수요자들의 요구를 반영한 평면을 만든 다음 은근슬쩍 분양가를 올릴 수도 있다. 이렇게 올라가는 분양가를 주택 수요자들이 정확하게 잡아내기란 쉽지 않다.

셋째, 틈새평면으로만 구성되는 단지는 문제가 없지만 틈새평면과 주력평면이 함께 구성되는 사업의 경우 사업비용이 증가할 수 있다. 최근 틈새평면만으로 구성하는 단지들도 늘어나고는 있으나, 틈새평면과 주력평면이 공존하는 경우가 많다. 이럴 경우 다양한 평면 구성에 따른 사업비 증가가 예상된다.

정부 정책의 뒷받침으로 틈새평면은 증가할 것으로 예상된다. 재건축·재개발 아파트의 소형 의무비율 폐지, 조합주택의 중소형 의무비율 감소, 과밀억제권역 내 전용면적 60㎡ 주택의 의무비율 폐지 등 기존에 남아 있던 마지막 평면 규제가 없어지면서 틈새평면은 증가할 것이다. 하지만 여전히 대부분의 아파트가 주력평면인 상황에서 이제 막 생기고 있는 틈새평면 아파트를 선택하는 것은 투자 측면에서 조심스러운 접근이 요구된다. 팔 때를 고려한다면 본인한테 필요한 주택이 아니라 다수의 대중에게 필요한 주택을 선택하는 것이 제일 무난하다. 틈새시장(niche market)이 수요가 적다는 기본 가정에 근거하고 있다는 데서 투자의 혜안을 찾기 바란다.

전용률은
무조건 높은 게 좋을까?

같은 돈을 지불하고 구입한 아파트를 나만 넓게 쓸 수 있다면 더할 나위 없이 좋을 것이다. 하지만 이웃과 공동으로 삶을 영위하는 공동주택은 모든 면적을 나 혼자 쓸 수 있는 단독주택과는 다르다. 나 혼자만 쓰는 공간이 있는 반면, 이웃과 공동으로 사용하는 공간도 있다. 나 혼자 사용하는 공간을 전용면적이라고 하고, 이웃들과 공동으로 사용하는 공간을 공용면적이라고 한다. 전용면적과 공용면적을 합치면 우리가 일반적으로 알고 있는 아파트 면적이 된다. 따라서 우리 집이 구 32평이라고 할 때 그 면적을 내가 다 사용하는 것이 아니고 일반적으로 84㎡ 정도의 면적만을 사용한다고 보면 된다. 물론 여기에 서비스면적이 추가된다.

전용면적과 공용면적

전용률이란 아파트 공급면적에서 전용면적이 차지하는 비율이다. 아파트 전용면적이 84㎡인데 112㎡로 분양했다면 전용률은 75%가 된다. 요즘은 아파트를 분양할 때 전용면적을 표기하니 조금 헷갈리기도 한다. 84㎡만 해도 구 32평에서 구 35평까지를 가리키기 때문이다. 같은 전용면적을 가지고 있다면 구 35평보다는 구 32평이 전용률이 높다는 뜻이다. 아파트를 매입할 때 보통 평당 분양가를 계산하기 때문에 전용률을 조정하여 평당 분양가를 저렴하게 보이도록 할 수 있다. 평당 분양가로 장난치는 격이다.

예전 복도식 아파트는 전용률이 60%대였으나 요즘은 대부분의 아파트가 계단식으로 지어지면서 전용률이 70%대로 올라갔다. 최근 2년간 김해시 내에서 청약이 이루어진 아파트를 대상으로 전용률을 조사한 자료에 의하면, 가장 낮은 전용률을 보인 곳이 69.24%이고 가장 높은 전용률을 보인 곳이 76.85%였다고 한다.[45] 따라서 전용률이 높은 곳은 대략 70%대 후반, 전용률이 낮은 곳은 70%대 초반이라고 이해하면 된다.

그래서 흔히 하는 말이 이것이다. "전용률이 높은 아파트에 투자하라!" 전용률이 높은 아파트란 내가 사용하는 면적이 넓은 곳이다. 내 것이 넓다는 이야기이니 당연히 좋은 아파트라 인식된다. 그래서 같은 조건이면 전용률이 높은 아파트를 선택하는 것이 투자에 유리하다는 생각을 한다.

하지만 전용률이 높다고 모든 면에서 좋은 것만은 아니다. 그리고 전용률이 낮다 해서 무조건 나쁘다고 이야기할 수도 없다. 전용률이 낮다는 말은 전용면적에 비해 공용면적이 상대적으로 넓다는 말이다. 공용면적은 주거공용면적과 기타공용면적으로 나뉜다. 현관, 복도, 계단, 엘리베이터 등이 주거공용면적이고 지하층, 관리사무소, 노인정 등은 기타공용면적이다. 공용면적이 넓다는 것은 집이라는 나만의 공간을 나간 후의 생활이 쾌적해진다는 걸 의미한다. 나만의 것을 떼어내 이웃과 공동으로 사용하는 공간을 늘렸으니 집을 나서면서 만나는 복도나 계단, 엘리베이터가 쾌적하게 되어 있다.

내부 못지않게 중요한 단지 환경

전용률에 대한 생각은 사람마다 다르겠지만, 필자는 전용률이 너무 높아서 집을 나서는 순간부터 스트레스를 받는 아파트보다는 전용률을 적당히 조정하고 이웃과 공동으로 사용하는 공간을 늘린 아파트를 선호한다. 특히나 커뮤니티가 제대로 형성되지 않는 한국의 아파트문화에서는 이렇게 공용면적을 적절히 배분하는 것이 이웃과의 대화와 교류를 위해서도 꼭 필요한 사항이다.

서울 잠원동의 한 아파트를 방문한 적이 있다. 전용률이 80%를

나 홀로 쓰는 전용면적 못지않게 전 세대가 함께 쓰는 공용면적도 중요하다.

넘는 걸로 기억하는데, 엘리베이터에서 내리자마자 아파트의 현관이 보여 당혹스러웠다. 현관을 나서서 엘리베이터를 기다리는데, 혹시 옆집 사람도 그때 외출하게 된다면 불편하겠다 싶을 정도로 공용공간이 부족했다. 사는 분들이야 적응되어서 큰 탈 없겠지만, 혹시 나중에 팔려고 내놓았을 때 아파트를 구입하기 위해 처음 방문하는 사람으로서는 불편하기 짝이 없을 것이다. 첫인상이 이러하다면 아파트 구매로까지 연결되기는 쉽지 않을 것이다.

아파트 같은 주거용 부동산의 경우에는 공용면적이 부족한 데 따른 피해가 그나마 크지 않지만, 수익형 부동산은 치명적이다. 상가나 오피스텔을 분양할 때 전용률이 높다고 홍보하는 곳이 많은데, 이는 하나만 알고 둘은 모르는 소치다. 상가에 공용공간이 부족하면 고객들의 동선이 불편해지고, 쇼핑 중간중간에 쉴 수 있는 공간이 없어서 그 상가에 오래 있고 싶어 하지 않는다. 특히 대형 상가라면 집객력과 함께 고객들의 체류시간이 중요한데 방문한 고객들이 목적성 구매만 하고 떠나버린다면 여타 상가와의 시너지효과는 거의 일어나지 않는다고 봐야 한다. 예컨대 영화를 관람한 고객이 밑에서 식사도 하고 옷도 구입해야 상권이 형성되지 영화 고객 따로, 음식점 고객 따로인 상가는 절대로 성공할 수 없다. 최근 대형 상가의 마케팅 트렌드가 '원스톱 쇼핑'에서 '원데이 쇼핑'으로 바뀐 것도 고객의 체류시간이 중요함을 인식했기 때문일 것이다.

오히려 중요한 건
서비스면적

사실 요즘 같으면 전용률보다는 서비스면적에 더 신경을 쓰는 것이 좋을 듯싶다. 이제는 전용면적 표기로 분양하기 때문에 같은 전용면적이라면 다 비슷하다. 그럼에도 분명히 크기에 차이가 나는데, 이는 바로 서비스면적 때문이다. 서비스면적이란 보통 발코니 확장면적을 말하며, 발코니 확장이 합법화된 2006년 이후부터 등장한 단어다. 물론 그전에도 있긴 했지만 그때는 살짝 불법적인 면이 있었다. 합법화 초기 2년간은 확장을 원하지 않는 가구도 꽤 있었지만, 지금은 일부 대형 평면을 제외하고 거의가 확장형을 선택한다. 회사에서도 확장형을 염두에 두고 설계나 시공 계획을 수립한다. 통상적으로는 아파트의 전면부(거실 쪽) 공간을 일컫는 베이와 개방된 면이 많을수록 서비스면적이 넓다. 3베이보다는 4베이가, 2면 개방보다는 3면 개방이 서비스면적이 넓다.

좁은 공간을 넓게 쓰려다 보니 공간에 대한 요구가 많다. 구 1평을 늘리는 데 추가되는 비용만 1,000~2,000만 원이니 전용률에 관심이 많고 서비스면적에도 목을 맨다. 하지만 전용률이 높고 서비스면적이 넓으면 공용공간에 대한 배려는 떨어질 수밖에 없다. 특히 전용률을 넓히기 위해 노력하고 서비스면적을 확대하다 보면 또 다른 문제에 부딪히게 된다. 보통 아파트는 발코니 면적이 전용면적의 30~40%에 육박한다. 이 공간이 내부화되면 실질 용적률은 300%에 가까워진다. 아파트에 대한 법적 용적률 200%를 훨씬 넘어서는 것이다. 아파트 단지의 전용률이 높아지고 서비스면적이 늘어나는 현상을 단순한 사용상의 문제가 아니라 건축밀도가 높아지면서 환경에 영향을 미치는 문제로까지 인식해야 하지 않을까 생각한다.

아파트 고를 때
시공사를 봐야 하는 이유

재개발·재건축(정비)사업이 활황이다. 공공공사 수주가 불투명하고 해외 건설시장에서 손해를 거듭 보고 있는 국내 대형 건설사들이 수익성 높은 재건축·재개발사업에 적극적으로 뛰어들고 있다. 재개발·재건축사업은 토지를 새로 매입할 필요가 없고, 조합원 수요가 있기 때문에 미분양에 대한 리스크도 적다. 재건축·재개발사업의 수입은 분양수입인데 여기서 일반 분양수입이 차지하는 비중이 작으면 작을수록 사업성이 높다. 조합원 분양수입이 안정적인 수요이고 분양 총수입에서 차지하는 비중이 크기 때문이다.

최근의 경기 상황도 정비사업의 호황에 톡톡히 기여하고 있다. 초저금리로 금융 부담이 줄어들고 전세가격이 급등하여 주택시장이 호황을 맞고 있기 때문이다. 2016년부터 대출 규제가 시작되면 초저금리로 인한 수혜가 줄어들어 가장 어려워질 시장으로 재건축 · 재개발시장을 꼽을 정도다.

정부의 정책 또한 시장 활성화에 초점을 맞추고 있다. 국토부가 발표한 '2015년 주택종합계획'에 의하면 재건축 · 재개발사업을 추진할 때 50% 이상 가구의 동의만 받아도 가능해진다. 기존에는 3분의 2 이상이었다. 소형 주택과 임대주택에 대한 의무건설 비율도 완화됐다. 또한 정부가 택지개발 촉진법을 폐지하고 2017년까지 대규모 공공택지 지정을 중단하자, 수도권과 지방 광역시에서는 도심을 개발하지 않고서는 아파트를 공급하기가 불가능해졌다. 이 역시 재개발 · 재건축사업이 관심을 끌게 된 이유다.

재개발 · 재건축사업의 핵심 변수

재개발 · 재건축사업에 투자할 때 어떤 점에 유의해야 하는지는 수많은 책에서 수많은 전문가가 다루었기에 여기서는 '시공사 선정'에 집중해서 언급하고자 한다. 시공사 선정은 재개발 · 재건축사업을 추진하는 하나의 단계다. 하지만 조합설립과 함께 사업의 추진을 좌우하는 핵심 변수다.

사업을 추진할 때는 다양한 비용이 소요된다. 대부분의 조합이 사업을 처음 추진하기 때문에 전문성이 떨어지는데 이 부분을 채워줄 수 있는 것이 시공사다. 특히 국내 대형 건설사는 자금력은 물론 정보와 경험을 충분히 보유하고 있어 조합과 함께 사업을 추진해나갈 수 있다. 우리나라의 대부분 개발사업에서 시공사가 실질적으로 주도적인 역할을 하는데, 정비사업에서도 크게 다르지 않다. 그래서 정비사업에 전문적으로 투자하는 사람들도 참여 시공사와 시공사 선정 여부를 제일 먼저 알아본다.

대규모의 재건축사업에서는 이 시공사 선정 과정이 말 그대로 '장난'이 아니다. '누구를 위한 시공사 선정인가' 하는 말이 나올 지경이다. 시공사 간 상호비방과 조합원 간 파벌싸움으로 폭력 사태로 치닫는 경우도 적지 않다. 물론 비리 문제로 조합 집행부가 법의 처벌을 받는 경우도 종종 있다. 건설사들은 조합원들을 직접 방문해 호소하며, 무차별적인 금품 살포도 이뤄진다. 수익성 높은 사업을 수주하려는 건설사들의 이해관계와 시공사 선정이 정비사업을 진행하는데 가장 중요한 단계이다 보니 조합에서도 물러서지 않으려 하는 의지가 강력해 진흙탕 싸움이 전개되는 것이다.

그렇다면 좋은 시공사가 선정된 정비사업은 문제가 없을까? 결론부터 말하면, 시공사가 선정된 정비사업일 경우에도 안심할 수만은 없다. 재건축·재개발사업의 시공사인 우리나라의 대형 건설사들은 수주와 사업계획 그리고 관리 등에서 현장마다 다른 판단을 한다. 쉽게 이야기하면 수주를 하는 사업 현장, 매년 수립하는 사업계획에 포함되는 사업 현장, 향후 장기적으로 관리하는 사업 현장 등으로 사업성에 따라 현장마다 다르게 평가한다는 말이다. 이를테면 A등급인

시공사는 단지 건설만 하는 것이 아니라 사업의 많은 부분을 좌우한다.

사업장과 C등급인 사업장에 대한 회사의 정책과 판단은 달라질 수밖에 없다.

우리나라의 대형 건설사는 자체적으로 리스크관리 기능을 갖추고 있다. 이는 주택사업을 시행하는 과정에서 수많은 시행착오를 겪었고, 이로 인해 주택사업의 과정에서 발생하는 리스크를 꿰고 있다는 뜻이다. 그래서 사전검토를 한 후 '수주심의회'라는 최고경영진이 참여하는 의사결정을 통해 사업참여를 결정한다. 정비사업의 구역이 지정되면 사전수주심의회가 이루어진다. 이때는 사업개요나 프로젝트의 특성 등 아주 기본적인 검토를 한다. 조합이 설립되면 수주심의회를 개최하여 수주 여부를 판단한다. 이후 가계약이 이루어지고, 사업 승인 단계에서 최종적으로 본계약이 체결된다. 수주심의회는 한 번에 그치는 것이 아니라 계약 단계에서도 심의회에서 다루었던 리스크가 어떻게 관리되고 있는지 피드백함으로써 프로젝트가 종료될 때까지 추적, 관리한다.[46]

자체적인 리스크관리 기능을 가진 대형 건설사들은 수주, 사업계획 그리고 관리 등 세 가지 단계를 별도로 판단한다. 수주는 했어도 사업계획상 당장 추진해야 할 사업과 조금 미루어야 할 사업 등으로 매년 다시 판단하고, 최종적으로 관리 단계에서는 계속할 사업과 중단할 사업을 결정한다. 따라서 시공사가 선정됐다는 것은 건설사 입장에서 볼 때 '현 단계 우리 회사의 전략상으로는 입찰에 참여해서 수주하는 것이 필요하다' 라는 의미라고 보면 된다. 선정된 시공사가 조합과 끝까지 같이 갈 것이라는 의미를 부여하는 것은 너무 섣부른 판단이다.

끝까지
함께 갈 것인가

건설사들이 재건축·재개발사업을 수주하는 방식으로는 지분제와 도급제가 있다. 지분제는 정말 끝까지 함께 간다는 인식이 있지만, 대부분의 수주 방식인 도급제는 단순히 시공만을 담당한다는 의미가 더 크다. 최근 정부에서 추진하는 정비사업 활성화 방안에는 건설사와 조합이 공동으로 시행하는 정비사업(지분제)의 경우 시공사 선정 시기를 현재의 '사업 시행 인가 이후' 가 아닌 '조합설립 이후' 로 완화해주는 내용이 포함되어 있다. 지분제 방식의 사업은 건설사가 조합과 함께 사업을 책임지고 수행하는 방식이기 때문이다. 이렇게 되면 정비사업 추진 속도도 훨씬 빨라질 것이다.

예전에 필자가 부산의 한 주택재개발조합에 분양가 책정과 관련하여 컨설팅을 한 적이 있다. 그 조합은 시공사와 분양가 책정에 따른 갈등을 겪고 있었다. 시공사는 분양가를 낮추려고 하고, 조합은 당연히 가능한 한 분양가를 높여 조합원의 분담금을 낮추길 원했다. 필자야 객관적인 입장에서 컨설팅을 수행하면 되지만, 그래도 상대 건설사의 생각과 의도를 파악하기 위해 만났다. 그랬더니 '될 수 있으면 이 사업을 하고 싶지 않다' 는 의견을 우회적으로 표출했다. 분양가 책정이 핵심 이슈가 아니고 해당 사업에 타당성이 없어 빨리 철수하고 싶다는 것이 건설사의 숨겨진 의중이었다.

어쨌든 컨설팅은 무사히 끝났는데, 나중에 듣기로 건설사는 2012년 3월 부산에서 추진 중인 12곳의 재개발사업에서 철수한다는 방침을 정하고 해당 조합에도 공문을 발송했다고 한다. 당시 그 건설사가 전국에서 수주한 재개발 · 재건축사업장 중 철수한다는 공문을 발송한 곳이 140여 곳이었다는 이야기를 들었다. 아무리 대형 건설사라고 하지만, 주택경기가 불황인 당시에 대부분이 지방인 그 많은 사업장의 사업을 모두 수행하기에는 무리였을 것이다.

정비사업에 대한 건설사들의 전략은 사업성이 높은 사업장이라면 적극 수주하는 것이다. 그런데 요즘 두 곳의 대형 건설사가 예전과는 다른 전략을 추구하고 있다. 재건축·재개발의 사업성을 판단하기 위해 염두에 두어야 하는 사항이다.

주인공 중 하나가 S건설인데, 과거와는 다르게 굉장히 소극적이다. S건설은 2011년부터 1년에 한 건의 정비사업만을 수주하더니 현재의 사장이 취임한 2013년 12월 이후에는 단 한 건의 수주도 하지 않고 있다. 심지어 입주민이 나서서 수의계약을 해주려는 강남의 재건축사업도 S건설이 거부해서 무산된 적이 있다.

이에 반해 G건설은 굉장히 적극적인 수주 전략으로 경쟁사들을 압도하고 있다. G건설은 2014년 2조 원이 넘는 재건축사업을 수주한 후, 2015년에는 27개 사업장에서 8조 180억 원이 넘는 재건축사업을 수주했다. 이 규모는 10대 건설사 재건축 총수주액의 절반가량에 해당한다. 즉, 국내 10대 건설사 중 G건설을 제외한 나머지 건설사들의 재건축 수주액을 모두 합쳐야 G건설과 비슷하다는 말이다. 이러한 수주 성공으로 G건설이 보유한 브랜드에 긍정적인 영향이 미쳤으며, S건설의 공백으로 인한 반사효과도 함께 누린다는 평가다.

물론 수주라는 것이 본인들 마음대로 되는 것은 아니지만, 이렇게 건설사마다 수주 전략이 다르다. S건설은 주택사업에서 철수한다는 말이 나올 정도로 주택사업의 리스크를 크게 보고 있다. 하지만 G건설은 브랜드가치가 떨어질 수 있다는 우려에도 사업성이 괜찮다고 판단되는 사업장에서는 적극적으로 나서고 있다. 이는 G건설이 여전히 해외사업에 발목이 잡혀 있다는 반증이기도 하다. G건설은 해외사업에 따른 수익성 악화로 2014년 영업이익률이 경쟁사들에 비해 턱없이 낮은 0.54%에 그쳤다. 따라서 수익성 개선을 위해 재건축 수주전에 적극적으로 참여하는 것으로 보인다. 하지만 부동산경기가 불황에 접어들거나 회사의 전략이 바뀐다면 수주한 재건축사업을 모두 수행할 수 없는 상황이 당연히 발생할 수 있다. 이럴 경우 G건설에서는 사업장마다 우선순위를 정해 사업을 수행할 가능성이 크다. 다시 말해 내가 투자한 아파트 단지를 G건설에서 어떻게 생각하느냐에 따라 사업성이 달라질 수 있다는 의미다.

시공사의 진짜 속마음이 중요하다

최근 전국의 정비사업이 활황이다. 하지만 지역적으로 보면 그 활황의 정도에 차이가 난다. 필자의 개인 생각이지만 부산은 정점, 대구는 활황, 서울은 개화(開花)라는 표현이 적절하지 않은가 싶다. 과거에는 지방의 정비사업에 대해 대형 건설사들이 철수를 검토하는 경우가 많았지만, 현재는 꼭 그렇진 않은 것 같다. 과거와는 다르게 지방 광역시의 재개발·재건축사업도 수익성이 있는 곳이 생겨났기에, 한계는 있겠지만 지역적으로 크게 차별은 없는 것 같다. 하지만 여전히 사업장별로는 다른 잣대를 적용해 순위를 매기고 있을 것으로 생각된다.

외국의 도시정비사업은 공공과 민간의 파트너십이 원활하게 구성되어 항상 유기적으로 협력하여 사업을 진행해나간다. 또한 주민과 지속적으로 대화하고 설득하여 제도의 복잡성에 따른 갈등요인을 제거하며, 금융이나 재정지원 제도가 마련되어 있다. 그래서 사업 추진이 원활한 것으로 알려져 있다.[47] 하지만 우리의 재건축·재개발 사업은 다른 개발사업과 달리 프로젝트의 추진기간이 길고 수시로 바뀌는 부동산정책이나 경기 흐름에 많은 영향을 받는다. 이에 따라 수주 당시의 상황과 향후 실제 착수 시 차이가 있을 수 있기 때문에 미래의 리스크가 상당하다. 이런 까닭에 건설사들도 수주한 모든 현장을 동일하게 판단할 수는 없다. 건설사들의 본색이 드러나고 사업 추진 의사가 확인되는 시점은 사업 시행 인가가 나고 본계약을 추진할 때에 이르러서다.

몇몇 연구에 의하면 분담금, 임대비율, 금리, 사업기간 등이 입찰 참여를 결정하는 중요한 변수라고 알려져 있다.[48] 물론 지역적으로는 서울과 수도권이 여전히 경쟁력을 갖추고 있다. 하지만 이러한 연구도 입찰참여를 결정하는 기준일 뿐, 추후 사업이 본격적으로 진행될 때의 판단 기준은 아닐 수 있다. 시공사가 해당 사업 현장을 진짜 어떻게 생각하고 있는지가 투자를 결정하는 아주 중요한 기준이 되어야 할 것이다. 물론 이는 공개된 정보는 아니다. 그러니 투자 여부를 판단하는 데 '꿀 팁(좋은 정보)'이 가장 중요하지 않겠는가.

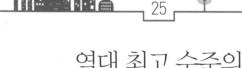

역대 최고 수준의
인허가물량

최근 서울과 수도권을 중심으로 주택 인허가 및 착공면적이 크게 늘
어났다. 2015년 한 해 동안 주택 인허가물량은 역대 최대인 76만
5,000호로 2014년 51만 5,000호보다 48.5%나 증가하여 공급과잉에
따른 우려도 제기되고 있다.

주택 인허가물량이 많다는 것은 부동산경기가 좋다는 긍정적인
측면이 있다. 그러나 이와 함께 당장 미분양의 발생 가능성이 커지
고, 2~3년 후 입주할 시점에는 누적 공급물량이 많아 가격 하락의
부작용이 나타날 수 있다는 부정적인 측면도 존재한다.

1990년 이후 가장 많은 인허가물량

시장은 수요와 공급에 의해 불황과 호황을 반복한다. 수요에 비해 공급이 많다면 당연히 가격이 떨어지고 심하면 불황에 이르게 된다. 엄청난 공급과잉이 아니라면 공급이 다소 많은 것은 소비자에게도 유리하다. 가격이 떨어지고 서비스가 좋아지기 때문이다.

부동산시장도 기본적으로는 이러한 수급 논리에 의해 움직인다. 하지만 부동산 상품이 가지는 특성 탓에 그렇지 않은 면도 있다. 공간이라는 사용가치보다는 자산이라는 거래가치가 부동산시장의 거래를 좌우하다 보니 공급이 너무 많으면 시장에 나쁜 영향을 미치게

역대 최고인 2015년 인허가물량이 공급과잉을 불러올까?

표 30 __ 사업단계별 주택 공급 실적

(단위: 호)

구분	2015년	2014년	2013년	2012년
인허가	76.5	51.5	44.0	58.7
착공	71.7	50.8	42.9	48.1
분양	52.5	34.5	29.9	29.8
준공	46.0	43.1	39.6	36.5

* 국토부

된다. 이러한 영향은 심리적인 요인으로 빠르게 퍼져나가고, 너도나도 매도에 나서고…. 그다음은 우리가 경험했던 바와 같다.

아파트(주택)의 공급은 생산 과정이 길고 단계마다 이루어져야 하는 절차가 있어 몇 단계로 나눠서 볼 수 있다. 인허가, 착공, 분양, 준공이 그것이다. 최근 4년간의 실적을 나타낸 〈표 30〉을 보면 인허가 → 착공 → 준공의 단계로 실적이 줄어들고 있음을 알 수 있다. 즉 허가받은 모든 주택을 착공하지 않고, 착공한 모든 주택이 준공되지는 않는다는 말이다. 경기가 좋으면 단계별 감소폭이 줄어들겠지만 100% 동일하게는 집계되지 않는다. 물론 표에 제시된 연도별 물량이 동일한 사업을 추적한 게 아니긴 하지만, 누적량이기에 추세적으로 비슷하게 움직인다. 참고로, 분양은 이 단계 중 가장 적은데 이는 공동주택에만 해당하기 때문이다.

📑 인허가에 비해 준공 실적이 적은 이유

앞에서 이야기한 세 단계가 모두 늘어나야 공급과잉이라고 이야기할 수 있다. 물론 핵심은 준공이다. 준공 이전의 공급은 주택이 아니다. 아파트의 경우에는 권리(분양권)일 따름이다. 최근 정부가 인허가보다는 준공물량에 주택정책의 방점을 두는 이유도 이러한 단계별 주택 공급 실적의 특징 때문이다. 국토부에서 발표한 '2015년 주택 공급계획'에 의하면, 2015년 주택 준공물량을 2014년(43.1만 호)과 유사한 43.4만 호로 예상하고 있다. 여기에는 공공주택물량 8.8만 호(2014년은 8.2만 호)가 포함되어 있어 이를 제외하면 오히려 2014년보다 적은 물량이다. 실제로는 2.6만 호가 늘어난 46만 호로 집계되었다. 즉, 정부는 현재의 공급과잉을 크게 우려하지 않고 있다는 말이다.

외국과는 다르게 대량의 아파트를 공급하는 우리의 주택개발 방식은 이렇게 단기적으로 많은 물량을 쏟아내기가 쉽지 않다. 도리어 주택 공급업체들이 기존에 보유한 택지를 활용해 사업에 적극 나서고 있기 때문에 늘어나는 측면이 크다. 이 기회에 과거 부동산경기가 좋지 않아 죽어 있던 사업 대상지를 다시 살리고 있다는 말이다. 하지만 이렇게 늘어나는 공급도 2016년에는 줄어들 것으로 판단한다. 땅도 부족할뿐더러 정부 차원에서 택지 공급을 더는 늘리지 않기로 했기 때문이다. 특히 수도권의 경우 공공택지에서 분양이 늘어나고 있는데, 이는 금융위기 이후 주택시장이 침체하면서 지연됐던 물량이라는 해석이 많다.

🏢 지금이 정말
공급과잉일까

공급과잉에 대한 논란이 벌어질 때는 주변 시세와 대비해서 분양가의 적정성 여부를 판단해야 하고 프리미엄 형성 여부도 살펴야 한다. 분양가 상한제가 폐지되면서 분양가가 오르고 있긴 하지만, 그 폭이 크지 않고 기존 아파트의 가격 또한 오르고 있다. 따라서 분양가의 적정성 여부를 판단하는 매매가 대비 분양가 비율은 그리 높은 수준이 아니다. 2000년 이후 16번의 기간을 볼 때 매매가 대비 분양가 비율이 가장 높았던 시기는 2008년으로 1.25배였다. 2014년과 2015년은 각각 9번째와 12번째에 그친다. 특히 분양가 상한제가 폐지된

표 31 __ 매매가 대비 분양가 비율 상위연도

(단위: 만 원/3.3㎡)

구분	1 2008년	2 2000년	3 2001년	4 2009년	5 2007년	6 2010년	7 2013년	8 2004년	9 2014년	10 2005년
분양 가격	1,094	504	553	1,075	994	973	956	649	941	691
매매 가격	873	410	452	906	884	907	894	626	924	693
배율	1.25	1.23	1.22	1.19	1.12	1.07	1.07	1.04	1.02	1.00

* 부동산114

2015년은 오히려 0.96배로 매매가격이 더 높다. 물론 이는 평균이다. 지역이나 사업지에 따라 분양가가 월등히 높을 수도 있다.

하지만 최근 주택사업자들도 높은 분양가를 통해 수익을 높이기보다는 적절한 분양가를 책정하여 사업이 이른 시일 안에 완결되길 바란다. 개발사업의 진정한 성공은 짧은 사업기간이란 인식이 확산되고 있어서다. 이른바 '학습효과'다. 이런 주택사업자들의 전략을 고려하면 터무니없이 높은 분양가를 책정한다는 것은 쉬운 일은 아니다.

2014년과 2015년에 분양한 다수 아파트사업장에서는 프리미엄이 형성되어 있다. 프리미엄이 형성된 정도와 안정성 그리고 입주 때까지의 지속성 등을 판단해야 하지만, 과거 엄청난 미분양과 마이너스 프리미엄으로 고생했던 때를 떠올리면 격세지감을 느낀다. 분양가가 주변 시세와 그리 높지 않고 프리미엄이 형성되어 있다면, 공급과잉으로 인한 문제를 다소 조정함으로써 무사히 넘어갈 수 있을 것으로 판단한다. 물론 더 어려운 지역도 있을 수 있고, 입주 때 프리미엄이 더 많이 오르는 지역도 있을 것이다.

분양물량의 많고 적음은 한두 해의 사정으로 판단해서는 안 되며 기간 단위로 살펴야 한다. 2000년 이후 평균 아파트 분양물량은 28만 5,000세대였다. 2015년(52만 5,000세대)과 2010년(17만 3,000세대)을 포함한 2008년 이후 평균 분양물량은 28만 6,000세대로 공급과잉을 판단하기는 이르다.

필자가 공급과잉에 대해 걱정하는 단 한 가지 변수는 주택사업자들의 생각이다. 현재 이렇게 인허가와 분양이 늘어나는 이유는 '밀어내기식 사업 방식' 때문이라는 견해가 다수다. 2016년 주택시장을 좋게 보지 않아서 2015년 내에 모두 분양을 하려는 것이다. 일단 분양이 순조로우면 주택사업자들은 상당 부분 손을 털 수 있기 때문이다. 주택사업자들만이 아니라 건축자재를 공급하는 회사의 이야기를 들어도 주택사업자들이 당분간 사업을 하지 않으려는 듯 단가를 심하게 조정하고 있다는 이야기도 들을 수 있다. 건축자재를 공급하는 회사도 협력업체들인데, 협력업체들과의 관계를 훼손하면서까지 단가 조정을 한다는 말은 미래의 주택시장을 좋게 보지 않는다는 말이다. 주택 공급주체들의 생각이 항상 맞는 것은 아니지만, 그래도 소비자들과 가장 가까이에서 시장을 이해하는 이들의 생각을 무시할 수는 없다.

주택시장 전망 밝히는 뉴스테이 열기

긍정적인 전망도 있다. 필자는 여러 문제점이 있지만 '뉴스테이(new stay)'라는 사업을 국내 주택시장에 획기적인 변화를 가져올 혁신적 시도라고 판단한다. 뉴스테이는 2015년 1월에 국토부가 발표한 장기 민간 임대주택 정책이다. 대형 건설사들의 관심을 유도하기 위해 다양한 혜택을 제공했음에도 사업 초기에는 어려움을 겪었다. 화성

동탄2 부지는 입지 조건이 우수함에도 2년 무이자 분할납부 조건을 걸기까지 했다.

하지만 이제는 분위기가 완전히 달라졌다. 대림산업이 뉴스테이 1호로 인천 도화동에서 선보인 'e편한세상도화'는 평균 5.5대1의 경쟁률을 기록했다. 인천시의 최근 1년간 분양 주택 평균 청약률(2.6대 1)의 2배를 웃도는 수치다. LH가 마감한 3차 뉴스테이사업자 공모에는 대부분의 대형 건설사가 참여해 열기를 이어나갔다.

뉴스테이사업은 8년 동안은 임대주택을 분양하지 않아야 하므로 국내 주택시장의 장기적 전망이 부정적일 경우 참여하기가 쉽지 않다. 주택경기의 부침이 있겠지만 장기적으로는 국내 주택시장이 안정적으로 성장한다는 확신이 필요하다. 필자 또한 개인적으로 단기간에는 공급과잉에 따른 지역별 조정이 있겠지만, 장기적으로 국내 부동산시장의 전망은 밝다고 생각한다. 따라서 역대 최고의 인허가 물량 때문에 너무 큰 걱정을 하지는 말자. 2~3년이 아닌 10년의 주택시장을 살피는 지혜가 필요하다.

VI

놓치기 쉬운 아파트 **관리**

햇빛을 향해 서라.
그림자는 언제나 그대 뒤에 드리워질 테니.

– 월트 휘트먼(Walt Whitman)

26

당신만 모르는
아파트사업의 구조

시행사, 시공사, 분양사…. 필자는 직업이 부동산을 가르치는 것이라 모델하우스에 자주 간다. 최근에 유행하는 아파트 내부구조의 트렌드도 살펴볼 수 있고, 방문하는 사람들을 통해 분양 희망자들의 특성이 어떻게 변화하는지도 파악할 수 있다. 물론 덤으로 예쁜 도우미 언니들도 볼 수 있으니 꿩 먹고 알 먹기다.

볼 때마다 명함이 바뀌는
상담 직원

모델하우스에 가면 앉아서 상담하는 직원들이 있다. 큰 모델하우스

현장에는 수십 명의 직원이 있다. 이들의 명함을 받아보면 모두 시공사 직원들 같다. '○○건설 영업1팀 팀장 ○○○'이라는 식으로 되어 있는 명함을 건네니 말이다.

하지만 안타깝게도 모델하우스의 직원들은 대부분(거의 모두) 분양대행사의 직원들이다. 평생 모은 돈으로 투자하는 아파트인데, 상대가 이름도 들어보지 못한 분양대행사의 직원이라면 상담이 제대로 되겠는가. 그런 사람의 말을 듣고 당신은 아파트를 구입하겠는가. 따라서 가장 많이 알려져 있고 TV에 광고도 하는 ○○건설회사의 직원이라고 명함을 새긴다.

필자처럼 직업적으로 모델하우스를 많이 방문하는 사람들은 지난달에 종로 현장에서 분양하던 직원을 이번 달에는 서초동에서 만나는 경우도 있다. 분양대행사의 직원들은 하나의 현장이 끝나면 다음 현장으로 넘어간다. 특정 건설회사의 프로젝트를 주로 담당하는 분양대행사가 있기는 하지만, 현장이 바뀌면서 명함에 새기는 건설회사가 바뀌는 경우가 대부분이다.

부동산 마케팅을 수행하는 대표적인 두 부류는 '분양대행사'와 '개업 공인중개사'다. 둘 다 아파트에 관심 있는 사람에게 상품을 설명하여 이해시킴으로써 아파트 매매를 도와주는 역할을 한다.

분양대행사와 개업 공인중개사는 유사한 업무를 수행하지만 두 가지 정도에서 큰 차이가 난다. 첫 번째는 분양대행사는 신규 아파트를, 개업 공인중개사는 기존 아파트를 판매한다는 점이다. 두 번째는 분양대행사는 일방을 위해 일하고, 개업 공인중개사는 쌍방을 위해

표 32 _ 부동산 마케팅의 사업주체

개업 공인중개사	분양대행회사
• 경쟁적 특성: 밀집된 곳에 모임	• 프로젝트성 회사
• 1층 점포: 과거에는 2층에도 입점했음	• 인력 아웃소싱의 개념
• 전문화보다는 종합화 경향을 띰	• 부동산 상품별로 전문화된 분양대행회사 존재
• 부대사업 적극 모색: 낮은 수수료의 현실화 필요	• 시행 사업을 위한 징검다리 역할
• 공동중개의 방향으로 나아감	• 대대행 계약 관행
• 지역 소규모 거래정보망 활성화	• 부동산 중개업자와 공동 분양

일하기도 한다는 점이다. '분양회사'를 '분양대행사'라고도 부르는데 여기서의 '대행'은 시행사의 분양 업무를 대행한다는 말이다. 따라서 분양대행사는 시행사의 이익을 대변한다. 모델하우스에서 분양상담을 진행하는 분양대행사 직원이 '당신에게 특별히 할인해준다'고도 할 텐데, 이 말은 이미 시행사의 허락을 받았다는 말이지 당신의 사정을 고려하여 우호적으로 혜택을 준다는 말이 아니다. 반면 개업 공인중개사는 쌍방(매도자, 매수자)의 이해관계를 조정하기도 하니 당신의 사정을 고려하여 가격 조정에 적극 나서기도 한다. 그러므로 일방의 이해를 대변하는 모델하우스 상담 직원의 우호적인 말은 가려서 들을 필요가 있다.

최근에는 대형 건설회사 직원들이 직영으로 운영하는 현장도 있다. 필자도 처음에는 깜짝 놀라서 분양대행사 대표에게 그런 경우도 있느냐고 재차 확인했는데, 실제로 있는 모양이었다. 국내 아파트 분양시장이 아니고는 활성화된 사업 분야가 없어 남는 직원들을 모두 분양 현장에 배치한다고 한다. 국내외 건설 현장에서 일하던 역전의 기술자들을 기껏 아파트 모델하우스에 배치하다니 안타깝지만, 한 편으로는 그래도 일할 곳이 있어 다행스럽다는 묘한 기분이다.

시행사와 시공사의 얽히고설킨 관계

매입하려는 아파트나 입주하려는 아파트의 시행사를 기억하는 경우는 거의 없다. 다행히 필자는 SH공사가 시행한 아파트에 살고 있으니 잊어버릴 염려가 없지만, 민간에서 시행하는 아파트라면 시행사를 기억하기는 쉽지 않다.

시행사는 아파트사업을 실제로 수행하는 주체다. 토지 매입에서부터 인허가, 시공사 선정, 입주에 이르는 전 영역의 사업을 수행한다. 우리는 일반적으로 시공사를 보고 계약한다. 하지만 아파트사업의 주체는 시행사이기 때문에 단순히 시공을 맡고 있는 건설회사보다는 사업의 주체인 시행사의 재무 상태나 신뢰도를 파악하는 것이 좋다. 실제로 부도가 나서 사업이 멈춘 경우 시공사보다는 시행사 쪽에 문제가 있어 부도가 났을 확률이 훨씬 높다.

시행사라는 용어가 그리 익숙하지는 않다. 시행사는 시공사에 대비되는 법적인 개념이다. 개발사업의 주체를 외국에서는 '디벨로퍼(developer)'라 부르지만 국내에서는 시행사란 용어를 더 많이 쓴다. 디벨로퍼는 '오케스트라의 지휘자'에 비유되곤 한다.[49] 용지 매입에서부터 자금조달, 설계, 시공 그리고 사후관리의 전 과정을 진두지휘하는 역할을 하기 때문이다. 하지만 우리나라 디벨로퍼, 즉 시행사들은 외국에 비해 영세하고 전문성도 떨어진다. 제대로 된 디벨로퍼가 없는 개발사업이 지금도 전국 곳곳에서 벌어지고 있다.

아파트사업을 수행하기 위해서는 엄청난 자금이 소요된다. 최근 서울 지역의 아파트 평균 매매가격이 5억 원을 훌쩍 넘었으니[50] 1,000세대의 아파트사업을 시행하려면 총 5,000억 원의 자금이 필요하다. 영세한 국내 시행사로서는 자체적으로 이 정도 규모의 자금을 조달하기는 불가능하다. 또한 우리나라 금융회사들의 대출 관행을 고려하면 자금을 빌려줄 가능성이 거의 없다. 그래서 시공사가 시행사의 역할을 일정 부분 담당한다. 시공사인 건설회사는 시행사가 부도나더라도 아파트를 다 지어준다고 약속하는데, 이러한 약속의 대가로 상당히 높은 시공비(공사비)를 받는다. 책임준공이라는 리스크에 상응하는 위험 프리미엄을 받는다는 말이다.

아파트사업의 세 주체를 기억하자

필자는 개인적으로 우리나라 아파트의 분양가가 높다고 생각한다. 그 이유는 다름 아닌 이러한 국내 개발사업의 구조 때문이라고 판단한다. 개발사업의 사업성만을 가지고 자금을 조달하는 프로젝트 파이낸싱(project financing: PF)이 잘되어 있는 외국과는 다르게 국내 금융회사들은 프로젝트의 사업성을 평가할 역량이나 의지가 없다. 그래서 이렇게 복잡한 사업구조가 발생하게 됐고, 이로 인해 지불하지 않아도 되는 과도한 시공비가 지출된다. 사업장마다 다를 수 있지만 전체 사업비에서 건축비가 차지하는 비중이 가장 큼에도 이 비용을 낮출 수 있는 구조가 국내 개발사업에서는 원천적으로 차단되어 있다. 과도한 시공비 때문에 분양가는 올라갈 수밖에 없다.

다시 원점으로 돌아가자. 아파트사업의 구조에서 보면 시행사, 시공사, 분양사 등 세 주체가 전면에 나선다. 물론 이들 외에 금융회사와 정부 등도 아주 중요한 역할을 하지만, 주택 수요자들이 분양 당시 만나는 상대는 이들 세 주체다. 시행사가 사업의 주체이지만 개발사업의 구조가 왜곡되어 있다 보니 우리는 안타깝게도 시공사들만을 기억한다. 물론 시공사들이 누구인지도 중요하다. 하지만 아파트사업의 주체는 시행사다. 시행사가 어떤 회사인지, 신뢰할 만한지, 재무상태가 어떤지 등도 알아볼 필요가 있다.

정부도 이러한 문제점을 인식하고 있다. 조만간 시행사의 대표자 자산, 신용도, 평가등급 등이 부동산 투자자에게도 낱낱이 공개될 예정이다. 앞으로는 시행사를 평가할 자료도 확인할 수 있으니 사업주체인 시행사에 더욱 관심을 기울이기 바란다.

우리나라 디벨로퍼의 사업 방식

부동산 개발사업에서 가장 핵심적인 역할을 하는 주체는 시행사라고 부르는 '디벨로퍼'다. 개발사업에 대한 전문지식과 경험을 바탕으로 사업의 전 과정을 주도한다. 수익성이 높은 개발사업을 발굴하면 시장조사와 타당성 검토를 통해 프로젝트의 수익성을 검토하고, 목표 수준 이상의 수익이 예상되면 토지를 매입하고 상품계획과 마케팅 전략 등 전반적인 사업계획을 수립한다. 실제 개발사업을 추진하기 위해 시공사도 선정하고, 개발 과정에서 발생할 수 있는 다양한 위험요인을 관리·통제한다. 또한 개발사업 과정에 참여하는 다양한 주체와 함께 개발사업을 진행하지만, 이들을 실질적으로 관리·감독하면서 프로젝트의 주체로서 컨트롤타워 역할을 한다.

디벨로퍼가 컨트롤타워로서의 역할을 제대로 수행하면, 개발사업은 비용이 절감되며 품질 좋은 건축물을 만들어 최종적으로 사업수지를 높일 수 있다.

프로젝트를 관리·감독하면서 통제할 수 있는 능력은 디벨로퍼의 지식이나 경험에서도 나오지만, 핵심은 자금력이다. 프로젝트를 추진하는 비용은 크게 자산 투자(equity investment)와 차입금(debt)으로 나눌 수 있다. 자산 투자는 디벨로퍼가 직접 출자하거나 자본 투자자를 통해 자금을 확보하며, 나머지 차입금은 은행 등 금융회사로부터 조달한다.

외국의 경우 디벨로퍼는 전체 개발사업의 30% 내외, 많게는 그 이상을 자본금으로 투입한다. 하지만 우리나라의 디벨로퍼는 토지의 계약금만을 가지고 사업을 하는 경우가 많다. 개발사업에서 토지는 30% 내외의 비중을 차지할 뿐이므로 전체적으로 볼 때 5%에도 못 미치는 비중을 자본금으로 투입하는 셈이다. 심지어 이조차도 차입인 경우가 많다.

이렇게 영세한 국내 디벨로퍼는 개발사업이 본격적으로 시행되기 전에 사전정지작업을 수행한다. 지주작업, 인허가 등이다. 시행사가 이런 작업을 마치면 건설사는 큰 노력을 들이지 않고도 개발사업을 수행할 수 있으며, 금융회사는 시행사가 아닌 대형 건설사를 믿고 거액을 대출한다. 결국 건설사는 신용이 거의 없는 시행사가 금융권에서 빌린 돈에 대해 보증을 서면서 왜곡된 자금조달구조에 참여하게 된다.

시행사가 영세한 우리나라의 개발사업구조에서 시행사는 디벨로퍼라기보다는 토지 브로커에 가깝다. 전문성이 없으며 사업관리나 리스크 대처 능력이 현저히 떨어진다. 이런 과정을 거치다 보면 개발사업은 시행사가 아닌 시공사 주도로 이루어지게 된다.

우리나라 부동산 개발사업의 구조를 왜곡시키는 주범 중 하나가 프로젝트 파이낸싱 방식이다. 원래 프로젝트 파이낸싱은 프로젝트의 순수한 수익성과 미래 현금흐름의 타당성을 보고 자금을 조달하는 방식이다. 하지만 국내 프로젝트 파이낸싱은 일반적인 기업 파이낸싱과 큰 차이가 없다. 프로젝트의 현금흐름보다는 프로젝트 주체의 신용평가를 더 우위에 두고 자금을 조달하는 것으로, 금융회사는 시행사에 보증을 서준 시공사를 보고 투자 여부를 결정한다. 부동산가격이 급등하면 이마저도 소홀히 하는 경우도 많다. 더욱이 아파트에 자금을 대출하면, 추후 입주자들을 대상으로 중도금과 잔금을 빌려줄 수 있으니 꿩 먹고 알 먹는 식이다. 이같은 개발사업 방식에서는 부동산가격이 계속 상승한다는 전제하에만 모든 구성원이 행복해진다. 하지만 그 전제가 무너져 부동산가격이 하락하면 모두가 위험에 무방비로 노출되면서 곳곳에서 곡소리가 난다.

이러한 개발사업과 자금조달 방식 때문에 국내 부동산 프로젝트는 대부분 분양을 통해 자금을 회수하는 전략을 사용하게 된다. 향후 부동산시장을 예측하기 힘들고 자금력이 없다 보니 자금을 빨리 회수하려는 것이다. 분양 위주의 전략을 추구하는 디벨로퍼는 단기적 관점에서 프로젝트를 바라볼 수밖에 없고, 따라서 입주 후의 관리 전략이 있을 수가 없다. 매각한 이후의 부동산은 디벨로퍼의 관리 대상이 아니므로 전체 건물에 대한 양질의 서비스도 기대하기 어렵다. 우리나라 건축물의 노후화가 다른 나라에 비해 빠르게 진행되는 것은 짓는 데에도 문제가 있지만 관리상의 문제도 크게 작용한다.

반대로 임대 위주의 전략을 수립하는 디벨로퍼는 장기 투자 관점에서 부동산을 개발하며, 완공 후에도 일정 기간 관리함으로써 부동산의 전체 가치를 올리는 데 주력한다. 이렇게 관리된 부동산은 매월 안정적인 임대수익을 확보할 수 있으며, 향후 매각에 따른 차익도 더 크게 기대할 수 있다. 부동산시장이 어려워지더라도 임대시장은 큰 영향을 받지 않으니 시장이 다시 좋아졌을 때 매각을 고려하면 된다. 굳이 서둘러서 매각할 필요가 없다.

디벨로퍼가 없는 현재의 부동산 개발사업은 규모가 작거나 부동산시장이 와해되는 정도의 충격이 없으면 손실이 적을 수 있다. 하지만 규모가 큰 도시개발사업이나 부동산시장이 외부의 큰 충격을 받으면 지속될 수 없는 구조다. 하루빨리 일본의 모리(Mori Minoru)나 미국의 라우즈(James Rouse) 같은 제대로 된 디벨로퍼가 생겨나 우리나라의 부동산 개발사업구조가 정상화되길 기대한다.

불안을 팔아 먹고사는 부동산 전문가들

27

'가짜 백수오' 논란은 우리 사회의 전문가라는 사람들의 민낯을 적나라하게 보여주었다. 갱년기 여성을 위한 신비의 건강기능식품으로 알려졌던 백수오는 대부분 전문가의 주장과 달리 동의보감의 약재가 아니었다. 한의학중앙연구원이 온라인으로 제공하는 동의보감의 원문을 직접 살펴보면 누구나 확인할 수 있는 분명한 사실이다. 그럼에도 식약처가 백수오를 건강기능식품 개별인증 원료로 인정했으니, 식약처 어디에도 전문가는 없다고 보는 것이 정확하다. 아무런 활용가치가 없는 작물의 재배를 묵인해왔던 농진청조차 전문가 집단은 고사하고 정상이라 보기도 어렵다.

TV나 언론에는 하루가 멀다고 부동산 전문가들이 출연한다. 우리나라의 가계자산에서 부동산이 차지하는 비중은 70%를 넘는다. 고액자산가들은 비중이 이보다 작지만 중산층은 가계자산의 대부분이 집 한 채라는 말이다. 그러니 그 집값이 앞으로 어떻게 될 것인지보다 더 궁금한 것이 있을까? 지금 집을 구입하려는 사람들도 마찬가지다. 전 재산을 털어서 아파트 한 채를 구입하는데 그 아파트가 나중에 오를 것인지 떨어질 것인지를 고민하지 않고 결정할 수 있는 사람이 몇 명이나 될까. 집값의 향방은 가히 전 국민의 관심사라 할 만하다.

이렇게 엄청난 수요(궁금증)가 있으니 당연히 공급(해답)이 뒤따를 수밖에 없다. 불안한 국민을 안심시킬 수 있는 전문가의 출현이다. 실제로 많은 전문가가 불안을 팔아 먹고산다. 장래에 있을지도 모르는 불안에 대비해서 미리 준비하라는 식의 마케팅, '불안 마케팅'인 셈이다.

모든 지역, 모든 상품에 전문가일 수는 없다

부동산 전문가로 자처하면서 언론과 방송을 종횡무진 누비는 이들에게는 공통된 특징이 있다. 일단 부동산의 모든 부문을 잘 알고 있는 듯 이야기한다는 것이다. 20년 가까이 부동산을 연구해온 필자로서는 모든 지역과 모든 상품에 통달한 전문가란 사실상 존재할 수 없다고 생각한다. 부동산은 지역성(국지성)이란 특성을 가진다. 부동산의 자연적 특성, 즉 지리적 고정성으로 인해 그가 속한 지역에 제한을 받는다는 의미다.

서울에는 25개 구가 있고 그 구의 하위 행정단위로 동이 있다. 그런데 구마다 개별적으로 다른 특색이 있고, 그 하위 행정단위인 동들도 저마다 특색이 있다. 따라서 서울시만 놓고도 지역성을 고려한 전반적 분석은 불가능하다고 보는 것이 맞다. 그럼에도 전문가라는 명찰을 달고 전국을 분석한다. 난센스다! 참고로 우리나라에는 서울과 같은 자치단체가 243개나 있다.

부동산은 정보의 비대칭성이 강한 대표적인 상품이다. 정보가 비대칭적이라는 말은 어느 일방이 정보를 많이 가지고 있다는 말인데, 매수자와 매도자 중 매도자가 많이 가지는 경우가 대부분이다. 그 지역에서 오래 산 사람이 그 지역의 부동산시장과 함께 해당 부동산에 대해서도 가장 잘 안다. 물론 생활에 도움이 되는 정보와 투자에 도움이 되는 정보가 다르겠지만, 겹치는 부분도 상당하다.

상품의 특성도 복잡하다. 용도별로 분류하면 주거, 상업, 업무, 레저 등으로 나눌 수 있으며 단순히 주거라고 해도 아파트, 연립, 단독주택, 주상복합 등 상품별로 상당한 차이가 있다. 하나의 상품을 연구한다고 해도 적지 않은 시간이 걸린다. 하지만 부동산 전문가들은 동에 번쩍 서에 번쩍 하는 식으로 특정 지역과 특정 상품, 심지어 미래의 부동산시장까지 전망한다.

사실 부동산과 관련된 전문 연구기관의 예측 자료도 실제 부동산시장과 비교하면 정확성이 떨어진다. 이는 기본적으로 예측과 전망의 한계로 인한 어려움이다. 물론 우리나라 부동산 통계가 정확하지 않고, 예측과 관련된 변수가 많을 뿐만 아니라, 자산시장은 심리에 많이 좌우되니 부동산시장을 예측한다는 것은 정말 만만치 않은 작업이다. 이 분야 일을 하고 있는 필자도 예측과 관련하여 언론, 방송과 인터뷰를 할 때면 등골이 서늘해지는 기분을 자주 느낀다. 실제로 2014년 아파트 분양시장의 호황을 정확히 예측한 연구기관이나 부동산 전문가는 거의 없었다. 특히 지방 광역시의 호황을 전망한 전문가는 아예 없었다고 본다. 그만큼 부동산시장은 예측이 어려움에도, 부동산 전문가들은 언제 어디서나 물으면 바로 답을 내놓는다. 그들의 인터뷰를 보는 필자도 가끔은 경이롭다고 느낄 지경이다.

하나만 콕
찍어주세요

부동산 전문가에도 몇 가지 유형이 있다. 특정 연구기관이나 대학에 소속된 경우라면 그나마 안정적인 조직에서 연구에 전념할 수 있을 것이다. 물론 현장의 전문가가 아니다 보니 현장감 떨어지는 이야기를 한다는 문제점이 있긴 하다. 재미가 없을 수는 있지만 딱히 먹고 살기 위해 방송이나 언론에 출연할 필요는 없으니 나름 객관성을 갖췄다고 볼 수는 있다.

그 외 무슨무슨 연구소니 에셋이니 하는 그다지 익숙하지 않은 회사의 소속이라고 하는 전문가들은(사실 이런 전문가들이 언론과 방송에 자주 출연한다) 방송이나 언론에 출연하는 것 자체가 자신의 수입과 직결되는 경우가 많다. 이들의 수입원은 강연과 컨설팅, 출판인데 대부분 강연으로 먹고살 것이다. 우리나라는 책도 잘 팔리지 않고 돈을 주고 컨설팅을 받으려는 수요도 거의 없기 때문이다. 강사료가 올라가고 많은 사람이 찾게 하려면 언론과 방송에서 인지도를 높여야 한다. 전문가들의 전문 분야는 한정되어 있지만 언론과 방송은 그걸 따지지 않는다. 사실 박사는 좁은 분야를 깊이 아는 사람인데, 우리는 넓은 분야를 두루 아는 것처럼 착각한다. 먹고살기 위해 인터뷰에 응할 수밖에 없고, 본인의 전문 분야가 아닌 영역도 잘 아는 것처럼 답변할 수밖에 없다. 이렇게 시간이 지나면 진짜 본인의 전문 분야를 잃어버리게 된다. 그때가 되면 스페셜리스트(specialist)가 아닌 제너럴리스트(generalist)가 되는 것이다. 버튼을 누르면 즉시 제품을 내놓는 자판기와도 같이 물으면 어떤 것이라도 대답하는, 말하는 인형이 되어가는 것이다.

더욱 우려되는 건 속칭 부동산 전문가들이 특정 지역의 특정 상품을 홍보하는 경우다. 단기적으로도 위험하지만 장기적으로도 본인의 전문가 생활에 마침표를 찍게 될 수도 있다. 아무리 좋은 지역의 상품이라도 한 번은 어려움에 처할 수 있다. 그런 일은 부동산 내부 요인만이 아니라 부동산 외부환경의 요인에 의해서도 발생할 수 있다. 소위 '찍어주기'가 가진 위험이다.

필자도 투자세미나 등에서 부동산시장의 분석에 대해 발표하는 경우가 있다. 열심히 만든 자료를 가지고 과학적으로 분석해 침 튀기면서 강연을 하고 나면 쉬는 시간에 찾아오는 사람들이 있다. "교수님! 복잡한 말씀 마시고 딱 한 곳만 찍어주세요. 은혜는 잊지 않겠습니다." 그럴 때면 정말 허탈함을 느낀다. 그걸 알면 내가 여기서 이러고 있겠는가. 투자해서 진작에 부자가 되었을 거다.

눈과 귀는 열되, 판단은 스스로 해야 한다

필자의 연구실이 양산이라는 중소도시에 있기 때문에 찾는 사람들이 많지 않아 그나마 다행인데, 사실 필자도 언론이나 방송에서 인터뷰를 꽤 하는 편이다. 필자가 잘나고 아는 것이 많아서가 아니라 지방에는 정말로 전문가란 사람이 많지 않기 때문이다. 글을 쓰고 있는 지금도 서늘한 기분과 함께 창피함 때문에 나도 모르게 낯이 붉어진다.

언론이나 방송에서 속칭 부동산 전문가라고 하는 사람들이 출연해 많은 이야기를 하지만, 우리는 이들의 이야기를 잘 해석해서 받아들여야 한다. 누구의 이야기도 듣지 않고 투자하는 것도 그리 좋은 방법은 아니지만, 부동산 전문가들의 이야기에 휘둘려선 안 된다. 단순한 참고자료로 삼고 본인이 주체적으로 판단하여 투자해야 한다. 과거 특정 언론에서 부동산 전문가란 사람들이 살고 있는 집을 조사한 적이 있다. 서울 강남에서 거주하는 사람이 반도 되지 않고 그나마 대부분은 전세를 살고 있었다고 한다. '중이 제 머리 못 깎는다'는 말로 변명하고 싶겠지만 실제로 부동산 전문가 중에는 매매건 전세건 부동산 계약서 한 번 제대로 써보지 않은 사람이 많다고 한다. 잘 모르니 용감한 것이다. 투자하려는 지역이나 상품에 대한 정보를 부동산과 관련된 공식, 비공식 사이트에서 확인하는 것이 오히려 더 효과적일 것이다.

너무 넓은 영역에서 전문가 행세를 하는 사람은 사기꾼에 불과하다. 전문가란 말은 결국 자신이 붙이는 게 아니라 주변에서 인정해주고 평가해주어서 불리는 칭호라고 생각한다. 오히려 자신의 전문 분야가 아닌 것에 대해서는 잘 모른다고 솔직하게 인정하고 그 분야를 잘 아는 인물을 추천해주는 사람이 진짜 전문가가 아닐까. 잘 아는 기자한테서 전화가 온다. 받아야 할지 말아야 할지 이 글을 쓰는 순간에도 정말 고민된다.

부동산시장의 예측

부동산시장을 예측하려는 시도는 주식시장에서만큼은 아니지만 늘 있었다. 주식시장 예측이나 경제현상에 대한 예측과는 다르게 부동산시장을 예측하는 데는 사실 큰 부담이 없다. 일반적으로 부동산시장의 예측은 중장기적으로 이루어지기 때문이다. 한 달 후의 부동산시장이 어떻게 될 것인지를 물어보는 사람은 없다. 빨라도 반년, 길면 몇년 후의 상황을 물어보니 대답하는 사람도 부담이 없다. 해당 시점이 되어 맞지 않아도 크게 부끄러워할 필요가 없다. 그때가 되면 상대방도 물어보았다는 사실조차 잊어버릴 테니까.

사람들은 경제학을 예측의 과학이라 여긴다. 하지만 어디 경제학뿐이랴. 부동산학을 연구하는 학자들에게도 가장 크게 요구되는 것이 예측이다. 날씨나 여타 예측에 대해서는 관대한 사람들도 경제현상에 대한 예측에는 민감하다. 돈과 관련되기 때문이다. 내가 가지고 있는 주식과 부동산에 직간접적으로 영향을 미치는 변수들에 관심이 높은 이유는 내가 가진 자산이 늘어나느냐, 줄어드느냐, 심지어 완전히 거덜 나느냐에 큰 영향을 미치기 때문이다. 미리 알거나 남들 모르는 정보를 입수한다는 것이 얼마나 중요한지를 우리는 잘 안다.

경제예측만큼이나 부동산시장의 예측도 잘 들어맞지 않는다. 전반적인 부동산시장에 대한 예측도 잘 맞지 않는데 개별 부동산 상품에 대한 것은 오죽하랴. 언론과 방송에서는 매년 다음 해의 부동산시장에 대해 전문가들에게 물어본다. 전년도와 대략 비슷한 경우는 큰 문제 없이 넘어갈 수 있다. 하지만 잠시라도 다른 상황이 발생하면 예측을 제대로 한 전문가가 없다는 사실이 드러난다. 2001년부터 시작된 부동산시장의 호황이 2004년 잠시 침체를 겪었다. 2001년부터 2006년까지 아파트 매매가격 상승률은 항상 두 자릿수였지만 2004년만은 거의 상승하지 않았다. 이런 상황을 예측하는 전문가는 거의 없다. 실제로 그해 시장을 제대로 예측한 언론과 방송은 없었다. 물론, 전문가나 연구소가 없었다는 말이다.

이렇게 맞지 않는 예측을 하는 가장 큰 이유는 누구나 아는 과거의 정보(통계)를 가지고 미래를 예측하기 때문이다. '미래는 과거의 연장선상'이라는 기본 전제에 의해 만들어진 각종 모형과 모델들은 특이한 사항이 조금만 발발해도 엉뚱한 결과를 내놓을 수밖에 없다. 특히 국내 부동산시장의 통계는 미국 등 선진국보다 정확성이 현저히 떨어지기에 더욱 그렇다.

또 다른 이유는 '밥벌이'에서 자유로울 수 없기 때문이다. 국내 부동산시장 전망이 자주 틀리는 대표적인 이유다. 민간연구소는 민간연구소대로, 관변연구소는 관변연구소대로 스폰서(돈줄)의 눈치를 본다. 그래서 민간연구소는 낙관적으로, 관변연구소는 다소 비관적으로 전망한다. 주식을 연구하는 증권회사의 연구소에서 매도 리포트를 제대로 내지 못하는 이유와 마찬가지일 것이다. 이처럼 전문 연구 인력의 부동산시장 예측은 어디에 소속되어 있느냐에 따라 다른 동기를 가지며, 그 동기에 따라 본인의 소신이 왜곡되기도 한다.

그럼 예측을 하지 말고 손 놓고 있는 것이 좋을까? 그건 아니다. 큰 금액을 투자했는데 어떻게 가만히 있을 수 있겠는가. 계속 고민할 수밖에 뾰족한 대안이 없다. 빗나간 예측의 희생양이 되지 않으려면 기본적으로 다음의 사항을 알아두는 것이 좋다. 부동산시장 예측 모형의 정확성에 대한 최근 연구 결과다.[51]

첫째, 과거의 자료보다는 현재의 자료가 현실을 예측하는 데 더 도움이 된다. 따라서 거시경제변수를 가지고 부동산가격을 예측할 때는 과거 자료보다는 가능한 한 최근 자료를 활용하는 것이 바람직하다.

둘째, 모형을 아무리 치밀하고 적합하게 만들었다고 하더라도 이것이 예측력을 담보할 수는 없다. 따라서 예측을 할 때는 전문가적인 관점에서 시장 감각을 가미하여 최종적으로 결정하는 것이 좋다. 즉, 정량적인 분석에 정성적인 판단을 추가하는 것이 더 정확한 예측을 할 수 있다는 뜻이다.

셋째, 세부 지역별로 부동산시장을 예측하는 것은 완전히 다른 문제다. 그 지역의 시장 상황을 반영할 수 있는 변수들을 새로이 발굴해야 한다. 기존의 예측 자료를 활용하지 말고 지역에 맞는 예측모델을 만들어 내는 것이 중요하다는 말이다. 이는 수도권과 지방의 부동산시장이 갈수록 비동조화(decoupling)하는 현상 때문이다.

모든 경제현상과 마찬가지로 부동산시장도 예측하기 어렵다. 물론 매년 가격이 떨어진다고 전망하거나 매년 오른다고 전망하면 10년 이내에 몇 번은 들어맞기도 할 것이다. 실제로 그런 전문가들도 있다. 10년 동안 줄기차게 부동산시장이 폭락할 것이라고 이야기하는. 하지만 소위 전문가라고 하면 과거의 예측과 현재 상황을 비교하고 미래 예측을 수정하면서 새로운 변수와 요인들을 끊임없이 발굴해야 한다. 그렇게 노력하는 전문가가 보이면 그 전문가의 말을 다른 전문가에 비해 조금 더 신뢰할 수 있을 것이다. 그리고 그렇게 하면 부동산시장을 더 정확히 바라볼 수 있지 않을까 싶다. 예측은 과학이지만 '땀'의 과학인 셈이다.

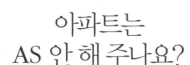

아파트는
AS 안 해 주나요?

아파트 입주는 하자와의 싸움이다. 입주하고자 하는 아파트에 사전 점검을 가는 순간은 내 집 마련의 꿈이 분노로 바뀌는 순간이기도 하다. 모델하우스에서 봤던 자재나 구조와 다른 경우도 있고, 타일이나 벽지 등이 파손되고 누수의 흔적이 보이기도 한다. 심지어 집에 쓰레기가 굴러다니는 경우도 있다. 필자도 평소에는 국내 건설사들을 옹호하는 발언을 많이 하지만, 입주를 한번 경험하면 아파트를 너무 막 짓는다는 생각이 절로 든다.

이렇게 이야기하면 건설사는 기분 나쁠 것이고, 입주를 앞두고 있는 수분양자들은 황당할 것이다. 좀 충격적인 말로 시작했지만, 그만큼 하자 등 입주 아파트의 문제점을 잘 파악하고 대처해야 한다는 점을 기억하자.

표 33 __ 연도별 아파트 입주물량 추이
(단위: 호)

지역	2010년	2011년	2012년	2013년	2014년	2015년
전국	298,837	215,906	178,341	193,784	262,242	263,242

* 부동산114

2015년 현재 기준 전국적으로 26만 가구가 집들이를 예정하고 있다. 1997년 43만 호에 비하면 많이 줄었지만, 그래도 20만 호가 안 됐던 2012년과 2013년에 비하면 꽤 늘어났다. 알뜰살뜰 모은 종잣돈으로 계약금과 중도금을 치르고 마지막으로 입주 일자를 기다리는 이들은 새 아파트에 대한 흥분과 기대로 가득 차 있다. 하지만 새 집이 하자투성이라면 어떤 생각이 들까?

계속 증가하는 하자접수 건수

2015년 들어 아파트 하자접수 건수가 급증하고 있다. 이에 따라 새 아파트의 입주민들과 건설회사 간의 분쟁도 크게 늘었다.

국토부에 따르면 2014년 1,676건이던 하자조정·심사접수 건수가 2015년 들어서는 무려 4,000여 건으로 폭증했다. 2010년 69건이던 하자조정·심사접수 건수는 2011년 327건, 2012년 836건, 2013년 1,953건으로 매년 배 이상 늘었다. 사실 하자접수 건수는 부동산 경기가 호황이면 줄어들고 불황이면 늘어난다. 입주하는 아파트의 가격이 올라 프리미엄이 형성된 경우는 입주도 일찍 하지만 하자에 대해서도 관대하다. 아파트가격이 올랐는데 굳이 분양 당시 브로셔를 꺼내놓고 체크할 필요는 없다고 생각하기 때문이다. 이에 반해 새 아파트임에도 분양가보다 떨어진 경우 입주도 지연되고 하자에 대한 불만도 증가한다. 하자가 불만이 아니라 아파트 자체가 불만인 셈이다. '내가 왜 분양받았던고' 하는 한탄이다.

그런데 최근에는 부동산 분양시장이 호황임에도 하자접수 건수가 늘고 있다. 애프터서비스에 대해 건설사들이 새로운 전략을 구축해야 하는 시점이다. 최근 아파트 하자 관련 민원이 급격하게 늘어나는 이유는 건설사들의 경영 악화와 관련이 있는 것으로 파악된다. 건설 경기가 침체되어 어려워진 건설사들이 과도한 비용절감에 나선 것이 아니냐는 분석이다. 특히 국내 건설사들의 다단계 하청 관행 또한 이를 부추기고 있는 것으로 보인다. 저가 수주를 한 중소 하청업체들이 이익을 남기기 위해 부실시공을 하고, 대형 건설회사는 이를 제대로 관리·감독하지 못한 점 때문이라는 말이다.

실제로 물량을 확보하기 위한 건설사들의 수주 경쟁이 치열해지면서 원 수급자의 평균 낙찰률이 73%로 떨어졌다. 100억 원짜리 공사를 73억 원에 수행하는 셈이다. 이러니 어떻게 부실시공이 없을 수 있겠는가. 그나마 사전점검 시점에라도 부실시공에 따른 하자가 발견됐다면 다행이라 할 수 있다. 잘못되어 하자보수 기간이 지난 후 드러나면 어떻게 할 것인가.

부실시공의 대표적인 예가 세종시에서 벌어진 '철근 부실시공'

사건이다. 철근 시공을 맡은 하청업체가 공사비를 줄이고 공사기간을 맞추기 위해 철근을 설계보다 적게 사용했다. 그런데 이들이 감리업체 직원과 시공사 관계자들에게 로비하여 부실시공이 드러나지 않은 것으로 밝혀졌다. 철근이 로비를 위한 골프채로 돌변한 사건이었다.

임대아파트는 더욱 심각하다. 인터넷 포털 사이트에서 '임대아파트 하자'를 검색하면 각종 사례가 줄을 잇는다. 공공이든 민간이든 예외가 없다. 입주한 지 얼마 안 된 아파트의 엘리베이터가 고장 나고, 재공사를 해도 결로현상이 없어지지 않는다. 실제로 한국토지주택공사(LH)의 하자 발생 비율은 2009년 100가구당 11건이었지만 2013년에는 31건으로 급증했다. 승강기 고장사고가 평균 30분에 한 번꼴로 발생하고 있다. 서울시 공공임대주택을 시행하는 SH공사도 예외는 아니다. 행자부의 조사에 의하면 SH공사의 분양 아파트 입주 후 만족도는 2013년 59.9점에서 2014년에는 49.3점으로 크게 줄었다.

왜 아파트는 사후관리가 약할까

입주하는 아파트의 하자보수는 법에 규정된 사항이므로 주택사업자는 반드시 서비스해야 한다. 그럼에도 하자보수 기간이 종료된 이후까지 사후관리를 해주는 경우는 거의 없다. 대형 건설사들도 별반 차이가 없는데, 이는 아파트라는 주거 상품이 가진 특성에 기인한다.

아파트는 제품 구매주기가 길고, 재구매의 가능성이 작기 때문이다. 대부분 세대는 아파트를 구입하면 상당히 오랜 기간 거주한다. 제품 구매주기가 상대적으로 무척 길다 보니 사후관리를 잘 해서 재구매로 유도하기에는 많은 노력이 소요된다. 방송이나 언론에 가장 많이 광고하는 제품은 생활소비재로, 제품 구매주기가 짧다. 따라서 이런 제품의 재구매를 위한 기업들의 노력은 치열할 수밖에 없다. 하지만 동일한 아파트를 다시 구매해주기를 바라면서 투자를 하기에는 들어가는 돈과 시간이 너무 많다.

또한 아파트는 브랜드보다 지역과 위치가 더 중요하기 때문에 동일한 브랜드를 재구매할 가능성이 떨어진다. 이런 이유로 건설사들은 자사 브랜드 아파트에 거주하는 고객들에 대한 사후관리를 잘 하지 않는다.

하지만 최근에는 몇몇 건설사를 중심으로 사후관리에 조금 더 신경을 쓰는 모습도 보인다. 분양 단계에서 고객유치 마케팅에만 집중하던 과거의 방식을 탈피하여 입주자를 위한 애프터서비스에 더욱 주력하는 단계로 발전하고 있다. 가전제품 애프터서비스에 비하면 말을 꺼내기도 창피하지만 조금씩 증가는 하고 있다.[52]

시기를 놓치면 하자보수가 어려울 수 있으므로 사전점검 때 꼼꼼히 챙겨야 한다.

하자점검,
내가 아니면 누구도 챙겨주지 않는다

앞에서 언급한 이유로 건설사들은 하자보수나 사후관리에는 큰 관심이 없을 수 있다. 따라서 입주 전에 하자점검을 꼼꼼히 하고 입주 후에도 하자보수 기간이 끝나기 전까지 문제점을 찾아내는 노력이 필요하다. 먼저 입주자 사전점검 때 항목별로 꼼꼼하게 챙겨야 한다. 하자점검 사항은 인터넷에서 출력하여 리스트를 들고 방문하는 것이 좋다. 특히 하자가 가장 많은 부분인 도배상태, 도장(칠), 싱크대, 거실장, 벽과 바닥이 접하는 부분의 균열을 더욱 주의 깊게 살펴야 할 것이다.

한 연구[53]에 의하면 하자보수를 수행하는 직원에 대한 평가는 대체로 만족하는 수준이었으나 그 외 처리기간, 처리내용, 사후관리에 대해서는 만족도가 낮았다. 입주자 입장에서는 한 번에 신속히 모든 하자를 처리해주기를 기대하지만, 제반 여건상 건설회사가 기대에 미치지 못하는 것 같다.

더 중요한 사항은 건설회사의 하자보수 활동을 개선하기 위해서는 자체 역량을 강화하는 것은 물론 기획이나 영업, 설계 부분과의 효과적인 협조가 필수적이라는 사실이다. 이는 하자보수 사안들이 순수한 하자보수 사안과 함께 분양 단계에서 소비자들에게 과도한 기대를 심어줬거나 설계상의 오류, 공정상의 하자와 같이 그 이전 프로세스에서 기인한 사안들이 많기 때문이다. 따라서 관련 부서뿐만 아니라 다양한 부서의 구성원들이 소비자의 만족도 제고를 위해 노력하는 것이 바람직하다.

입주자 사전점검 순서

입주자 사전점검이란 공동주택 건설공사 중 도배, 조경, 도장공사 등 감리 대상에서 제외되는 공사에 대하여 입주자가 부실 여부를 효율적으로 점검할 수 있도록 하여 부실시공을 방지하기 위해 실시한다. 주택건설 촉진법령에 의하여 사업계획 승인을 받아 건설하는 공동주택 건설공사 중 감리 대상에서 제외되는 11개 공사가 점검 대상이다.

토목공사 중에는 조경공사와 부대시설공사가, 건축공사 중에는 가구 · 유리 · 타일 · 돌 · 도장 · 도배 · 주방용구 · 기타(잡)공사가, 기계설비공사 중에는 위생기구공사가 포함된다.

사전점검 시기는 입주 예정일 1~2개월 전이며 1,000세대 미만은 3일, 1,000세대 이상은 4일 이상을 점검기간으로 할애한다. 물론 사업주체가 공사의 규모, 공사 진행 정도 및 현지 여건 등을 고려하여 점검 시기 등을 효율적으로 조정할 수 있다. 점검 요일은 직장 근무자를 고려하여 토요일, 일요일이 포함되도록 정해야 한다.

사업주체는 사전점검 안내문을 작성하여 사전점검 14일 전까지 입주자에게 등기우편으로 발송한다. 사전점검 안내문에는 점검일시(시간), 점검기간 및 집결장소, 사전점검표, 사전점검 방법 및 진행절차, 기타 필요한 사항이 포함되어야 한다.

입주자 및 사업주체는 다음의 절차에 따라 사전점검 및 보수처리를 수행한다.

먼저, 사업주체는 입주자가 점검 시 쉽게 비교 · 확인할 수 있도록 현장 내에 견본주택을 설치하거나, 모델하우스에 사용된 견본자재와 사진 또는 인쇄물 등을 제공하고, 시공된 자재의 규격과 재질 등에 관한 자료를 제공한다. 입주자가 현장에 도착하면 접수를 받고 교육을 실시한 후 분양 주택으로 안내한다.

입주자는 주거전용 부분 및 공용시설 부분을 사전점검표를 가지고 직접 점검을 실시한다. 사전점검표에는 사전점검이 효율적으로 진행될 수 있도록 실별 입실순서대로 세부적인 점검사항이 명시되어야 한다. 입주자가 지적사항을 작성한 후 점검표를 제출하면 사전점검은 완료된다. 사전점검 미실시 세대 및 공용시설 부분과 미분양 세대 등에 대해서는 사업주체가 자기 책임하에 점검을 실시한다.

사전점검 시 입주 예정자가 놓치기 쉬운 사항이 있다. 열심히 사전점검표를 작성하여 사업주체에게 제출할 때 사본을 요구하여야 한다는 것이다. 나중에 하자보수에 문제가 생기면 이 사본이 법적 효력을 발휘할 수 있기 때문이다. 사본을 해주지 않으면 어떻게 하나? 현장에서 다투지 마시고 스마트폰으로 찍어두시길.

29

KTX 개통으로
서울이 지방 상권을 빨아들일까?

'빨대효과(straw effect)'란 말이 있다. 교통수단이나 여건이 개선됨으로써 인적, 물적 자원이 대도시로 급격히 집중되는 현상을 일컫는 말이다. 2004년 4월 고속철도(KTX)가 개통된 이후 많이 언급됐던 단어다. KTX가 개통됨에 따라 수도권의 강력한 흡인력에 의해 지방이 쪼그라드는 현상인데 이 영향은 단기적으로는 주로 의료와 유통시설에서 두드러진다. 실제로 KTX 1단계 노선 개통 이후 대구 시민들이 서울에 있는 병원의 의료서비스나 학원의 교육서비스를 이용하고, 유명 백화점에서 쇼핑하기 위해 KTX를 이용해 상경한다는 빨대효과가 언론에 보도된 바 있다.

사실 빨대효과 또한 작명의 달인들이 즐비한 일본에서 처음 쓰인 것으로 알려졌다. 일본에서 신칸센(新幹線)이 도입될 당시 도시 중심의 인구 불균형 현상이 완화되는 일명 '분산효과'를 기대했으나, 실제로는 신칸센으로 인해 지방의 인적, 물적 자원이 대도시로 빨려 들어가는 현상이 나타났다. 이로써 빨대효과라는 말이 생겨났다. 최근 《지방 소멸》이라는 책이 출간되면서 이러한 현상이 계속되는 심각성을 경고한 바 있다.

KTX 개통으로 지방 상권이 몰락할까?

2015년 4월 호남선 KTX가 개통됨에 따라 전국이 반나절 생활권 시대로 접어들었다. 그동안 '무늬만 고속철'을 이용했던 호남권 주민들은 관광 등 지역경제 발전에 청신호가 켜졌다며 반기고 있다. 하지만 의료나 유통업계에서는 이른바 '빨대효과'로 수도권에 기존 고객을 빼앗기지 않을까 벌써부터 긴장하고 있다. 경부선 KTX 1단계 노선이 개통됐을 때 대구 지역에서 경험했던 수요의 유출을 걱정하는 것이다.[54]

부동산시장에서는 상권이 크고 좋은 곳이 상권이 작고 나쁜 지역을 흡수하는 경향이 있다. 그러다 보니 상권이 크고 좋은 곳이 지역 부동산시장을 선도하게 된다. 침체된 부동산시장이 활성화될 것이라는 예측은 선도 지역의 움직임을 보고 판단할 수 있다. 주식시장에서의 블루칩 종목과 같이 부동산시장을 선도하는 지역 또는 아파트가 있기 마련이다. 그 대표적인 것이 지역은 강남이요, 상품은 재건축이다.

2000년 초 부동산시장의 대세 상승을 견인했던 지역과 상품은 강남, 재건축 아파트였다. 강남 지역의 재건축 아파트가 제일 먼저 상승하고, 그 이후에 강남 지역의 일반 아파트, 강북 지역, 수도권 신도시, 지방 광역시, 기타 지방 순으로 아파트가격이 올라 지역 부동산시장이 호황을 누렸다. 빨아들이는 것만 빨대효과가 아니다. 영향을 미치는 것 또한 빨대효과다. 당시 전국을 선도하고 영향을 미친 것이 강남의 재건축 아파트였다는 데서 이 점을 확인할 수 있다.

상권을 흡수하고 선도하다 보니 강남 재건축 아파트를 중심으로 하여 부동산시장의 회복이 동심원처럼 이루어졌다. 부동산시장이 침체했다 회복될 경우, 국지적으로 이러한 현상이 발생한다. 이는 부동산시장이 가지는 지역적 한계성에 기인한다. 고정되어 있으니 지역을 넘어서거나 지역을 전체적으로 아우르는 영향을 미치기는 어렵다. 서서히 단계적으로 퍼지거나 흡수한다.

달라진 중심축, 강남을 대신할 새 주역은?

하지만 2014년부터 시작된 부동산시장의 회복에는 '가격 상승의 시작은 강남 재건축에서'라는 법칙이 적용되지 않는다. 최근 부동산시장의 회복에는 지방 광역시가 선도 지역으로 나서고 있으며, 강남 지역의 재건축 아파트는 여전히 의심의 눈초리를 받고 있는 상황이다. 그나마 강북 지역의 재건축 아파트는 다소 움직임이 있지만 강남 지역의 재건축 아파트를 긍정적으로 평가하는 전문가는 많지 않다. 물론 장기적으로는 투자가치가 있다는 말로 얼버무리면서.

계속 오르기만 하면서 불패 신화를 기록했던 강남 재건축 아파트가 예전 같지 않은 모습을 보인다. 재건축을 추진 중인 주요 단지들의 매매가는 하락세를 보였던 2010년 초와 비교하면 상승세를 타고는 있지만, 과거 잘나가던 시절과 비교하면 겨우 반응이 있는 수준이다. 정부의 적극적인 부동산 활성화 대책을 고려하면 답답할 정도다.

재개발·재건축 규제를 완화한 2014년 9·1부동산대책이 발표된 이후 강남 재건축 아파트들의 매매가격 상승률은 한 자릿수에 머물고 있다. 오히려 강북 지역이나 지방 광역시의 재건축 아파트가 두 자릿수를 넘는 가격 상승으로 강남 지역을 압도하는 분위기다. 강남 지역 재건축 아파트가 우리나라 부동산시장을 선도하던 시대는 지나갔고 강남 아파트라면 무조건 사겠다고 덤비던 시절 또한 과거일 따름이다. 왜 이런 현상이 나타날까? 그리고 강남의 재건축 아파트는 앞으로도 계속 주목받지 못하는 투자 상품일까?

강남 지역의 재건축 아파트에 대한 투자 측면의 분석은 언론과 방송에서 다양하게 소개됐다. 그 다양한 논거를 여기서 다 언급할 수는 없고, 필자는 빨대효과로 이를 설명하고자 한다. 강남 재건축 아파트와 대척점에 있는 상품으로는 지방 광역시 재건축 아파트를 들 수 있

표 34 __ 2014년 재건축 아파트 매매가격 상승률

지역	충청북도	제주도	경상남도	광주광역시	대구광역시	충청남도	경상북도	서울특별시
상승률	24.0	18.4	14.9	13.9	12.9	9.1	8.8	5.9

* 부동산114

다. 실제로 강남 재건축 아파트보다 지방 광역시 재건축 아파트의 매매가격 상승률이 높다. 2014년을 예로 들면, 서울 재건축 아파트의 매매가격 상승률은 5.9%에 불과하나 대구와 광주의 재건축 아파트는 무려 12.9%, 13.9%나 상승했다. 놀라지 마시라. 광역시가 아니지만 충청북도의 상승률은 24.0%다. 서울의 재건축 아파트 상승률은 전국 광역자치단체 중 8번째에 불과하다. 과거의 영광을 생각한다면 초라할 따름이다.

빨대효과가 본격적으로 성립되기 위해서는 교통시설이나 여건의 개선이 필요하다. 대중교통 수송 분담률 등을 고려한다면 철도가 그 영향력이 가장 크다. 항공 수요는 17.2%, 고속버스는 3.1% 줄어들었지만 철도는 22.9% 증가했기 때문이다. KTX 등 철도는 출발역과 함께 종착역이 존재한다. 서울에서 출발하는 것을 예로 들면, 경부선은 서울이 출발역이고 부산이 종착역이 된다. 전 노선과 구간이 완료되면 빨대효과는 한 곳에서만 성립되지 않는다. 출발역과 함께 종착역 또한 빨대효과의 한 축을 담당하게 된다. KTX를 왕복으로 이용한다면 출발역이 곧 종착역이 되면서 종착역은 또다시 출발역이 되기 때문이다. 도시의 규모가 서울만큼 크지 않아 빨아들이는 힘이 다소 약할지라도 부산 또한 한 축을 담당한다. 특히 부산은 '제2의 서울'이기 때문에 빨대효과를 불러일으키는 기능을 충분히 수행할 수 있다.

일본에서와 다른 우리식 빨대효과

부산이 빨대효과의 한 축을 담당하면서 부동산시장에서 부산을 중심으로 동심원처럼 가격 상승이 퍼져나가는 현상을 볼 수 있다. 부산에서 울산, 울산에서 창원, 창원에서 대구 등이다. 지역과 시차를 정확히 예견할 수는 없어도, 강남에서 수도권으로 아파트가격의 상승 흐름이 이어지던 것과 유사한 형태의 가격 상승 흐름이 나타나고 있다. KTX의 완전 개통이 얼마 지나지 않은 시점이라서 그 정확성과 흐름이 확연한 패턴으로 고착되지는 않았지만, 부산을 축으로 한 빨대효과는 앞으로 우리나라의 부동산시장을 예측하는 데 매우 중요한 역할을 할 것으로 예상된다. 특히 현재는 여러 변수로 인해 서울 강남을 중심으로 한 빨대효과보다는 부산을 축으로 한 빨대효과가 더 큰 영향력을 발휘하고 있다.

부동산가격의 상승과 전염성이 강남을 중심으로 해서 전국적으로 퍼지지 않는 현상에 대해서는 다양한 논거와 자료로 설명할 수 있다. 하지만 이상에서와 같이 빨대효과라는, 부동산시장의 가장 큰 변수인 교통시설이나 여건의 변화로도 설명할 수 있다.

그럼 강남의 재건축 아파트는 계속하여 정체상태를 보일까? 필자 또한 예단할 수는 없지만, 고령화라는 변수를 고려한다면 서울의 도심이랄 수 있는 강남이 계속하여 정체되어 있지는 않을 것으로 본다. 부동산시장을 좌우하는 다양한 변수 중 또 다른 변수의 변화로 인해 강남 재건축 아파트가 주목받을 수 있는 시기가 올 것으로 확신한다. 다만, 오를 수 있는 조건이 갖춰져야 할 것이다. 일반 분양분의 분양가가 4,000만 원을 넘어선다면 현재와 같이 저평가된 아파트를 찾아다니는 투자의 시대에는 계속해서 다른 지역 아파트의 뒤를 따라다닐 수밖에 없을 것이다. 그러므로 문제는 합리적인 가격이다.

과대 포장된 KTX 빨대효과

고속철도 개통에 따른 부작용으로 이야기되는 빨대효과는 엄밀히 말해 학문적으로 명확히 정의된 개념은 아니다. 일본에서 처음 만들어진 용어로, 일본 내에서는 학계에서 통용되는 개념이긴 하나 국제적인 학술용어로 받아들여지지는 않았다. 고속철도가 가장 보편화된 유럽에서도 빨대효과란 용어 자체가 존재하지 않는다. 따라서 빨대효과에 대한 논란은 여전히 현재진행형이다.

일본의 사례를 보면 대부분 빨대효과는 고속 교통수단의 도입으로 상대적으로 규모가 작은 도시의 쇼핑 구매력이 대도시로 흡수되어 작은 도시의 상권이 위축되는 현상을 의미한다. 일본에서는 빨대효과를 실증적으로 분석한 연구가 다수 있다. 신칸센 개통 이후 대도시 주변 지역에 위치한 중소도시의 상권이 대도시로 흡수됐다는 분석 결과도 제시되었다. 그러나 최근 일본에서는 소수이긴 하지만 빨대효과의 근거가 명확하지 않거나, 있더라도 미미하다고 주장하는 연구들이 발표되어 학계에서 쟁점으로 부각되고 있다.

따라서 우리나라도 일본의 빨대효과를 그대로 수용하지 말고 우리만의 특수한 상황을 반영하여 재정립할 필요가 있다. 이를테면 우리나라는 국토가 좁고 인구가 대도시에 밀집되어 있기 때문에 빨대효과가 한쪽이 아닌 양쪽에서 발생할 수 있다는 논리가 그 대안이 될 수 있다.

그런데 일본과는 다르게 우리나라에서 서울을 중심으로 한 빨대효과가 그리 크게 나타나지 않은 이유는 무엇일까? 필자는 일본과 다른 점 몇 가지를 지적하고 싶다.

첫째, KTX 개통에 따른 집중화 현상의 발생과 함께 혁신도시 건설에 따른 '분산효과'도 함께 진행됐다는 점이다. 서울을 축으로 하는 빨대효과보다 오히려 지방 광역시 부동산시장이 호황을 누리는 반대의 효과가 나타났다.

둘째, 고속철도 개통 시기가 일본은 산업화 초기 단계였던 데 비해 한국은 성숙화 단계였다는 점이다. 우리나라는 이미 지방도시의 쇼핑시설이 대규모, 현대화되어 있기 때문에 유통시설이나 서비스의 도시 간 격차가 거의 없어 원정쇼핑의 효과가 크지 않았다. 이에 반해 일본은 고속철도가 최초로 개통된 1964년에는 신칸센 정차역 도시들 간에 유통시설이나 서비스 수준의 격차가 심했다. 그래서 중소도시 주민들이 앞다투어 대도시로 원정쇼핑을 떠난 것이다.

셋째, 한국은 일본과 달리 온라인 쇼핑이 활성화되어 있다는 점이다. 인터넷의 보급과 온라인, 모바일 쇼핑의 비중이 급격히 늘어나면서 지역별 장벽이 없는 상권을 형성했다. 굳이 시간과 교통비를 들이면서 대도시로 원정쇼핑을 갈 이유가 없으며 이러한 추세는 더욱 가속화될 것으로 전망된다. 그러므로 고속철도에 의한 빨대효과의 가능성은 더욱 줄어들 것이다.

하지만 언론과 방송에서는 KTX 개통에 따른 빨대효과로 지방 상권이 위축됐다는 주장을 여전히 반복하고 있다. 이는 지역경제의 침체가 심각함에도 KTX로 인한 지역경제 활성화의 효과가 제대로 나타나지 못한 데 따른 반작용이 아닌가 싶다.

따라서 고속철도의 부작용에 대한 과도한 우려를 접고 KTX의 지역경제 활성화 효과를 극대화하기 위해서는 고속철도가 정차하는 역을 중심으로 지역개발을 통한 새로운 성장 거점화 전략을 추진해야 한다. 그리고 부동산 투자자라면 이러한 KTX 정차역을 중심으로 한 지역개발에 주목할 필요가 있다. 선진국의 경우에도 고속철도 정차역을 지역경제의 새로운 성장 거점으로 활용한 사례를 다수 찾을 수 있다. 최근 지역개발이 두드러진 광명역이나 새롭게 시작되는 울산역 등을 주목할 필요가 있다.

30

블루칩 아파트,
여전히 유망한가?

'블루칩 아파트', 듣기에 참 좋다. 귀에 착 달라붙는다. 블루칩(blue chip)이란 주식시장에서 건전한 재무구조를 유지하고 있다고 판단되는 회사의 주식을 이르는 말이다. 블루칩의 기원에 대해서는 두 가지 설이 유력한데, 카지노에서 포커게임에 돈 대신 사용하는 칩 가운데 파란색이 가장 고가로 사용된 데서 유래됐다는 설이 그중 하나다. 또 하나는 미국의 소(牛)시장에서 유래됐다는 설이다. 세계 금융의 중심지인 뉴욕의 월가(Wall Street)는 원래 유명한 소시장이었다. 정기적으로 열리는 그곳 황소품평회에서 가장 좋은 품종으로 뽑힌 소에게 파란색 천을 둘러준 데서 생겨났다고 한다. 황소는 월가의 강세장을 상징하는 심벌로 사용되고 있다.

어디서 유래했든 현재 주식시장에서 우량주라는 의미로 쓰이는 블루칩을 부동산시장에서도 사용한다. 보통 부동산시장에서는 '랜드마크' 라는 용어를 쓰기도 하지만 블루칩이란 용어도 사용한다. 랜드마크는 지역의 이미지를 대표하는 특이성 있는 시설이나 건물을 가리킨다. 서울 강남의 타워팰리스가 랜드마크 아파트의 시초가 아닌가 싶다. 랜드마크, 즉 블루칩 아파트는 대단지, 첨단, 고가, 최초 등의 이미지를 담고 있다.

'대단지, 첨단, 고가, 최초' 라는 이미지의 블루칩 아파트

주식시장의 블루칩 종목처럼 부동산시장의 블루칩 아파트는 지역을 대표하면서 외부환경의 변화에 큰 영향을 받지 않는다. 부동산시장이 호황기일 때는 다른 아파트보다 빨리 많이 오르고, 부동산시장이 불황기로 접어들어도 하락폭이 낮다. 최근에는 '타이밍보다는 상품' 이란 말까지 나오는데, 이를 고려하면 블루칩 아파트에 대한 기대가 더욱 크다.

블루칩 아파트에 대한 기대는 블루칩 주식에 대한 기대와는 다를 수 있다. 블루칩 주식은 기업의 가치에 기반을 둔다. 기업의 가치를 평가하는 방법으로는 여러 가지가 있지만 사실은 간단하다. 계속적인 영업 활동으로 매출과 이익을 잘 내면 되는 것이다. 이에 비해 아파트 상품은 가치를 평가하는 일이 더 복잡할 수밖에 없다. 기업과 다르게 아파트의 가치는 지역에 기반을 두고 있기 때문이다. 즉, 그 지역이 어떻게 바뀌어가느냐에 따라 가치가 달라진다.

기업의 본사가 다른 지역으로 옮겨 간다고 해서 기업가치에 큰 변화가 일어나지는 않는다. 하지만 아파트가 소재한 지역은 아파트 상품의 가치를 결정짓는다. 중요한 것은 블루칩 아파트로 불리는 지역이 고정된 것이 아니라 계속해서 변한다는 데 있다. 압구정동에서 도곡동으로, 도곡동에서 다시 반포로 하는 식으로 서울에서 가장 고가의 아파트 단지가 소재하는 지역은 계속 변해왔다. 압구정동 이전에는 강남이 아닌 강북이었을 것이다. 따라서 과거의 블루칩 아파트가 가진 랜드마크적 특성이 미래에도 계속된다는 보장이 없다.

점차 시들해지는 블루칩 아파트의 인기

이러한 점을 고려한다면 블루칩 아파트가 가진 후광효과(halo effect)를 믿고 투자하는 것은 위험할 수 있다. 블루칩 아파트에 대한 일반화된 견해가 아파트의 실제 가치를 평가하는 데 영향을 미칠 수 있다는 말이다. 이로 인해 잘못된 판단을 한다면 블루칩 아파트는 대형 우량주가 아니라 폭탄이 될 수 있다. 특히 블루칩 아파트의 가장 큰 단점이라면 비싸다는 것이다. 비싸다는 것은 투자에 따른 위험이 크다는 뜻이다. 블루칩이 언제든지 폭탄이 될 수 있다는 얘기도 바로 그 때문이다. 그래서 좋다는 걸 알면서도 구입하기 어려워하는 사람들이 많다. 물론 이런 이유 때문에 기를 쓰고 구입하는 사람들도 있지만.

블루칩 아파트가 과거와 다르게 폭탄이 되어버린 데는 주택 수요자들의 투자 성향이 변화한 데서도 그 이유를 찾을 수 있다. 주택 수요자들이 아파트를 매입할 때 고려하는 가장 중요한 변수는 가격이다. 아파트 매매가격 상승률 상위 단지들을 살펴보면 지역에 따라 다소 차이가 있지만 소형, 중소 단지, 노후 등의 조건이 갖춰져 있다. 한마디로 저평가된 아파트다. 사람들이 저평가된 아파트를 찾아다닌다는 말이다.

블루칩 아파트가 가진 대단지, 첨단, 고가, 최초의 이미지는 현재의 주택 수요자들이 원하는 조건이 아니다. 오히려 저렴한 비용으로 내 집 마련을 하고자 하는 실수요자들은 랜드마크적인 블루칩 아파트보다는 어릴 때부터 살았던 내 집 주변의 저렴한 아파트를 구하고자 한다. 이렇게 주택 수요자들이 매입을 결정하는 조건들이 달라지면서 블루칩 아파트가 누리던 인기도 사라지고 있다. 거품의 붕괴라할 수 있다.

그렇다면 블루칩 아파트는 의미가 없는 걸까? 블루칩 아파트와 유사한 개념의 지표가 있다. 'KB선도아파트50지수'가 그 지표인데, 매년 12월 기준 시가총액 상위 50개 단지의 아파트를 선정하여 시가총액 변동률을 지수화한 것이다. 즉, 전국에서 가장 비싼 아파트 50개의 가격 변동을 나타내는 지표다.

표 35 __ 2014년 아파트 매매가격 상승률

(단위: %)

구분	전국	서울	강북 14개 구	강남 11개 구	선도APT50
상승률	2.43	1.09	0.88	1.27	5.10

* KB국민은행

블루칩 아파트가 가진 가장 중요한 특성 중 하나는 부동산시장의 호황기 때 가장 먼저 가격이 오른다는 점이다. 최근 아파트시장이 살아나기 시작한 2014년 서울의 아파트 매매가격은 1.1% 상승에 그친 데 반해, KB선도아파트50에 속하는 아파트들은 5.1%나 상승했다. 곧이어 시작될 부동산시장의 호황을 예견하는 듯하다.

새로운 지표, 새로운 전략이 필요하다

최근 거래량과 아파트가격 간 상관관계가 약해지면서 거래량을 대체할 수 있는 새로운 지표에 대한 요구가 많다. 필자도 과거에는 6개월 이상의 거래량 증가를 아파트가격 상승의 징후로 파악했으나, 이제는 이게 진짜 맞는지 의문이 든다. 그래서 새로운 지표로 KB선도아파트50지수를 살핀다. 여러 문제점이 있고 아직 신뢰할 만한 경험칙을 제공해주지는 않았지만 향후 아파트가격 상승의 전조를 파악하는 데는 귀중한 지표 중 하나로 생각할 수 있다.

'블루칩 아파트'라는 말은 귀에 착 달라붙긴 하지만, 회사와 부동산이 서로 다른 특성을 가진다는 점 때문에 왜곡된 이미지가 고착화될 수 있다. 회사는 영속성이 있는 조직이지만 부동산은 일회성 프로젝트다. 내가 매입한 블루칩 아파트가 있는 지역에는 또 다른 아파트가 생겨날 것이고, 그 블루칩 아파트 또한 언젠가는 헐고 다시 지어야만 한다. 따라서 영속성이 가장 중요한 회사와는 다르게 항상 변할 수 있는 부동산의 특성을 고려하여 판단해야 한다. 부동산이 가진 '부동성'이라는 특성을 '영속성'으로 오해하면 안 된다. 지금 보유하고 있는 블루칩 아파트가 10년 후에도 블루칩 아파트로 남을 수 있는지 판단해보자. 판단 결과가 만족스럽지 않다면 '옐로칩(yellow chip) 아파트'는 어떤가?

옐로칩 아파트를 주목하라

옐로칩이란 주식시장에서 대형 우량주인 블루칩 반열에는 들지 못하지만 양호한 실적을 내고 있어서 주가 상승의 기회가 있는 종목을 말한다. 보통 블루칩에 비해 가격이 낮고 업종 내 위상도 블루칩에 못 미치는 종목군을 말한다. 대기업의 중가권 주식, 경기 변동에 민감한 업종 대표주, 중견기업의 지주회사 주식 등을 흔히 옐로칩으로 보며 가격 부담이 적고 유통물량이 많아 블루칩에 이은 실적장세 주도주로 평가된다. 이러한 옐로칩을 부동산시장에 적용한 것이 '옐로칩 아파트' 다.

부동산시장이 침체 국면에 빠지면 투자 부담이 큰 강남권의 블루칩 아파트보다는 저렴하면서도 장기적으로 투자가치가 큰 옐로칩 아파트가 주목받는다. 옐로칩 아파트는 상대적으로 저평가되어 가격이 오를 가능성이 풍부한 곳이지만, 그만큼 투자 위험도 있는 아파트를 의미한다. 지하철 신규 개통 노선 주변, 신도시나 뉴타운 등 개발 호재가 뒷받침되어 불황에 강하면서 미래가치가 높은 곳이 이에 해당한다. 블루칩 아파트의 조건에는 미치지 못하지만 블루칩 아파트가 가진 환경적 혜택은 어느 정도 볼 수 있으며, 저렴하기 때문에 매입하기에도 부담이 없다. 옐로칩 아

옐로칩 아파트로 볼 수 있는 마곡지구의 한 단지 모습

파트가 가진 가장 주요한 특성은 '저평가'와 '미래가치'라고 볼 수 있다. 필자가 판단하기에 2014년의 시점에서 본다면 수도권에서는 위례와 마곡 정도가 옐로칩 아파트에 포함되지 않을까 생각한다. 당시 이 아파트에 투자했던 분들은 지금쯤 입가에 미소를 띠고 있을 것이다.

블루칩 아파트는 대단지, 첨단, 고가, 최초 등의 명확한 이미지를 가지고 있지만 옐로칩 아파트는 앞에서 이야기한 주요한 특성마저도 모호한 측면이 많다. 저평가와 미래가치라는 것이 대단지, 첨단, 고가, 최초처럼 명확하게 손에 잡히는 개념이 아니라 발품을 팔고 지식을 습득해가며 발굴해야 하는 개념이기 때문이다. 블루칩 아파트는 랜드마크적인 성향이 있어 멀리서만 봐도, 발굴하지 않아도 스스로 빛을 발하는 데 반해 옐로칩 아파트는 끊임없이 발품을 팔고 트렌드 변화를 읽어야 한다. 블루칩 아파트가 투자 결정을 쉽게 할 수 있는 데 반해, 옐로칩 아파트는 발굴과 검토를 몇 번씩이나 거쳐야 겨우 계약 여부를 고민하는 단계를 맞이할 수 있다.

그럼에도 당분간은 블루칩 아파트보다 옐로칩 아파트가 주목받을 것이다. 2010년대 후반으로 접어들면 아파트시장이 장기적인 조정에 접어들 것으로 판단된다. 이때 힘을 발휘하는 것이 옐로칩 아파트일 것이다. 처음에는 잘 보이지 않지만 시간이 흐를수록 주변 여건이 좋아지면서 하나하나 진가가 드러나는 아파트, 경기침체를 겪어도 계속적인 개발 이슈로 미래가치가 기대되는 아파트, 시세 상승을 주도하지는 않지만 틈새시장에서 소리소문없이 오를 수 있는 아파트, 바로 옐로칩 아파트다.

옐로칩 아파트에 투자할 때 유의할 점이 있다. 아파트시장의 투자 수요도 순환매매에 익숙하다는 점이다. 강남 재건축부터 시작하여 강남의 일반 아파트, 강북 아파트, 신도시, 지방 광역시 등. 그런 까닭에 이러한 순환매매 사이클상에 위치한 아파트인지, 옐로칩 아파트인지의 구분이 모호해진다. 아파트시장의 순환매매 사이클에서 내가 보유한 아파트가 올랐을 뿐인데 옐로칩 아파트로 착각하여 계속 보유하는 우를 범할 수 있다.

투자 면에서 볼 때 블루칩 아파트는 안정성이 장점이라면, 옐로칩 아파트는 수익성이 자랑거리다. 블루칩 단지는 대세 하락이 오지 않는 한 가격 하락이 거의 없으며 침체기를 벗어나면 가장 먼저 꿈틀거리는 특성이 있다. 이에 반해 옐로칩 아파트는 주택시장 회복기에 진입하면 블루칩 아파트가 상승한 이후 3개월에서 6개월 사이에 따라 상승하는 특징을 보인다. 하지만 옐로칩 아파트는 대세 하락 시 블루칩 아파트보다 더 빨리 하락할 수 있다. 옐로칩 아파트가 오르는 이유는 다양한 호재 때문이다. 하지만 이러한 호재가 대세 하락기에도 힘을 발휘해 가격 하락을 막아주지는 못한다. 따라서 옐로칩 아파트는 언제 던져야 하는지를 정말 심각히 고민해야 한다. 아니, 처음 매입할 때부터 매도 타이밍을 결정하고 호재들이 충족되는 시점과 타이밍을 저울질하면서 트렌드의 변화를 끊임없이 체크해야 할 것이다. 옐로칩 아파트는 수익성이 높다는 장점을 가진 반면 투자 위험도 클 수 있다. 수익과 위험은 비례하지 않는가.

VII

부동산은
심리 싸움이다

마음을 다스리면 투자에 성공한다.

— 앙드레 코스톨라니(Andre Kostolany)

31

지금이 상승 국면인가요?

"언론에서 오른다고 해서 그런가 보다 하지, 지금이 상승 국면인지 잘 모르겠어요. 0.5%가 올랐다는데, 그럼 얼마가 올랐다는 말이에 요?"

필자도 이런 푸념을 자주 듣는다. 부동산시장의 분위기가 좋아진 것 같긴 한데 실제로 체감할 수가 없으니 답답하다는 생각들이다. 주변을 둘러봐도, 1년 전과 비교해봐도 크게 차이가 없으니 올랐다는 말을 어떻게 해석해야 할지 의문이다. 최근의 통계인 2015년 12월의 주택가격 동향을 살펴보자. 한국감정원의 발표에 의하면 매매가격은 0.21%, 전세가격은 0.37% 올랐다고 한다. 만약 당신의 아파트가 1%도 채 안 되는 상승률로 변화한다면 그 변화를 체감할 수 있겠는가? 극도로 예민한 사람이라면 모를까 쉽지 않은 일이다. 세종시의 영향인지 최근 충청권 부동산시장이 좋지 않은데, 같은 시기에 충청북도의 매매가격 하락률은 0.03%다. 충북에 아파트를 보유한 사람이라면 이런 수준의 변화를 어떻게 느낄 수 있겠는가. 어쩌면 당연한 푸념들이다.

부동산시장이 보이는 주기성과 순환성

부동산시장은 주기성과 순환성을 가진다. 주기성이란 일정한 간격을 두고 되풀이하여 진행하거나 나타나는 성질을 말한다. 부동산시장은 대략 10년 대주기와 5년 소주기라는 주기성을 가진다. 10년 대주기는 경기 변동이 반영된 결과이며, 5년 소주기는 부동산 상품을 기획하고 완제품을 만드는 데 시차가 발생하기 때문에 생긴다. 순환성이란 이러한 주기성이 계속되는 현상을 말한다. 부동산가격이 떨어지기만 하는 경우도 없지만, 오르기만 하는 경우도 없다. 부동산가격이란 오르기도 하고 떨어지기도 하면서 하나의 사이클을 형성한다. 경기 사이클과 마찬가지로 회복기 → 확장기 → 쇠퇴기 → 침체기로 순환한다.

2015년 하반기 부동산시장은 상당한 기간의 상승 국면이었다. 필자가 주변에 이런 이야기를 하면 정말이냐고 깜짝 놀란다. 깜짝 놀라는 걸 보고 필자가 더 놀란다. 어떻게 이런 걸 모르고 투자를 하나 하

서울 강남 아파트의 인기는 회복될 수 있을까?

고 말이다. 한국은행에서 발표하는 소비자심리지수도 30개월 이상 연속 100을 넘어섰으며, 비슷한 기간에 경매 낙찰가율마저 계속 높아지고 있다. 2013년 이후 아파트 매매가격 상승률도 상승 국면에 접어들었다. 하지만 지금의 상승 국면은 예전의 상승 국면과는 다른 특징을 보인다. 아마 이러한 특징 탓에 쉽게 체감하지 못하는지도 모르겠다.

2000년대 아파트가격 상승은 수도권이 주도했다. 강남 재건축에서 시작된 아파트가격 상승은 시간이 흐르면서 수도권 외곽 지역까지 상승의 대열에 참여시켰다. 이 온기가 지방으로까지 내려오기에는 너무 멀었던 모양이다. 2000년대에 지방 부동산시장은 별로 좋지 않았다. 당시 정부에서는 아파트가격을 떨어뜨리기 위해 계속하여 규제강화정책을 내놓았는데 이 정책이 지방 부동산시장을 악화시켰다. 이로 인해 당시에는 부동산가격 상승에서 지역 간 차이가 크게 벌어졌다. 2006년을 예로 들면 수도권 아파트 매매가격 상승률은 33%였으나 지방은 3%에 그쳤다. 무려 11배의 차이였다. 당시 수도권 아파트가격이 지방에 비해 높았으니, 이런 상승률의 차이가 몇 년만 지속되면 엄청난 격차가 벌어질 수밖에 없는 상황이었다. 실제로 2000년 초 2배에 그쳤던 지역 간 아파트가격 차이는 4배 수준으로까지 벌어진다. 큰 눈덩이가 구르는 것이 작은 눈덩이가 구르는 것보다 훨씬 더 빨리 덩치를 키우는 것과 같은 이치다.

이렇게 특정 지역의 상승률이 다른 지역의 상승률보다 매우 높다면 부동산시장의 상승 국면을 훨씬 더 잘 체감하게 된다. 다른 아파트는 오르지 않는데 내 아파트만 오른다면? 그리고 그 오르는 폭이 매년 몇십 퍼센트라고 한다면? 아무리 둔감한 사람이라도 확실히 느낄 수 있을 것이다. 사촌이 논을 사면 배가 아프듯이, 비교 대상과 나 사이에 발생한 격차는 더 쉽게 피부에 와 닿는다. 좋은 의미에서건 나쁜 의미에서건 차이를 인식하기는 그게 훨씬 쉽다는 말이다. 2000년대 부동산시장의 가장 큰 이슈는 지역 간 부동산시장의 양극화였다. 지방에 직장을 가진 필자 또한 당시 계속하여 지방 부동산시장이 수도권과 대비해 악화되는 문제점을 지적했다.

🏢 금융위기 이후 달라진
선도 지역

이런 부동산시장이 2008년 금융위기를 겪고는 완전히 반대로 변화한다. 이제는 수도권 시장이 침체하면서 지방 부동산시장, 특히 지방 광역시들의 반란이 시작됐다. 2015년 11월 현재까지도 지속되었던 대구 아파트시장의 상승은 신기하고도 무서울 정도다. 2011년 지방의 아파트 매매가격은 12.4% 상승했으나 수도권은 2% 하락했다. 이제 지방 아파트시장의 세 자릿수 청약경쟁률은 당연한 것이고, 곧 네자릿수를 넘보고 있다. 복권에 당첨된 것도 아닌데 완전한 인생역전이다.

필자는 서울에 집이 있고 부산에 직장이 있기에 서울과 부산 양쪽 투자자들의 말을 실시간으로 들을 수 있다. 과거에는 부산분들의 푸념이 대부분이었고, 얼마 전까지는 서울분들의 푸념을 자주 들었다. 하지만 최근에는 양쪽의 불만을 한꺼번에 듣는 경우가 많다. 지방 광역시에 거주하는 분들은 아파트가격이 지금도 오르고 있는지를 궁금해하고, 서울에 거주하는 분들은 현재 오르고 있는 것이 맞는지를

표 36 _ 권역별 아파트 매매가격 상승률 (단위: %)

구분	2006년	2011년	2015년
수도권	33.05	-1.66	4.88
지방	3.16	12.39	5.35

* 부동산114

궁금해한다. 즉, 과거에는 아파트가격의 변화를 확실히 체감하는 정도로 지역 간 격차도 있었고 상승률 또한 높았다. 하지만 지금은 지역 간 아파트가격 차이도 크지 않지만 상승률 또한 그리 높지 않다.

속도를 알려면 기차 밖 풍경을 보라

부동산114에 의하면, 2015년 아파트 매매가격 상승률은 수도권이 4.9%이며 지방은 5.4%다. 수도권과 지방의 상승률 차이도 크지 않지만 아파트 매매가격 상승률 또한 과거에 비해 그리 높지 않다. 지금이 상승 국면에 접어들었는지 어떤지를 판단하기가 어렵다. 이러한 상승률은 평균치이기 때문에 그 이상이 되는 지역이 있을 수 있다. 어쩌면 그 이하가 되는 지역이 오히려 더 많을 것이다. 평균의 왜곡 현상이다.

자, 정리를 해보자. 2000년대 수도권에서만 이루어졌던 아파트가격 상승과 2010년 이후 지방에서만 이루어졌던 아파트가격 상승은 지역 간에 상승률의 차이가 컸기 때문에 체감하기가 훨씬 쉬웠다. 하지만 2013년 이후 벌어지고 있는 상승 국면은 수도권과 지방에서 동시에 나타나고, 그 상승률 또한 큰 차이가 없이 골고루 이루어지고 있기 때문에 체감하기가 상대적으로 어렵다. 그러니 당연히 전국에서 볼멘소리가 나오는 것이다.

시속 300km로 달리고 있다 하더라도 기차 안만을 바라본다면 그 속도를 체감하기가 어렵다. 하지만 지나가는 풍경을 보라. 얼마나 빠른 속도로 달리고 있는지를 알 수 있다. 당신의 아파트가 오르는지 내리는지를 알고 싶다면 주변 지역의 유사 아파트와 비교하지 말고 완전히 다른 지역의 아파트와 비교해보라. 언제 팔아야 할지 어디까지 오를지 등에 대한 변수를 더욱 정확히 확인할 수 있을 것이다. 또한 달리는 기차에 타고 있지만 말고 내려서 주변을 둘러보라. 주변 풍경이 훨씬 아름답다는 것을 느낄 수 있을 것이다.

32

과연 지금 우리는 유례없는
전세난을 겪고 있나?

전세난, 깡통전세, 전세난민, 전세깡패…. 안타깝지만, 전세가격이 오르고 전세물량이 줄어들면서 생긴 새로운 말들이다. 이 중 필자는 '전세깡패'가 가장 섬뜩한 단어로 느껴진다. 아파트 매매가격과 전세가격의 차이가 크지 않은 요즘, 매매가격과 전세가격의 차이가 적은 아파트를 사들인 후 전세난을 악용하여 보증금을 대폭 올리는 세력들을 이야기한단다. 일명 '갭 투자자'라고도 한다. 2000년 초에도 전세난은 심각했었다. 전세난이라는 표현은 그때도 자주 등장했지만 전세난민, 전세깡패 같은 조어들은 거의 들어본 적이 없다.

유독 지금의 전세난이 더 심각해서일까? 언론과 방송에서 계속하여 흘러나오는 전세가격 폭등 현상은 실제일까, 신기루일까? 한번 찬찬히 살펴보자.

2000년 이후 8위인
전세가 상승률

먼저 전세가격 상승률을 살펴보자. 전세가격은 100% 실수요이고 연간 봄과 가을에 두 번 정도 성수기가 있다. 따라서 그 상승률을 살펴볼 때는 반기 단위로 비교해보는 것이 합리적이다. 2000년 하반기 이후 아파트의 전세가격 상승률이 가장 높았던 때는 언제일까? 언론에서 엄청나게 전세난을 흘리고 심지어 조장하기도 했던 2014년이나 2015년이 아니라, 2002년 상반기다. 그럼 그 상승률은? 무려 10.9%였다. 그럼 두 번째는? 당신의 기대를 또 깨뜨릴 수밖에 없다. 2001년 상반기다. 9.7% 상승했다. 세 번째는? 2001년 하반기로 9.48%였다. 네 번째는? 2011년 상반기 8.22%. 다섯 번째는? 2013년 하반기 7.9%. 이제 그만하자. 계속한다고 해서 2014년이나 2015년이 나올 가능성은 작기 때문이다.

안타깝게도 반기별로 전세가격 상승률을 집계해보면 10위 내에 2015년 상반기가 8위로 턱걸이를 했을 따름이다. 그럼에도 우리 주변에서 전세 문제가 왜 이렇게 많이 언급되는 것일까. 네이버의 뉴스

표 37 __ 반기별 아파트 전세가격 상승률 상위 기간   (단위: %)

구분	1 2002년 상반기	2 2001년 상반기	3 2001년 하반기	4 2011년 상반기	5 2013년 하반기	6 2009년 하반기	7 2010년 하반기	8 2015년 상반기	9 2006년 하반기	10 2005년 하반기
상승률	10.87	9.65	9.48	8.22	7.91	6.99	6.67	6.65	5.39	5.09

* 부동산114

를 검색해보면 2001년에서 2002년까지 2년간 '전세' 뉴스는 7,331건이 검색된다. 하지만 최근 2년간(2013년 11월 1일~2015년 10월 31일)의 검색 건수는, 놀라지 마시라! 무려 45만 1,091건이나 된다. 물론 여기에는 2014년 말 현재 인터넷신문이 5,950개로 증가했다는 점도 크게 작용한다. 기존의 언론과 방송 또한 증가했으니 뉴스가 더 많이 생산되는 것은 어쩌면 당연한 일일 것이다. 하지만 그 증가 건수가 놀라운 수준인 것만은 확실하다. 과장된 측면이 있다는 말이다.

사회 전반에 만연한 과장과 왜곡의 욕구

부동산시장에서 일어나는 특정 현상에 대해 저마다 다른 해석과 반응이 존재할 수 있다. 예컨대 월세 형태의 임대차계약이 증가하는 현상을 두고, 서민들의 주거비용 증가라는 부정적인 해석을 내놓을 수도 있지만 주택 임대차시장의 선진화라는 표현으로 긍정적으로 해석할 수도 있다. 하지만 사실 파악을 제대로 하지 않고 이를 과장하는 것은 투자자들의 심리를 자극해서 잘못된 신호를 줄 수 있으므로 조심해야 한다.

요즘 신문과 방송은 사실 확인 작업(fact finding)이 없이 보도자료만을 참조하여 기사를 작성하는 단순 전달자에 그치는 경우가 많은 듯하다. 한 예로 경기도 연천군 주민들은 접경 지역에 있기 때문에 포사격 소리에 익숙하다. 언론은 이를 주민이 공포에 덜덜 떨고 있는 것처럼 보도한다. 대표적인 과장 보도인 셈이다. 필자는 개인적으로 '중국경제 위기론'이 서방 언론의 과장에서 비롯된 것이라 조심스럽게 판단한다. 물론 이러한 과장과 왜곡의 배경에는 이로 인해 이득을 보는 집단이 항상 존재한다.

어쩌면 이러한 과장과 왜곡에 대한 욕구는 우리 사회 전반에 퍼져 있는 것일지도 모른다. 콘텐츠 생산이 많아지고 광고와의 접촉이 늘어나면서 우리는 자연스럽게 이런 홍보성 과장과 왜곡을 당연시하게 된 듯하다. 상대보다 조금이라도 더 튀어야 주목받지 않겠는가. 이른바 '낚시기사'다. 최근에 필자가 본 최고의 낚시기사는 이것이다.

"애플, 2주 만에 반값으로"

당연히 애플사에서 출시한 스마트폰의 가격이 획기적으로 떨어졌을 것으로 기대하고 기사를 봤다. 하지만 어이없게도 사과와 배 가격이 추석 이전의 절반 수준으로 급락했음을 설명하는 기사였다.

과장 보도에 예민해지면 판단력이 흐려진다

전세가율도 비슷하다. 2015년 12월 시점의 전국 전세가율은 72% 정도다. 전세가격이 매매가격의 72% 수준까지 접근했다는 말이다. 이 통계를 집계하기 시작한 이래 가장 높은 비율인 것은 맞다. 그렇지만

표 38 __ 전국 전세가율

(단위: %)

구분	2001년 10월	2006년 12월	2015년 12월
비율	62.76	41.90	72.15

* 부동산114

2001년에도 전세가율은 상당히 높았다. 2001년 10월 전세가율은 63%에 이르렀다. 지금 시점보다 높지는 않지만, 이와 같이 전세가율이 높았던 시기가 과거에도 있었다는 말이다. 예전에는 매매가격이 전세가격보다 더 빨리 올랐기 때문에 전세가율이 70% 수준에는 다다르지 못했지만, 2001년 당시에도 전세난에 시달려 매매로 돌아선 주택 수요자들의 숫자가 상당했다.

"전세가 급등 서민들은 이중고"

"전세난 다세대, 다가구로 뚫어라"

"강남권 전세난 심화 우려"

최근의 기사 제목으로 오해할 수도 있으나 2001년과 2002년의 기사들이다. 그때도 지금처럼 전세 문제가 심각했었다. 실제로 당시 필자는 전세를 구하다 구하다 지쳐서 집을 구입했고, 그 덕에 많은 시세차익을 남길 수 있었다.

전세난은 언제든지 찾아온다. 부동산시장이 주기성과 순환성을 가지고 있기 때문에 전세난 역시 시기별로 완화되거나 악화된다. 하지만 어떤 시기에는 이에 대해 과장된 반응과 왜곡을 일삼기도 하고, 어떤 시기에는 차분하게 해결책을 제시하기도 한다. 물론 앞으로는 전세난을 왜곡하거나 과장하는 기사나 방송이 훨씬 늘어날 것이다.

이는 전세난이 과거보다 더 심해져서가 아니라 콘텐츠가 범람하고 인터넷 언론이 증가하면서 주목받기를 원하는 콘텐츠 생산자들 간에 경쟁이 심해지기 때문이다. 물론 필자가 지금의 전세난을 과소평가한다는 말은 아니다. 전세난에 시달리다 도심 외곽으로 이사하는 분들의 고충을 생각하면 필자도 심각하다고 느낀다. 하지만 언론과 방송의 과장과 왜곡에 너무 크게 반응하지는 말자는 얘기다. 차분하게 몇 걸음 떨어져서 시장이 진짜 어떤 방향성을 가지고 있는지를 판단하자.

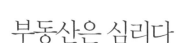

33

부동산은 심리다

우리나라 사람들만큼 커뮤니티를 즐기는 사람들을 찾기도 쉽지 않다. 혈연, 학연, 지연 등. 정작 본인들의 아파트 단지 커뮤니티는 별로 중요시하지 않는 것 같지만 말이다. 나이가 들어 동문회에 나가보면 고만고만하게 성공한 친구들이 함께하게 된다. 이들의 대부분 관심사는 자식 아니면 돈이다. 필자도 이런 자리에 함께하다 보면 이 친구 저 친구가 질문을 해대는 바람에 본의 아니게 부동산 컨설턴트가 되곤 한다. 그런데 묘하게도 이런 자리에서는 대부분 재테크에 성공한 경험을 이야기한다. 실패한 친구들도 많을 텐데 재테크에 실패해서 얼마를 잃었다는 등의 이야기는 오르내리지 않는다. 왜 실패한 이야기들은 하지 않는 걸까?

인간은 실패에 더 민감하기 때문이다. 다양한 심리 실험 결과에 의하면 사람들은 이득에 비해 손실을 더 크게 인식한다. 실제로 손실은 이익보다 2배나 더 커 보인다고 한다. 이익을 봤다는 사람은 주변에서 흔히 볼 수 있지,만 손실을 봤다는 사람을 발견하기 어려운 이유다. 우리는 이를 행동경제학에서 말하는 '손실회피(loss aversion)' 경향으로 이해할 수 있다. 이러한 심리적 요인의 문제점은, 사람들은 손실회피 경향이 너무 강하기 때문에 커다란 손실을 회피할 기회가 생길 경우 그것을 운에 맡기기도 하는 극단적인 선택을 하게 된다는 것이다.[55] 쉽게 말해, 자포자기할 수 있다는 뜻이다.

인간은 심리에 좌우되는 동물이다

아파트에 대한 과도한 애착은 의사결정을 저해하기도 한다. 강남에 거주하는 한 지인은 대치동의 M아파트에 살고 있었다. 1983년도에 입주한 아파트로 재건축이나 전면 리모델링을 해야 할 정도로 낡은 아파트였다. 하지만 여기 거주하는 사람들은 대한민국에서는 소득 수준이 꽤 높은 사람들이어서 내부를 고치면서 살아간다. 필자의 지인도 꽤 큰 금액을 아파트를 수선하는 데 소비했다. 끝없이 오르기만 하던 강남의 아파트가 떨어지는 와중에 필자가 이른 시일 안에 파는 것이 좋다고 조언했다. 대형이면서 오래된 아파트는 장기적으로 유망하지 않기 때문이다. 하지만 몇 번의 매도 기회가 있었음에도 팔지 못하던 그는 거의 바닥에서 처분했다.

나중에 왜 그랬는지 물어보니 아파트 인테리어할 때 가족이 호텔에서 생활하며 다들 고생을 너무 했던 터라 팔려고 하니 가슴이 너무 아팠다고 한다. 우리는 자기 물건에 대한 애착이 크다. 너무 애착이 크다 보니 평가도 높게 하고 의사결정도 왜곡된다. 자산관리는 객관성이 중요한데 개별 자산에 주관성이 개입되면 잘못된 판단을 하기 쉽다. 본인 소유의 물건이 아니더라도 잠깐이라도 가지고 있게 되면 애착이 생겨 그 물건을 높게 평가하게 된다.

인간은 심리에 좌우되는 동물이다. 사람들은 종종 논리와는 거의 무관해 보이는 것처럼 주변 환경에 반응하기도 한다. 예를 들면 대다수 사람은 자기 손의 온도에 따라 낯선 사람에 대한 평가가 달라진다. 한 심리 실험에 따르면 뜨거운 음료수 잔을 든 사람이 차가운 음료수 잔을 든 사람보다 낯선 사람을 신뢰할 확률이 높아진다고 한다. 심지어 아래로 내려가는 에스컬레이터를 탈 때보다 위로 올라가는 에스컬레이터를 탈 때 타인에게 더 관대해지는 경향이 있다. 위로 올라가는 행동이 도덕적으로 더 바람직한 행동을 유발하는 것으로 보인다.

부동산시장의 단기적 움직임에는 심리적인 이유가 크게 작용한다. 매수자와 매도자 간의 심리게임 결과 가격이 단기적으로 어느 한 방향으로 움직이는 것이다. 가격이 내재가치를 넘어 폭락하거나 폭등하는 경우 역시 심리적인 요인이 바탕에 깔려 있다. 투자심리는 자체적으로 움직이는 독립변수는 아니며 다른 변수의 종속변수이거나 파생변수인 경우가 많다.[56] 대표적인 것이 정부의 부동산정책이다. 부동산시장에 우호적인 부동산정책은 매수심리를 움직이고, 부정적인 부동산정책은 팔려는 심리를 자극한다. 부동산가격은 장기적으로는 펀더멘털(fundamental)이나 시장 기본가치에 의해 움직이지만, 단기적으로 투자심리가 중요 변수가 된다. 따라서 투자를 할 때는 부동산시장의 심리변수에 유의해야 한다.

미인대회 투자법의 과학화, 경제심리지표

부동산시장의 투자심리를 알기 위해서는 어떻게 해야 할까. 케인스의 '미인대회(beauty contest)' 투자법은 내 기준으로 미인을 뽑지 말고 다른 사람들이 좋아하는 미인을 뽑아야 성공한다는 것을 말해준다. 즉, 사람들의 평균적인 선호나 취향이 무엇인가를 예상한 뒤 투자를 단행해야 성공할 수 있다. 그러니 일단 많은 사람을 만나보는 것이 바람직할 것이다. 투자자들도 좋고 전문가들도 좋다. 하지만 무작정 많은 사람을 만나보는 것은 그리 좋은 방법이 아니다. 그렇다고 몇 명을 만나야 하는지, 누구를 만나야 하는지 등을 명확하게 정의하기도 쉽지 않다. 따라서 현재 정부에서 발표하는 다양한 경제심리지표를 살펴보는 것이 대안이 될 수 있다.

국민경제의 총체적인 활동 수준인 경기를 파악하기 위해서는 경기지표를 활용하는데, 이 경기지표는 경제활동지표와 경제심리지표로 나뉜다.[57] 경제심리지표는 다음 달 이후 발표되는 경제활동지표와는 다르게 당월 말 발표되기 때문에 경제정책을 결정하는 데 신속한 정보를 제공한다. 주가지수와 같이 현실경기를 선행(1~2분기)하므로 경제의 움직임을 빠르게 포착할 수 있다는 장점이 있다. 따라서 부동산 같은 자산시장을 전망하는 데에도 유용한 지표로 활용할 수 있다. 특히 경제심리지표는 장기 시계열자료의 분석을 통해서도 실물 통계와 유사한 움직임을 보여줌으로써 그 유효성이 입증됐다.

부동산 관련 경제심리지표는 한국은행에서 발표하는 '주택가격전망CSI', 국토연구원의 '부동산시장 소비심리지수'가 있다.[58] 이들 심리지표는 0~200의 값으로 표현되며, 100이 넘으면 지금의 경기 수준을 긍정적으로 판단하고 있다는 뜻이다. 115를 넘으면 강보합 단계를 지나 상승의 1단계 국면으로 판단한다. 2015년 12월 현재 주택가격전망CSI는 102(전월 대비 −11), 부동산시장 소비심리지수는 107.9(전월 대비 −13.7)를 기록 중이다. 투자심리도 이제는 과학적으로 분석해야 할 때가 아닐까.

프롤로그

1. 미국 경제학자인 칼 케이스 웰즐리대 교수와 로버트 실러 예일대 교수가 공동 개발한 미국의 주택가격지수. 미국 주택시장 동향을 알아볼 수 있는 대표적인 경제지표 중 하나다.

I. 분양, 제대로 알자

2. 김헌동·선대인(2005), 《대한민국은 부동산공화국이다?》, 궁리출판

3. 기준시가는 부동산 등을 팔거나 상속 또는 증여할 때 세금을 부과하는 기준가격을 의미한다. 세무서에서 관리하며 통상 연 1회 개정한다.

4. 감정평가액은 부동산 소유권의 경제적 가치 또는 소유권 이외의 권리, 임대료 등의 경제적 가치를 통화단위로 표시한 것을 말한다. 감정평가사가 발주자의 의뢰를 받아 개별적으로 실시하는 것으로 전국 단위의 축적된 자료를 확보하기가 쉽지 않다.

5. 실거래가는 실제 거래된 가격을 말하며, 2006년 1월부터는 모든 부동산의 거래에 대해서 실거래가로 신고하도록 되어 있다. 부동산 실거래가 신고제도가 시행됨으로써 수십 년간 계속되어온 이중 계약 등 잘못된 부동산 유통 관행이 사라지고, 부동산 거래시장이 투명해지며, 공평 과세기반을 마련하는 데 크게 기여할 것으로 보인다.

6. 국토연구원(2004), "공공택지 및 분양주택 공급제도에 관한 공청회"

7. 정재형(2000), "신규 주택 미분양에 관한 연구: 아파트 사례를 중심으로", 서울대학교 석사학위 논문

8. 조경희(2014), "미분양 아파트 해소 과정의 왜곡실태 및 개선 방안에 관한 연구", 한남대학교 석사학위 논문

9. 방문객 수를 어떻게 계산하는지 분양대행사에 물어보면 홍보용 책자 배포 수를 방문객 수로 계산한다고 한다. 보통 2~3개씩 가져가는 경우도 있으므로 정확하게 집계했다고 하더라도 2~3배 부풀려질 수밖에 없다. 주말 끼고 3일 동안 2만 명 정도가 다녀가려면 시간당 1,000명 이상이 방문해야 하는데, 쉽지 않은 일이다.

10. 박철수(2006), 《아파트의 문화사》, 살림출판사

11. 래핑카는 적극적으로 소비자를 찾아가는 마케팅의 하나다. 이는 경쟁제품이 많은 생활용품의 경우 특정 제품을 선택하게 하려면 생활 속으로 깊이 파고들어야 한다는 생각을 반영하고 있다. 버스는 이동성이 뛰어난 데다 이벤트를 벌일 공간까지 갖추고 있어 비용 대비 효과도 크다는 분석이다. 버스가 장소를 옮기는 동안 외부 페인팅이 자연스럽게 노출되므로 광고효과도 덤으로 얻을 수 있다.

12. 심형석 외(2006), "가격 프리미엄을 활용한 아파트 브랜드 자산가치의 실체측정에 관한 연구", 한국 마케팅과학회

13. 브랜드메이저(2001), 《메이저브랜드를 만드는 브랜딩》, 새로운 사람들

II. 통계의 역설

14. 국내에서는 관련 기사의 'absorption rate'를 '소진율'이라고 번역했다.

15. 몇몇 중개업자 사이트에서는 흡수율을 정확한 과학(exact science)은 아니라고 정의하면서, 단지 트렌드를 살필 수 있는 가정에 근거한다고 설명하고 있다.

16. 전세는 일반적으로 우리나라에만 있는 고유의 임대차계약 형태라고 알려져 있다. 하지만 최근 연구에서는 전세가 인도(수라트보다)와 볼리비아(안티크레티코)에 현존하는 계약 형태이며, 그 역사 또한 기원전으로 거슬러 올라간다는 주장이 제기되고 있다[김진유(2015), "전세의 역사와 한국과 볼리비아의 전세제도 비교분석", 국토연구원].

17. 기경묵(2013), "주택 월세시장 분석", KB 금융지주 경영연구소

18. Jos Janssen·Bert Kruijt·Barrie Neednam(1994), "The Honeycomb Cycle in Real Estate", The Jounal of Real Estate Research.

19. 중위 가격은 전체 가격을 아파트 수로 나눈 평균 가격과 다르게, 가장 비싼 아파트부터 가장 싼 아파트까지 한 줄로 세울 때 그 줄의 중간 가격을 의미한다.

20. 2015년 10월 말 기준 아파트 재고는 약 917만 호로 최근 10년간 39.9% 증가했다. 지역별로 보면 2011년 비수도권의 재고 대비 거래 비중이 11.0%로 최고치를 기록한 이후 2014년 말에는 도리어 8.5% 수준으로 낮아졌다[강민석(2015), "최근 주택시장 거래 동향 및 시사점", KB 금융지주 경영연구소].

21. 성현진(2014), "공동주택 청약경쟁률과 주택가격 변화의 관계에 관한 연구", 서울시립대학교 석사학위 논문

22. 백민석·신종칠(2011), "아파트 분양 마케팅 활동이 청약경쟁률에 미치는 영향에 관한 연구", 한국주택학회

23. 레버리지는 지렛대란 뜻의 '레버'에서 나온 용어로 목적 달성을 위해 추가된 수단을 의미한다. 레버리지효과란 추가 수단(부채)을 이용해 결과(이익)를 확대하는 것을 뜻

한다. 레버리지 투자는 투자 자체에 대한 위험을 키우는 결과도 가져온다. 즉, 레버리지를 활용하면 적은 돈으로 높은 수익을 기대할 수 있으나, 잘못될 경우 내가 투자한 금액 이상을 잃을 수도 있다.

24. 어떤 두 현상 사이에 인과관계가 존재하는가, 그렇지 않은가를 판단하기 위한 지표다. 관심이 가는 어떤 현상의 예측에서 또 다른 정보를 이용하는 것이 얼마나 유의미한가를 이야기하기 위한 척도를 제공한다.

III. 무엇이 아파트의 상품성을 높이는가

25. 준주택은 주택법에 '주택 외에 건축물과 그 부속 토지로서 주거시설로 이용 가능한 시설 등'이라고 정의되어 있다. 오피스텔과 고시원, 노인복지주택 등이 포함된다.

26. 오피스텔을 매입임대주택으로 등록할 경우 신규 분양분에 한해 취득세가 면제되고 (5년 이상 임대 유지), 재산세 감면 및 종합부동산세 합산 배제, 양도소득세 중과 배제 등의 혜택이 발생한다.

27. 새누리당 김희국 의원이 2015년 8월 대표 발의했다.

28. 우리나라 최대의 타운하우스 단지인 파주의 헤르만하우스가 영국의 타운하우스에 가까운 합벽식(合壁式) 구조다.

29. 김선희(2011), "고층아파트 형식에 따른 주거실내 환경에 대한 만족도 조사연구", 한양대학교 석사학위 논문

30. 분양가 상한제하에서의 분양가는 분양가 심사위원회의 심사를 거쳐 분양가 상한금액 이내에서 결정된다.

31. 부산 해운대구는 2014년과 2015년 3개 사업지가 분양가 심사를 받았으며, 조정된 평균 금액은 4.7%(10,527,261원/3.3㎡ → 10,031,906원/3.3㎡)였다. 울산 북구는 6개 사업지가 분양가 심사를 받았으며, 조정된 평균 금액은 4.2%(8,213,208원/㎡ → 7,870,667원/3.3㎡)였다.

IV. 재테크의 지혜, 아파트 투자

32. 배리 슈워츠(2005), 《선택의 심리학》, 웅진지식하우스

33. 서울연구원 도시정보센터(2015), "서울의 초소형가구, 얼마나 늘 것인가", 서울연구원

34. 발코니란 2층 이상의 건물에 거실을 연장하기 위해 내어 단 공간을 말한다. 가구별 면적이 똑같은 직육면체 모양의 아파트 등에서 주거공간을 연장하기 위해 집마다 동일하게 건물 외벽에서 1.5m가량 튀어나오게 만든 공간이다. 건물의 외관을 아름답게 만드는 중요한 장식적 요소로, 과거 서양에서는 권력자가 군중 앞에 모습을 나타내는 장소로 이용되기도 했다. 요즘에는 정원이 없는 아파트 같은 건축물에 설치

되어 바깥공기를 접하는 장소로 사용된다.

35. 베란다란 발코니와 자주 혼용되고 있지만 엄연히 따져보면 다른 부분이다. 건물의 아래층과 위층의 면적 차이에서 생긴 공간으로, 아래층 면적이 넓고 위층 면적이 좁을 경우에 아래층의 지붕 부분이 남게 되는데 이곳을 활용한 것이 베란다이다. 즉 아래층 지붕을 이용한 것이 베란다이고, 이와 구별되는 발코니는 아래층 지붕이 아닌 것이다.

36. 발레리 줄레조(2007), 《아파트 공화국》, 후마니타스

37. 찰스 몽고메리(2014), 《우리는 도시에서 행복한가》, 미디어윌

38. 왕현근(2006), "인구이동으로 본 우리나라 지역경제의 동태적 특징", 한국은행

39. 시·도별 1인당 지역내총생산은 시·도별 지역내총생산 및 민간 소비지출을 해당 지역의 추계 인구로 나눈 지표다. 따라서 이들 지표는 시·도 지역주민의 분배소득이 아니므로 시·도 간 주민의 소득 수준을 비교할 수는 없다. 다만 시·도 간 주민 소득 수준을 비교하는 하나의 참고자료로서는 활용할 수 있다.

40. 전 세계적으로 2차 대전이 끝난 후 1946년부터 1965년 사이에 출생한 사람들을 말한다. 나라마다 출생연도가 조금씩 다르나 대략 10년 정도 지속되는 것이 일반적이다. 이들이 40대 중반에서 50대 중반이 됐을 때 투자자산의 가격 상승이 있어왔기 때문에 이들의 연령별 이동이 중요시되고 있다.

41. 마스다 히로야(2015), 《지방 소멸》, 와이즈베리

V. 개발을 알면 아파트가 보인다

42. 조남연(2007), "아파트 층별 효용도 및 조망권에 관한 연구", 광운대학교 석사학위 논문

43. 권오순(2002), "위치별 효용도에 관한 연구", 한국감정평가학회

44. 밀랜드 M. 레레(2006), 《독점의 기술》, 흐름출판

45. 전용률 76.85%인 곳은 2014년 12월 분양한 협성휴포레진영 76㎡로, 주거전용면적이 76.69㎡이고 분양면적이 99.80㎡였다. 전용률 69.24%인 곳은 2015년 3월 분양한 김해센텀큐시티 59㎡로, 주거전용면적이 59.96㎡이고 분양면적이 86.59㎡였다.

46. 지소영(2009), "시공사의 주택 재개발·재건축사업 입찰참여 의사결정 요인에 관한 연구", 건국대학교 석사학위 논문

47. 신동수(2010), "주택재개발사업의 추진단계별 상대적 중요성에 관한 연구", 전주대학교 박사학위 논문

48. 김민재(2012), "시공사의 도시재생사업 입찰참여를 위한 의사결정 요인에 관한 연구", 건국대학교 석사학위 논문

VI. 놓치기 쉬운 아파트 관리

49. 조성근(2005), 《한국의 디벨로퍼들》, 이다미디어

50. 부동산114의 자료에 의하면 2015년 10월 현재 서울의 가구당 평균 아파트가격은 5억 6,000만 원이다.

51. 이성원·김동중(2012), "부동산시장 예측모형 개발에 관한 연구", 한국부동산연구원

52. 대표적인 회사가 대림산업과 삼성물산 건설 부문이다. 대림산업은 업계 최초로 '오렌지서비스'라는 고객만족서비스를 도입하여 주부들이 하기 어려운 세대 내부청소를 대신 해주는 청정공간서비스와 아파트의 쾌적한 단지 환경 유지를 위한 조경관리서비스인 초록마당서비스 그리고 외부 유리창 청소서비스인 맑은 하늘 서비스를 제공하고 있다. 삼성물산 건설 부문은 기존의 하자보수에서 한 차원 발전한 토털 케어 프로그램인 '헤스티아'를 운영 중이다. 신규 입주 단지에 설치되는 래미안 헤스티아 라운지에서 각종 불편사항을 해결해주는 입주도우미 역할로 차별화된 경험을 제공하고 있다.

53. 최희환(2006), "아파트의 고객만족도에 영향을 미치는 요인에 관한 연구: 아파트 입주자를 대상으로", 경기대학교 행정대학원 석사학위 논문

54. 빨대효과는 실증적, 통계적으로 입증되지는 않았다. 연구에 의하면 쇼핑 인구가 늘어날 수도 있겠지만 실증되지 않았으며 거주 인구의 증가는 없었다고 한다[허재완(2010), "고속철도(KTX)의 빨대효과에 대한 비판적 검토", 한국도시행정학회].

VII. 부동산은 심리 싸움이다

55. 이언 에어즈(2011), 《당근과 채찍》, 리더스북

56. 박원갑(2014), 《한국인의 부동산심리》, 알에이치코리아

57. 경제활동지표는 생산, 소비, 투자지수 등 개별지표와 경기종합지수나 GDP성장률 등 종합지표로 구분된다. 경제심리지표로는 공급 측면의 기업경기조사(business survey index: BSI)와 수요 측면의 소비자 동향조사(consumer survey index: CSI)가 있다.

58. 한국건설산업연구원의 건설기업경기실사지수(CBSI)와 주택산업연구원의 주택경기실사지수(HBSI)도 있으나 이는 공급 측면에만 초점이 맞춰진 심리지표이기에 제외했다.

참고자료

———

- 김헌동·선대인(2005), 《대한민국은 부동산공화국이다?》, 궁리출판
- 마스다.히로야(2015), 《지방 소멸》, 와이즈베리
- 밀랜드 M. 레레(2006), 《독점의 기술》, 흐름출판
- 박원갑(2014), 《한국인의 부동산심리》, 알에이치코리아
- 박철수(2006), 《아파트의 문화사》, 살림출판사
- 발레리 줄레조(2007), 《아파트 공화국》, 후마니타스
- 배리 슈워츠(2005), 《선택의 심리학》, 웅진지식하우스
- 브랜드메이저(2001), 《메이저브랜드를 만드는 브랜딩》, 새로운 사람들
- 심형석(2008), 《부동산 마케팅론》, 두남
- 윤대성(2009), 《한국 전세권법 연구》, 한국학술정보
- 이언 에어즈(2011), 《당근과 채찍》, 리더스북
- 조성근(2005), 《한국의 디벨로퍼들》, 이다미디어
- 찰스 몽고메리(2014), 《우리는 도시에서 행복한가》, 미디어윌

- 강민석(2015), "최근 주택시장 거래 동향 및 시사점", KB 금융지주 경영연구소
- 국토연구원(2004), "공공택지 및 분양주택 공급제도에 관한 공청회"
- 권오순(2002), "위치별 효용도에 관한 연구", 한국감정평가학회
- 기경묵(2013), "주택 월세시장 분석", KB 금융지주 경영연구소
- 김민재(2012), "시공사의 도시재생사업 입찰참여를 위한 의사결정 요인에 관한 연구", 건국대학교 석사학위 논문
- 김선희(2011), "고층아파트 형식에 따른 주거실내 환경에 대한 만족도 조사연구", 한양대학교 석사학위 논문
- 김진유(2015), "전세의 역사와 한국과 볼리비아의 전세제도 비교분석", 국토연구원
- 대한주택공사(2000), "아파트 브랜드의 시대적 변천 과정"
- 백민석·신종칠(2011), "아파트 분양 마케팅 활동이 청약경쟁률에 미치는 영향에 관한 연구", 한국주택학회

- 서울특별시(2002), "전월세 가격 변화 예측모델개발 구축 및 임대주택 임대료 산정"
- 서울연구원 도시정보센터(2015), "서울의 초소형가구, 얼마나 늘 것인가", 서울연구원
- 서울특별시(2015), 주택건축 사이트
- 성현진(2014), "공동주택 청약경쟁률과 주택가격 변화의 관계에 관한 연구", 서울시립대학교 석사학위 논문
- 신동수(2010), "주택재개발사업의 추진단계별 상대적 중요성에 관한 연구", 전주대학교 박사학위 논문
- 심형석 외(2006), "가격 프리미엄을 활용한 아파트 브랜드 자산가치의 실체측정에 관한 연구", 한국 마케팅과학회
- 오근상(2010), "서울시 오피스텔 가격 결정요인에 관한 연구", 서울시립대학교 석사학위 논문
- 왕현근(2006), "인구이동으로 본 우리나라 지역경제의 동태적 특징", 한국은행
- 이성원·김동중(2012), "부동산시장 예측모형 개발에 관한 연구", 한국부동산연구원
- 정재형(2000), "신규 주택 미분양에 관한 연구: 아파트 사례를 중심으로", 서울대학교 석사학위 논문
- 조경희(2014), "미분양 아파트 해소 과정의 왜곡실태 및 개선 방안에 관한 연구", 한남대학교 석사학위 논문
- 조남연(2007), "아파트 층별 효용도 및 조망권에 관한 연구", 광운대학교 석사학위 논문
- 지소영(2009), "시공사의 주택 재개발·재건축사업 입찰참여 의사결정 요인에 관한 연구", 건국대학교 석사학위 논문
- 최희환(2006), "아파트의 고객만족도에 영향을 미치는 요인에 관한 연구: 아파트 입주자를 대상으로", 경기대학교 행정대학원 석사학위 논문
- 허재완(2010), "고속철도(KTX)의 빨대효과에 대한 비판적 검토", 한국도시행정학회
- Jos Janssen·Bert Kruijt·Barrie Neednam(1994), "The Honeycomb Cycle in Real Estate", The Jounal of Real Estate Research
- Robert Freedman(2008), "A Normal Market: Outlook Shows Steadying Picture", Realtor

아파트에 속지 않는 33가지 방법
아파트 제대로 고르는 법

제1판 1쇄 발행 | 2016년 3월 7일
제1판 5쇄 발행 | 2016년 7월 12일

지은이 | 심형석
사　진 | 김건중
펴낸이 | 고광철
편집주간 | 전준석
책임편집 | 황혜정
외주편집 | 공순례
기획 | 이지혜 · 백상아 · 유능한
홍보 | 이진화
마케팅 | 배한일 · 김규형 · 이수현
디자인 | 김홍신
본문 디자인 | 디자인 현

주소 | 서울특별시 중구 청파로 463
기획출판팀 | 02-3604-553~6
영업마케팅팀 | 02-3604-595, 583 FAX | 02-3604-599
H | http://bp.hankyung.com　E | bp@hankyung.com
T | @hankbp　F | www.facebook.com/hankyungbp
등록 | 제 2-315(1967. 5. 15)

ISBN 978-89-475-4075-9　03320